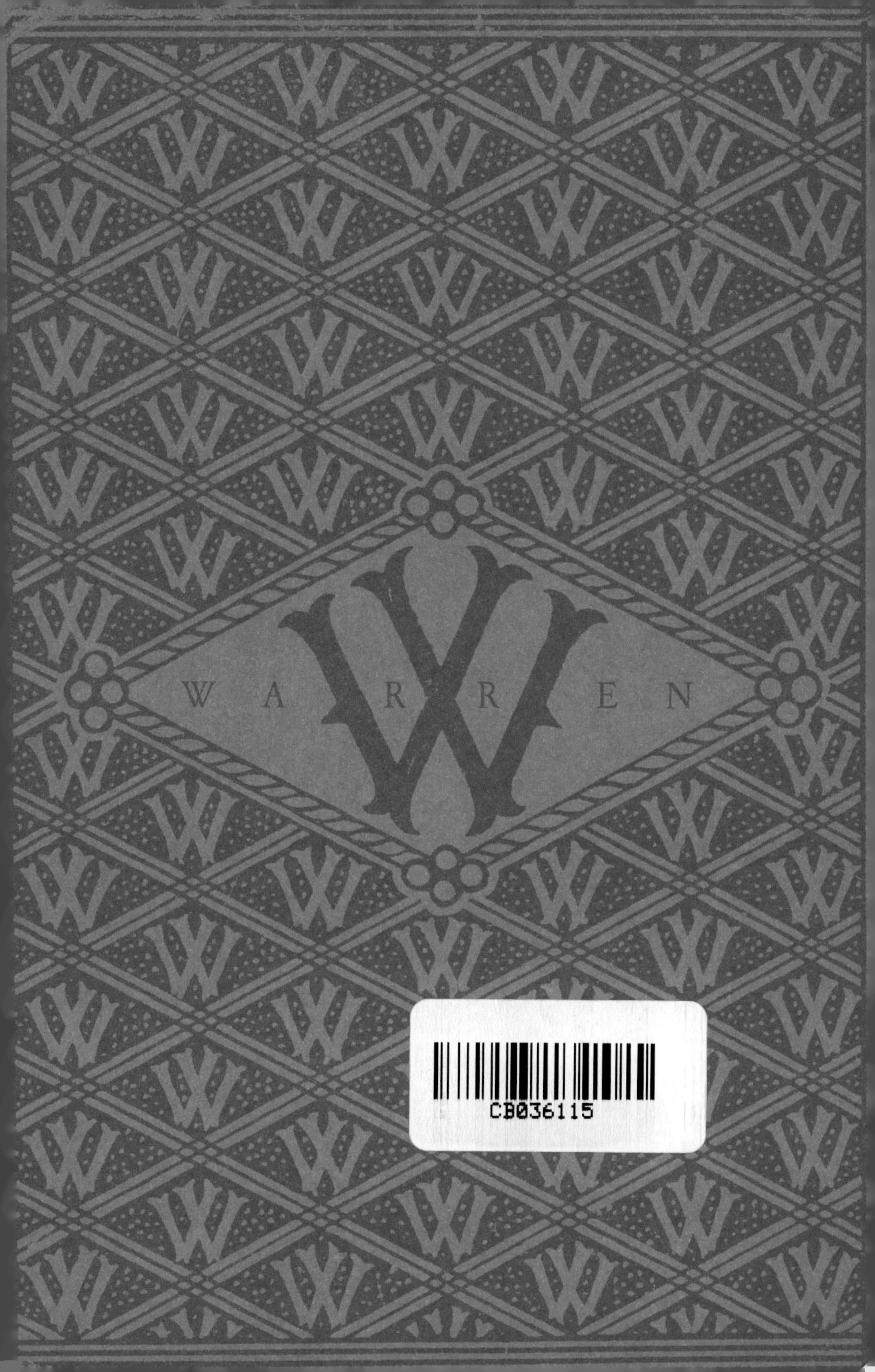
W A R R E N

ED & LORRA

NE WARREN

LUZ NAS TREVAS

Hooked on Spooks, A
NO SMOKING
THE BEST OF

Às vezes, tenho vontade de fugir, de tão assustada que estou. Mas é essa confiança em Deus que me capacita a fincar pé. Sinto-me guiada no que estou fazendo. Temos que acreditar que estamos fazendo a vontade de Deus.

— Lorraine Warren

As forças diabólicas são temíveis. Essas forças eternas existem até hoje. O conto de fadas é verdadeiro. O diabo existe. Deus existe. E o nosso próprio destino, como pessoas, depende de qual escolhemos seguir.

— Ed Warren

Publicado mediante acordo com Graymalkin Media, LLC.

Título original: The Devil in Connecticut

Ilustração para A Divina Comédia, de Dante, por Jean Edouard Dargent, 1870 (p. 4)

Diretor Editorial
Christiano Menezes

Diretor de Novos Negócios
Chico de Assis

Diretor de Planejamento
Marcel Souto Maior

Diretor Comercial
Gilberto Capelo

Diretora de Estratégia Editorial
Raquel Moritz

Gerente de Marca
Arthur Moraes

Gerente Editorial
Bruno Dorigatti

Editora
Marcia Heloisa

Capa e Proj. Gráfico
Retina 78

Coordenador de Diagramação
Sergio Chaves

Designer Assistente
Jefferson Cortinove

Preparação
Retina Conteúdo

Revisão
Laís Curvão
Retina Conteúdo

Finalização
Sandro Tagliamento

Marketing Estratégico
Ag. Mandíbula

Impressão e Acabamento
Ipsis Gráfica

DADOS INTERNACIONAIS DE CATALOGAÇÃO NA PUBLICAÇÃO (CIP)
Jéssica de Oliveira Molinari - CRB-8/9852

Brittle, Gerald
Ed & Lorraine Warren : luz nas trevas / Gerald Brittle ; tradução de Henrique Guerra. — Rio de Janeiro : DarkSide Books, 2023.
240 p.

ISBN 978-65-5598-244-2
Título original: The Devil in Connecticut

1. Demonologia - Estudo de casos 2. Exorcismo 3. Possessão diabólica I. Título II. Guerra, Henrique

23-1119 CDD 265.94

Índices para catálogo sistemático:
1. Demonologia - Estudo de casos

[2023, 2025]

DarkSide® *Entretenimento* LTDA.
Rua General Roca, 935/504 — Tijuca
20521-071 — Rio de Janeiro — RJ — Brasil
www.darksidebooks.com

ARQUIVOS SOBRENATURAIS

GERALD BRITTLE

ED & LORRAINE WARREN

LUZ NAS TREVAS

Tradução Henrique Guerra

DARKSIDE

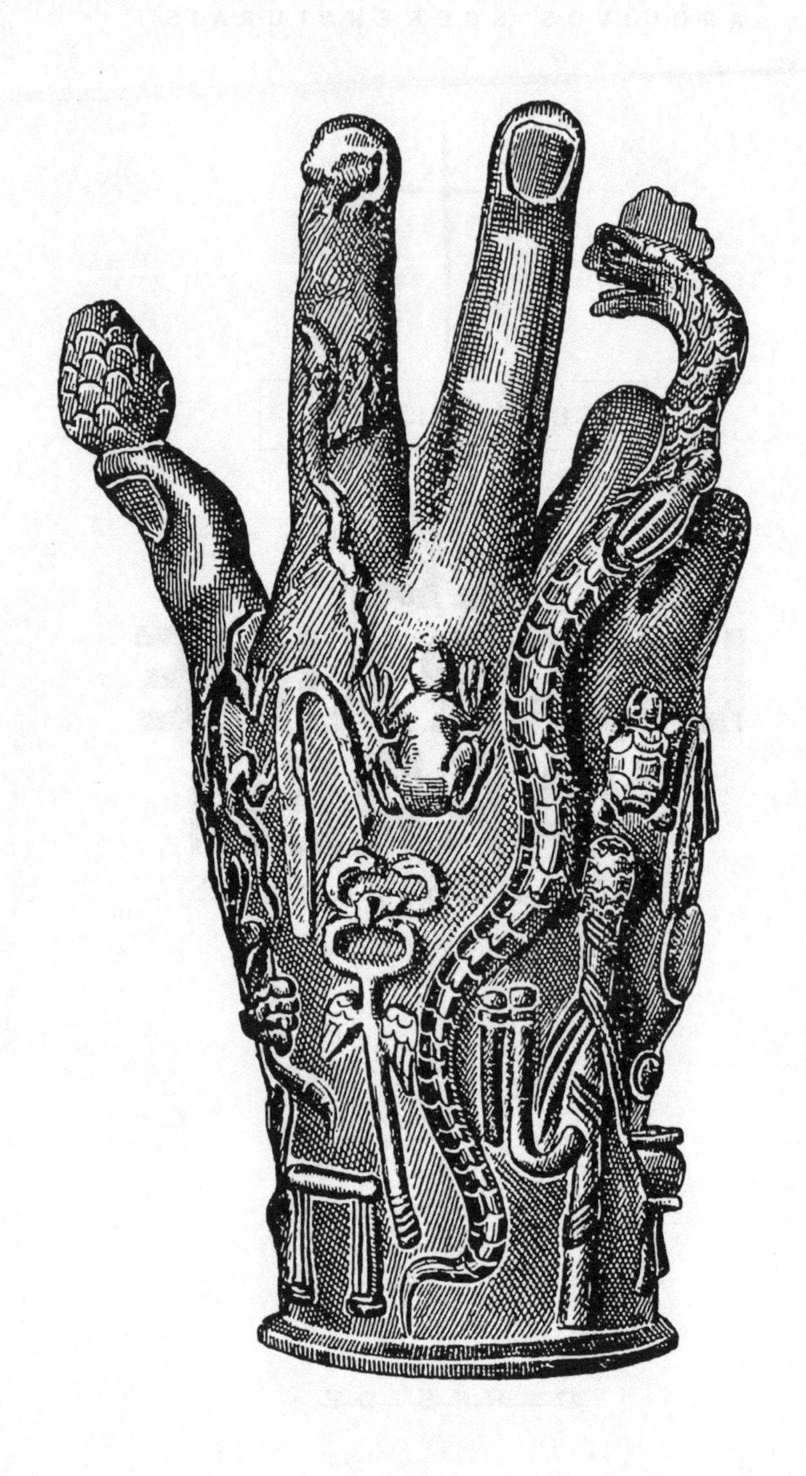

SUMÁRIO

INTRODUÇÃO

Em fevereiro de 1981, um jovem chamado Arne Cheyenne Johnson foi detido em Connecticut e acusado de homicídio. Em circunstâncias normais, um crime dessa natureza receberia sucinta menção na imprensa local, e o assunto logo teria sumido das vistas do público. Mas nesse caso havia algo distinto. Em menos de um mês, a história ganhou as manchetes de primeira página mundo afora. E por que esse homicídio ganhou os holofotes? O réu — numa inédita defesa judicial — alegou inocência, em virtude de possessão diabólica.

Na época, a imprensa não sabia (afinal de contas, os fatos essenciais ainda estavam envoltos em segredo) que na realidade o assassinato representava o ápice de um hórrido caso religioso iniciado oito meses antes, em Brookfield, no Estado de Connecticut.

Esta obra é uma reconstrução de todo o Caso de Possessão de Brookfield, desde suas perturbadoras origens até seu trágico desfecho. Locais, pessoas, datas e fatos mencionados podem ser comprovados nos registros públicos. Os dados de pesquisa específicos, que abrangem o grosso do texto, foram coletados diretamente das vítimas, do casal Warren (principais investigadores do caso), bem como de fotografias e gravações feitas no local, enquanto os fenômenos sobrenaturais estavam em andamento. Muito mais que um extraordinário ataque a uma típica família dos EUA por violentos espíritos das trevas, um aspecto torna esse caso ímpar e o diferencia dos outros: o cerco foi orquestrado não por uma força demoníaca aleatória, mas por um demônio de natureza muito superior. O resultado: iniquidade pura. Este caso permanecerá como uma das mais terríveis possessões registradas no século XX.

Gerald Brittle,
fevereiro de 1983

A possessão pertence a uma categoria de fatos extraordinários que só acontecem com a permissão especial de Deus. (...) É uma imitação grosseira, espécie de paródia infernal da encarnação do Verbo, permitida pela Providência, para mostrar o que seria da humanidade se um dia ela preferisse servir ao Príncipe das Trevas em vez de ao Rei dos Céus.

O Diabo: Ele existe? O que ele faz?
Padre Albert Delaporte — Paris, 1871.

1
O ÚLTIMO DIA

Quem avista ao longe o campanário branco da igreja acima da colina verdejante sabe que está chegando a Brookfield, a pitoresca cidade histórica do Estado de Connecticut.

Nada mais apropriado o fato de o pináculo pertencer à Igreja Congregacional, que ali existe desde que anciãos puritanos se estabeleceram na região, há mais de dois séculos.

Na realidade, Brookfield é tão antiga quanto a própria nação dos Estados Unidos da América. Testemunhou cada período da história americana; seus filhos lutaram em todas as guerras, desde a da Independência até a do Vietnã.

A região foi colonizada setenta e cinco anos antes da Declaração da Independência ser escrita. Lavouras representavam a principal atividade na época, mas a religião não era uma preocupação menos importante — religião de fogo e enxofre.

Os primeiros congregacionalistas puritanos a se fixarem na área adotaram a Bíblia como plano mestre inconteste para a salvação, o guia indiscutível para o comportamento da humanidade. Troncos e pelourinhos foram construídos para os penitentes que não entendiam a "mensagem". Não surpreende que um dia Brookfield tenha se tornado um campo de batalha entre o bem e o mal.

De fato, as próprias raízes da comunidade tiveram natureza religiosa. Por volta de 1755, a congregação já havia se desenvolvido tanto que se declarou independente. O novo distrito ficou conhecido como Paróquia de Newbury.

Dois anos depois, em setembro de 1757, uma capela foi inaugurada no ponto onde hoje está erigida a Igreja Congregacional de Brookfield. Aquele dia outonal foi duplamente encantador: não só o prédio foi inaugurado, mas a primeira ordem do dia foi o rito de ordenação de um jovem seminarista, Thomas Brooks. Em 1788, o local passou a se chamar Brookfield, em homenagem a ele.

Thomas Brooks faleceu no mesmo ano que George Washington, em 1799, mas Brookfield prosperou e cresceu. Ao longo da "rodovia do pedágio" que atravessava o centro da cidade, foram construídos moinhos, escolas, igrejas, mansões e estábulos.

O que começou como Paróquia de Newbury hoje é o centro de Brookfield. E, à primeira vista, pouca coisa mudou ao longo dos séculos. As mesmas casas com fachada de ripas brancas, cerquinhas de estacas com postes de pedra ladeiam a antiga rodovia, hoje conhecida como Rota 25. Na primavera, ainda florescem os lilases e os sinos-dourados; o outono ainda provoca uma explosão multicolorida. No verão, nas cálidas tardes de sábado, o som predominante que ecoa nas encostas é o tilintar do gelo num gim-tônica bem forte. Hoje a vida em Brookfield é plácida.

Porém, no verão de 1980, a tranquilidade de uma família que vivia praticamente à sombra da Igreja Congregacional em Brookfield teve um fim abrupto e trágico.

*

Noitinha.

Estamos em 1º de julho de 1980.

O suave badalar do sino da igreja avisa o vilarejo que agora são oito horas.

No quintal da família Glatzel, a ordem é buscar mais uma caçamba de terra antes de interromper o trabalho do dia.

A brisa suave sopra entre as imponentes bétulas enquanto o enferrujado caminhão basculante vermelho estaciona no sopé de uma alta colina de terra. Nisso uma carregadeira amarela começa a encher o caminhão com grandes porções do rico solo superficial de Connecticut.

"Pode levar", orienta o capataz com autoridade.

Devagarinho, David Glatzel empurra o caminhão basculante com sua carga pesada para longe da colina e, imitando o barulho de um motor a diesel acelerando, transporta o solo escuro de seu pé esquerdo até o direito.

"David", chama a mãe dele da porta dos fundos, "entre, meu filho. Já brincou bastante hoje."

O garoto inclina o caminhão basculante e despeja a carga de terra.

"Já vai, mãe", responde o menino.

*

Carl e Judy Glatzel moram numa casa bege, de um só piso, estilo "rancho", construída há 25 anos. Foram morar ali em 1969, oriundos de Norwalk, Connecticut. A menos de um 1,6 km da Rota 7 — a famosa via das antiguidades —, a casa dos Glatzel fica numa colina cercada por meio hectare de matas. A vista frontal da casa é fascinante: o céu, as colinas e o lindo pôr do sol avermelhado.

Casados há 27 anos, Carl e Judy Glatzel têm quatro filhos. Corpulento e robusto, aos 46 anos, Carl Glatzel usa uma barba grisalha e desgrenhada. O seu visual parece um cruzamento entre Urtigão e Papai Noel. Carl atua como mecânico especializado em maquinaria pesada para a construção civil, sendo encarregado da manutenção de equipamentos valiosos e sofisticados. Os turnos de trabalho são longos e exigentes. À noite, dorme como pedra. Correto e honesto, ele não tolera fantasias nem preguiça. A filharada o admira e segue à risca suas ordens.

Loira, atraente, olhar penetrante, Judy Glatzel aparenta bem menos que seus 44 anos. O fato de ser mignon e delicada não a impede de ser o suprassumo da mãe pragmática. Construindo a vida em torno da casa e da família, Judy sente prazer na vida doméstica. Apesar de calada, tem uma perspicácia aguçada e fareja uma mentira na hora em que a escuta.

O casal Glatzel têm uma filha e três filhos. A mais velha, Debbie, tem 26 anos; depois vieram os três meninos: Carl Jr., 14 anos; Alan, 13; e David, 11.

Alta e esguia, com olhos verde-escuros, Debbie tem uma comprida cabeleira ruiva que costuma prender num rabo de cavalo. Mãe precoce, tem um filhinho de sete anos, Jason, fruto de um fugaz casamento na adolescência. Xerox da mãe, com uma diferença: Debbie é mais alta.

Robustos e graúdos, os garotos da família Glatzel puxaram ao pai, mas cada um com sua personalidade singular e própria. Aficionado por motocicletas, Carl Jr. gosta de malhar na academia. Está ansioso para alcançar a idade mínima e ter condições de tirar sua carteira de motorista.

Alan, por sua vez é tranquilão e contemplativo. Bom observador, tem uma queda por fotografia e computadores. A expectativa familiar é a de que Alan futuramente siga uma carreira administrativa.

Por fim, temos o rechonchudo David — o caçula de 11 anos. O "ursinho de pelúcia" da família. Espontâneo, de gênio doce e risada fácil, David prefere se divertir ao ar livre, remodelando a paisagem com sua frota de caminhões e escavadeiras de brinquedo.

Logo que David entra em casa, Judy o manda direto à banheira.

"Depois do banho, quero assistir ao *Popeye*", avisa ele ao irmão na sala de estar.

Alan, no sofá, está assistindo à televisão. O noticiário destaca a crise dos reféns no Irã, que completa 241 dias. O repórter anuncia que um funcionário da embaixada, Richard Queen, pode ser liberado em menos de uma semana.

Lá embaixo, na oficina, Carl Jr. ajuda o pai a recondicionar uma das quatro motoneves de 340 cc da família. Passear de motoneve é um dos hobbies prediletos da família.

Em pé sobre uma cadeira, Debbie está diante do armário das roupas de cama. No chão, ao lado da cadeira, uma caixa de papelão já cheia pela metade.

"Mãe, você ainda precisa destas cortinas de musselina branca?", quis saber ela.

"Pode levá-las", responde Judy.

Debbie as entrega para a mãe, que dobra as cortinas e as acomoda na caixa.

Debbie faz as malas; ao raiar do dia, pretende começar vida nova.

A noite cai, e os meninos vão dormir. Carl e Judy Glatzel aproveitam para ter uma conversa séria e demorada com a filha. Há um bom tempo, Debbie não mora na casa dos pais, mas vai dar um passo importante. Eles querem se certificar de que ela está tomando a decisão certa.

Debbie Glatzel trabalha num canil nas proximidades de Newtown, onde é a profissional responsável pelo banho e tosa. Porém, ela mora em Bridgeport, trinta quilômetros ao sul, numa casa que divide com Mary Johnson. Divorciada, Mary se esforça para criar as três filhas menores com a ajuda de Arne, o filho mais velho, que está com 18 anos. As amigas Debbie e Mary moram juntas há mais de quatro anos. Nesse período, Arne e Debbie se apaixonaram e planejam se casar no outono.

Só que a vida em Bridgeport se tornou insustentável para Debbie e a família Johnson. Além de ser muito longe para ela se deslocar ao trabalho todos os dias, a cidade é vulgar e dominada pelo crime. Arne Cheyenne Johnson detesta a cidade e quer ir embora. Há muito tempo anseia por um lugar melhor — não só para si próprio, mas também para sua mãe e suas irmãs. Está determinado a deixar para trás uma comunidade infestada de brigas, embriaguez e perigo constante nas ruas.

Ao longo de um semestre, portanto, Arne e Debbie vasculharam os jornais em busca de um lar espaçoso, em terreno arborizado, ao norte de Bridgeport, na parte alta do Condado de Fairfield, com vizinhança adequada a crianças e animais de estimação. No finzinho de abril de 1980, nos classificados do *Bridgeport Post*, o que parecia impossível se materializou.

Situada na periferia de Newtown, perto de um bosque às margens da rodovia serpeante, a casa se erguia nas imediações dos trilhos do metrô de Brookfield. O lugar ideal, com tudo que sonhavam. Até George, o adorável ovelheiro-inglês da família, foi bem-vindo.

"A casa é *de vocês*", a proprietária afirmou a Debbie, com bizarra intensidade. "*Quero* que fiquem com ela." Em julho, a residência ficaria disponível.

Alugar a casa resolveria problemas complicados. Mary Johnson criava os três filhos dela e também a sobrinha de 9 anos, sem marido nem pensão alimentícia. Por isso, Arne Cheyenne Johnson, desde o dia em que aprendeu a dar os primeiros passos, tornou-se o homem da casa. A força coesiva da família é ele. Abandonou o ensino médio para ajudar no sustento do lar. Mesmo na infância sempre mostrou um grande senso de empatia e responsabilidade. Economizou parte do salário como jornaleiro até juntar US$ 250 e comprar um carro usado para a mãe. Assim, ela não precisava ir caminhando ao local onde trabalhava como diarista, no Holiday Inn.

E agora, aos 42 anos, Mary Johnson enfrenta graves — e incuráveis — problemas de saúde: um doloroso câncer de cólon agravado por um problema de tireoide. O objetivo era Arne e Debbie trabalharem, pagarem as contas e aliviarem o fardo da sra. Johnson, que precisava de repouso e de cuidados. Arne e Debbie decidiram que a casa principal ficaria para Mary e as meninas, enquanto o casal ia morar no apartamento anexo à casa.

"O plano de vocês parece bom", pondera Carl com a filha. "Mas a responsabilidade é enorme! Não será fácil criar seu próprio filho e, ao mesmo tempo, sustentar três meninas, a sogra que exige cuidados médicos caros, uma casa grande, trabalhar em tempo integral e ainda ser uma boa esposa para o marido."

"Sei disso", concorda Debbie. "Mas já estamos vivendo isso agora. A diferença é que Arne e eu ainda não somos casados. O nosso custo não vai aumentar com a mudança. Além do mais, na cidade, as chances de trabalho para Arne em paisagismo vão aumentar."

"Certo. Pode me explicar como vão pagar as contas? Qual será o custo mensal para vocês morarem lá? E quanto pagaram até agora?"

"O aluguel é 550 dólares por mês, com água e luz inclusos. Se não fosse esse detalhe do contrato, a gente não ia conseguir arcar com essas despesas", comenta ela com franqueza.

"Tem uma cláusula por escrito?"

"A Mary ia assinar hoje o contrato", conta Debbie ao pai dela.

"Qual é o valor da caução?", pergunta Judy.

"Um mês de aluguel", revela Debbie. "Total de 1.100 dólares."

"Minha nossa!", exclama Carl. "Onde conseguiram tanta grana?"

"Fizemos um rateio", explica Debbie. "Arne e eu usamos nosso próprio dinheiro para pagar a caução, e Mary usou o dinheiro que teria ido para o aluguel em Bridgeport este mês."

"Gastaram todas as suas reservas, não é mesmo?", indaga Judy.

"Sim", admite Debbie com relutância. "Mas Arne conseguiu um emprego. Vai começar como arborista no mês que vem. E, até lá, segue trabalhando meio período comigo no canil e fazendo uns bicos na área de jardinagem e paisagismo."

"Por que não esperam alguns meses antes de assumir um fardo tão grande?", Judy se arriscou a sugerir.

"Não tem como, mãe. O dinheiro já foi pago, e Mary já abriu mão da casa de Bridgeport. Para o bem ou para o mal, a mudança vai ser amanhã."

"Parece-me que vocês estão contando com a sorte", conclui Carl, pegando a carteira. "Só que a sorte não paga o almoço." Puxa cinco notas de vinte e repassa a Debbie. "Sei que todos vocês estão trabalhando duro, mas no momento isto vai ajudar. Quando a poeira baixar, podem me reembolsar. Mas agora não quero ver todos vocês pisando em falso enquanto tentam progredir."

"Obrigada, pai", fala Debbie com gratidão autêntica. "Amo vocês de verdade."

Fim de papo.

Carl e Judy Glatzel se erguem e vão dormir.

Debbie vai passar a noite no sofá.

Desconhecem que esse foi o último dia normal de suas vidas.

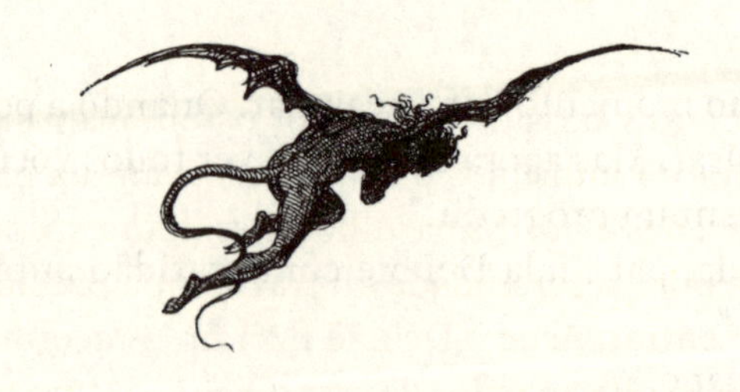

2
ACOLHIDA INFERNAL

Para Debbie Glatzel, a quarta-feira, 2 de julho de 1980, começou normal. Acordou cedinho e colocou no porta-malas as caixas com as roupas. Logo partiu rumo a Bridgeport, 32 km ao sul, para buscar Arne, o filho, Jason, e George, o ovelheiro-inglês. Às 10h30, a família rumava ao norte, pela Rota 25, até a casa em Newtown.

O termômetro marcava 32 °C quando estacionaram na entrada da garagem, pouco antes das onze da manhã. E a temperatura continuava a subir.

"É aqui que a gente vai morar agora, mãe?", indagou Jason, entusiasmado, se inclinando no banco traseiro para admirar a casa com olhos arregalados.

"Exato", afirmou Debbie. "Curtiu?"

"Curti muito!" Pulou do carro e saiu correndo pelo comprido acesso de chão batido, com o alegre ovelheiro em seu rastro.

Com igual ansiedade, Arne e Debbie saíram do carro. Musculoso, de baixa estatura, Arne Cheyenne Johnson tem uma vasta cabeleira loira e a voz tranquila. A força em seu semblante disfarça seus 18 anos. A vida de Arne nunca foi mole, e o seu caráter foi se moldando à custa de muita perseverança. Mas agora a situação parecia estar se encaminhando para ele.

Arne e Debbie observaram o cenário, maravilhados. Verde-oliva, a residência ao estilo rancho tinha persianas bege e se dividia em duas alas. À direita, ficava a casa propriamente dita, a maior parte da construção. À esquerda havia um puxado do tamanho de uma garagem para uma vaga. Imponentes carvalhos e bordos ostentavam suas flores no entorno. Os cantos de múltiplos pássaros ecoavam na mata que os cercava. Em vez de sirenes e outros barulhos dissonantes, comuns na vida urbana de Bridgeport, a serenidade ali trazia uma paz admirável.

Antes de entrar, Arne e Debbie fizeram o reconhecimento. A passos lentos deram a volta ao redor da casa. O entusiasmo foi dando lugar à decepção. Por todos os lados, a grama crescia ao léu. Espinheiros e arbustos tomavam conta do quintal. Desgastado pelo clima, o telhado castanho-avermelhado logo precisaria de reparos. A tinta descascava da madeira; o exterior todo ressequido precisava urgentemente de tinta fresca. A porta da frente? Em estado precário. Teixos há muito não podados ladeavam os degraus da entrada, tapando parcialmente as janelas frontais.

"Pior do que imaginei", admitiu Arne.

"Pois é. Uma tristeza", concordou Debbie. "Mas até o fim do mês vamos colocar tudo em ordem. Pelo menos a parte interna está em boas condições."

Debbie chamou o filho:

"Jason, agora vamos entrar. Vem logo."

Arne abriu a porta da frente. Os novos moradores foram entrando na atmosfera abafada e sufocante. Um desagradável cheiro de mofo dominava o ambiente.

Debbie foi abrindo as janelas para arejar o local, enquanto Arne retrocedeu até a porta frontal, a segurou aberta e chamou George. O cachorro pulou até a base da escada, mas estacou.

"Venha, garoto! Sobe aqui!" O ovelheiro cinza e branco ignorou a ordem de Arne. Com um latido, recuou ao centro do relvado. Arne deixou o cão à vontade, imaginando que, de algum modo, ele sabia o quanto o interior da casa estava quente.

Ao contrário da parte externa, a qual obviamente exigia consertos, o interior parecia bem-cuidado.

"Pelo que vi até agora, está tudo beleza", relatou Debbie a Arne. "Parece que a moça que morava aqui, a Tammy, levou todos os seus pertences."

"Por que ela se mudou?", quis saber Arne.

"Pelo que entendi, estão se divorciando. Ela voltou a Bridgeport com a filha. O valor do aluguel era muito alto para ela arcar sozinha."

Arne chegou ao fim do corredor e abriu a porta à direita, que dava para o quarto dos fundos. Logo atrás dele vieram Debbie e Jason. Os três se depararam com um grande colchão d'água com dossel espelhado que ocupava quase todo o quarto.

"Legal!", exclamou Jason, pronto para mergulhar nele.

"Nem pensar", disse Debbie, agarrando-o pelo ombro. "Não é nosso, e se você o arrebentar, não vamos ter grana para comprar um novo. Não se aproxime dele!"

O calor da casa foi subitamente aliviado por uma lufada de ar fresco que veio pelo corredor, bem embaixo da porta de acesso à escada suspensa do sótão.

"E então, o que você acha?", indagou Arne.

"Acho que é melhor descarregar o carro e colocar os móveis no lugar", respondeu Debbie secamente.

"Não é isso. Eu me refiro a ficar aqui... E pagar um aluguel caro por um lugar como esse."

"Está louco? Estamos nos mudando. Hoje! Agora mesmo!"

"Não precisa gritar, Debbie."

"Quem é que está gritando?"

"Você, Deb."

"Droga, para de pegar no meu pé!", reclamou ela.

"Meu nome não é droga e não estou pegando no seu pé", defendeu-se Arne.

"Droga, está sim!", gritou ela. "Deixa de bobagem... Vamos nos mudar, que inferno!"

"O que é que você tem?"

"Mas que diabo, não tem nada de errado comigo! Estou ótima! Qual é o *seu* maldito problema nesse maldito inferno?", disparou ela agressivamente.

Debbie nunca tinha falado assim antes. Arne a encarou por um bom tempo e então saiu em direção ao carro.

Um pouco depois, Debbie foi atrás dele e se aproximou de Arne quando ele tirava as caixas de papelão do carro. Sentindo-se culpada, ela disse: "Me desculpe por ter gritado com você. Não foi intencional, acredite. Não sei o que deu em mim".

"Isso tem um nome, Debbie. Subir nas tamancas."

"Hoje começamos uma vida nova, Arne. Me perdoe, por favor, não quis gritar contigo. Querido, não ficou com raiva de mim, ficou?"

"Não fiquei, não", disse ele. "Acho que *não tem como* eu ficar com raiva de você; eu te amo."

Na hora seguinte, Arne, Debbie e Jason trabalharam com foco e dedicação. Descarregaram o carro e levaram para cima a mobília, que havia sido guardada no porão. Os pertences da família eram escassos, mas suficientes.

Ocupando em torno de um quarto do espaço do porão, um cubículo de madeira compensada parecia ser um excelente local de estocagem. Mas estava muito bem trancado, e Arne não conseguiu abri-lo. Mais um aborrecimento, como o colchão d'água.

Lá em cima, um problema de outra natureza se desencadeava. No momento em que Arne vasculhava o porão, Debbie percebeu que nenhuma chave do molho que a sra. Johnson tinha lhe dado abria a fechadura do apartamento anexo à casa. Espiou pela cortina e viu que o apartamento — onde Arne e ela iriam morar — ainda estava ocupado. Debbie sabia que a sobrinha da proprietária morava no apartamento, mas ela já deveria ter liberado o local antes da data limite, 1º de julho.

Após discutirem o assunto, Arne e Debbie decidiram ligar para a sra. Johnson, mãe de Arne. No telefonema, Mary Johnson contou a Debbie que, no dia em que assinou o contrato de aluguel, a dona mencionou que a sobrinha, que estava se mudando para o oeste por questões de saúde, mudou de planos e só ia deixar o apartamento em meados de julho. Mesmo incrédulos, Arne e Debbie avaliaram a alternativa. Retornar à cidade não era uma opção. Portanto, decidiram encarar o problema numa boa.

Voltaram para casa ao meio-dia e meia. Debbie começou a retirar os itens das caixas e encher as gavetas da cômoda, enquanto Arne perscrutava o banheiro. Lá fora, Jason explorava a floresta.

À uma da tarde, chegou a mãe de Debbie. Judy ainda não conhecia o imóvel e havia prometido levar o almoço e ajudá-los no serviço durante a tarde. Levou com ela o pequeno David, além de Alan e o jovem Carl.

Após o almoço, Debbie e Arne levaram Judy para fazer um tour pela casa e pediram a opinião dela.

"Por que não escolheram aquela casa bonita em Botsford?", questionou Judy evasivamente. "Não faltava nada: açudes, celeiro, jardins no terreno, casa moderna."

"Ficava ao lado de um cemitério", explicou Debbie. "Além disso, um dos celeiros estava meio incendiado. 'Celeiro queimado, fazenda azarada'. Tinha algo errado com aquele lugar. Gostei, mas não tinha como morar lá."

"Bem, Debbie, vou ser honesta contigo... Esta casa não é muito melhor. Não gostei dela!", exclamou Judy em termos inequívocos. "Tem algo de arrepiante aqui. Não é uma casa feliz."

"Ah, mãe, você vai ser conquistada por ela. Sei que é sombria e precisa de cores alegres, mas daqui a um mês você vai ver a diferença."

Súbito, a porta do porão bateu, pesadamente, sobressaltando o casal. A violência foi tanta que o vidro das janelas estremeceu.

"Nossa Senhora!", exclamou Debbie, segurando a porta aberta. "Subam aqui! *Agora mesmo*!"

Cabisbaixos, Carl, Alan e David subiram a escada do porão. Se a brincadeira fosse um campo de batalha, os três seriam prisioneiros de guerra capturados no front.

Com ar severo, Debbie os lembrou que estavam ali para trabalhar, não para brincar. Deveriam perguntar a Arne o que precisava ser feito.

Para os meninos da família Glatzel, Arne era como um irmão mais velho. Confiavam nele.

Assim, Arne designou tarefas adequadas para os garotos. Carl recebeu uma espátula e a ordem de soltar as janelas emperradas. Com uma vassoura, Alan foi varrer o chão. A David coube verificar todos os armários e estantes e jogar fora todo e qualquer lixo que não pertencesse ao local.

A garotada foi executar as tarefas, sem saber também que viviam os últimos minutos de uma infância inocente. Em menos de uma hora, um incidente marcaria o início de um cerco incompreensível e diabólico que, com o tempo, mudaria para sempre a vida de todos os membros das famílias Johnson e Glatzel.

A calmaria durou ainda quase uma hora, quando de repente o silêncio foi quebrado num cômodo remoto da casa. Uma algazarra divertida dos meninos. Aconteceu o inevitável: descobriram o colchão d'água. Os adultos flagraram Carl, Alan e Jason rolando pelo colchão, formando "ondas". Tímido como sempre, David hesitou. Preferiu não se envolver em confusão e só ficou observando.

Judy os repreendeu severamente, e os meninos se afastaram da cama e saíram do quarto, seguidos pelos adultos.

Só uma pessoa ficou no quarto: David. Andou até o pé da cama e notou uma leve ondulação na superfície do colchão d'água. Deu meia-volta e olhou pela janela. Começou a garoar.

Súbito, de modo incrível, David sentiu o que aparentavam ser duas manzorras — como as de um homem — apertando a sua barriga. Num piscar de olhos, David foi empurrado para trás, caindo de costas no colchão d'água.

Com 1,52 m e 68 kg, David é uma criança com sobrepeso. Para derrubá-lo, é preciso uma força considerável.

David se virou rápido, esperando ver algum de seus irmãos ou o pequeno Jason dando no pé.

Antes fosse isso. Ao se virar para ver quem o havia empurrado, David ficou boquiaberto.

Diante do menino, ao pé da cama, se erguia, com olhar selvagem e ameaçador, um homem, ou pelo menos a imagem de um homem. Mas subitamente David notou que enxergava *através* dele!

O terror se apossou da criança. Tremores percorreram seu corpo. Assistiu ao espectro erguer o braço devagarinho e apontar direto *para ele*.

Com o coração pulsando forte, o corpo trêmulo, os pensamentos em um turbilhão, David observou o vulto se afastar e sumir de vista. Um pavor gélido fez o menino estremecer.

Devagarinho, ele foi se erguendo da cama, o olhar fixo no exato local onde o ser havia aparecido. David saiu do quarto sem desviar o olhar.

Na sala de estar, a mente de David continuava a girar como um torvelinho. O que é que tinha acontecido com ele? Não sabia explicar. Só entendia uma coisa: estava com medo, um medo genuíno.

Quando Debbie o chamou e pediu que ajudasse seu irmão Alan a levar uma caixa ao quarto onde ficava o colchão d'água, David engoliu em seco e deu um grito:

"Não! Não! Não quero voltar lá!"

"Qual é o teu problema?", quis saber Debbie.

"Nada", respondeu irritado. Passou por ela e entrou na cozinha, onde Judy estava trabalhando. "Quero ir para casa, mamãe. Quero ir para casa agora!"

"Daqui a pouco, David", falou Judy, olhar fixo na pia que estava esfregando.

"Quero ir *agora*!", insistiu ele. "Não quero ficar aqui."

"David, me desculpe, mas a resposta é não!"

Assustado e se sentindo totalmente só, David saiu correndo da casa e se recusou a voltar. Sentou-se com o cachorro embaixo da árvore, no gramado frontal, protegido do chuvisco. Lágrimas escorreram pelo rosto do menino enquanto olhava a casa sombria e ameaçadora.

Nesse meio-tempo, outro estranho episódio acontecia no quarto do colchão d'água. Carl e Alan tinham levado a caixa ao quarto e a colocaram num canto. Quando foram sair, a porta se fechou — sozinha. Giraram a maçaneta, e nada da porta abrir. Continuaram a mexer na maçaneta, mas não conseguiam abrir a porta. Tinha algo errado naquilo.

Sentindo-se encurralados, Alan e Carl começaram a gritar por socorro. Na casa vazia, o som de suas vozes deveria ter ecoado — mas ninguém os ouviu. Até que Alan tentou girar a maçaneta de novo, e ela funcionou perfeitamente.

"Não ouviu nossos gritos?", perguntou Alan a Debbie.

"Não", disse ela. "Por quê?"

"A gente não conseguia sair daquele quarto."

"Beleza, Alan. Muito espertos que vocês são", comentou ela sardonicamente; e foi até a cozinha ajudar a mãe.

"Qual é o problema com o David?", perguntou Judy.

"Acho que está entediado. Quem sabe o calor o afetou", comentou Debbie.

Judy aceitou a explicação sem fazer comentários.

"Sabe, trabalhei a tarde inteira aqui", disse Judy, "areando tudo... Ou pelo menos tirando o grosso da sujeira. Mas tudo ainda parece tão opaco! Na sala de estar, fiquei lustrando e polindo aquele espelho grande na parede até meu braço doer. Mas tem uma névoa nele, lá no fundo; não dá um reflexo verdadeiro. E quando entro pelos fundos da casa, um pressentimento estranho me invade. Tem certeza de que você quer seguir em frente com isso?"

"Mãe, não tenho certeza de nada. Aqui é melhor do que Bridgeport, é tudo que sei. E já investimos muita grana no aluguel. Só o que nos resta é fazer as coisas darem certo."

Nesse meio-tempo, a sobrinha da proprietária bateu na porta da frente. Debbie convidou a jovem para entrar.

"Olá, o meu nome é Camilla", apresentou-se ela. Beirava os 20 anos, esbelta, rosto atraente, cabelo estilo *dirty blond*, com a raiz esfumada em loiro-escuro e o comprimento mais iluminado.

Debbie fez as apresentações de si mesma e da mãe, e todas trocaram apertos de mãos.

"O que é que o garotinho lá fora tem? Sempre se comporta assim?", questionou Camilla.

Judy e Debbie olharam pela janela: David escorado na árvore, de costas para a casa.

"Aquele é o David, meu irmãozinho", explicou Debbie. "Hoje ele não está se sentindo muito bem."

"E no mais, tudo legal?"

"Na verdade, não", confessou Debbie. "Para começo de conversa, achei que você ia se mudar do apartamento no dia primeiro."

"Desculpa, mas não. Ainda não consegui me organizar", balbuciou Camilla. "Talvez em agosto."

"Agosto! Desembolsamos uma boa grana para alugar esta propriedade... E alugamos a propriedade *inteira*!"

"Melhor resolver isso com a minha tia", retrucou Camilla.

"Vamos, sim", disse Debbie. "Em segundo lugar, tem um colchão d'água no quarto dos fundos. Quando vão levar embora? Só podemos instalar nossos móveis quando aquilo for retirado."

"Se não estou enganada, a Tammy me disse que ia voltar amanhã para buscar o colchão", respondeu Camilla.

"E hoje à noite, onde é que vamos dormir?"

"Por que não dormem no colchão d'água?"

"Não vou dormir em outra cama que não seja a minha. Avise essa moça para retirar aquele trambolho maldito até amanhã, ou eu mesma o arrasto para fora", ameaçou Debbie. "E tem mais uma coisinha: o porão está uma bagunça. Cadê a chave para abrir aquele depósito? A gente quer guardar umas coisas lá."

"Ah, vocês não podem usar aquele espaço!", exclamou Camilla. "Lá ninguém pode entrar!"

"Está brincando comigo? Nós *pagamos* para morar aqui, não se lembra?"

"Vocês não compraram, só alugaram. Além disso, a dona da casa não sou eu. Esse assunto é com a minha tia. Agora tenho que ir andando. Foi um prazer conhecê-la, Judy." Em seguida, a moça saiu pela porta frontal e voltou ao apartamento anexo.

"Que palhaçada", falou Debbie, à beira das lágrimas. "Hoje era para ser um dia bom, mas está dando tudo errado. E não vou dormir na cama de outra pessoa, ainda mais num enorme colchão de ar cheio de água estagnada!"

Quando a sobrinha da proprietária saiu, David caminhou até a porta da frente.

"Quero ir pra casa", insistiu. "Não posso mais ficar aqui. Vamos indo agora?"

"Isso é demais!", exclamou Debbie. "Não consigo mais trabalhar. Nem pensar direito eu consigo. Vou dizer a Arne que a gente não vai dormir aqui esta noite." Então ela mandou David ir esperar no carro.

Fecharam a casa, e a última tarefa foi levar o cachorro para dentro, e Arne literalmente teve que carregá-lo. Um pote com ração seca e uma tigela de água foram colocados no piso da cozinha. Arne e Debbie planejavam voltar mais tarde para ver como ele estava, mas deixaram a porta do porão aberta para evitar acidentes. Lamentavam ter de deixá-lo ali, mas sabiam que logo ele ia se aninhar num canto e dormir.

Por fim, os meninos foram reagrupados, e a família voltou à casa dos Glatzel, em Brookfield. Uma tarde árdua e cansativa, atrapalhada ainda mais pela chuva, e de semblantes sorumbáticos. O pior de todos foi David. Tristonho e mal-humorado, passou o resto do dia sozinho em seu quarto.

No jantar daquela noite, Arne e Debbie ainda estavam aborrecidos, mas David continuou sendo o verdadeiro problema. Em geral festivo, risonho e cheio de vida, o garoto se recusava a falar, de cara amarrada, emburrado. Esforços para animá-lo eram recebidos com: "Deixe-me em paz" ou "Não preciso responder a vocês". Por fim, apenas se levantou e foi dormir, sem tocar na comida.

David carregava um problema consigo, mas achava que ninguém iria acreditar.

Porém, mais tarde naquela noite, quando os outros meninos foram dormir, ele se abriu com o irmão Alan.

3
O HOMEM FANTASMA

"Alan? Está com sono?"

"Ainda não. Por quê?"

"Tô com medo. Hoje aconteceu um negócio comigo. Mas só vou te contar se tu prometer que não vai rir de mim. E liga a luz... a luz de cabeceira."

"Tá bem, não vou rir." Acendeu a luz. "E então?"

"Hoje aconteceu uma coisa comigo naquela casa, Alan."

"Comigo também. Sabe aquele quarto com o colchão d'água? Eu e o Carl ficamos trancafiados lá dentro. A gente não conseguia sair. A maçaneta girava, girava, mas não funcionava. Daí do nada funcionou."

"Sério?", perguntou David, aliviado.

"Seríssimo! Foi tétrico. E contigo, o que aconteceu?"

"Um negócio assustador também. No mesmo quarto! Tinha um homem lá dentro, Alan. Mas não era um homem real... Um homem fantasma. Ele me empurrou e me fez cair de costas no colchão d'água!" David tinha erguido a voz, depois a modulou num sussurro.

"Como é que ele era?"

"Um velho com roupas normais. Mas tinha cara de louco. E apontou o dedo para mim, Alan. E *falou* também! Ele se mexia, como se fosse real. Tipo, real ele *era*, mas também se mexia."

"David, você quer me assustar?"

"Mais assustado do que já estou, Alan? Por isso que estou te contando. Não consigo dormir. Isso não sai de minha cabeça."

"Não está tirando sarro de mim, está? Tipo, esse lance que você está me contando é bem esquisito. Uma criança que inventa essas coisas é... doentia. Sabe disso?"

"Não estou mentindo! Tem alguma coisa naquela casa. Enxergo daqui!"

"Como assim, enxerga daqui? O que você está enxergando?"

"O troço está lá com o cachorro." David tapou os olhos com as mãos e prosseguiu: "George está correndo pra lá e pra cá na casa. Está pirando. Agora mesmo acabou de se embrenhar na escadaria do porão".

"Você consegue enxergar o interior da casa, agora mesmo, sentado aqui na tua cama?"

"Enxergo tudinho, Alan."

"Meu Deus. A coisa é séria, David. Tem certeza disso? Certeza absoluta?

"Absolutíssima."

"Tá bem... Está me dizendo que o cachorro tá ficando doido. E quanto a Arne e Debbie... e a sra. Johnson e as meninas? Amanhã vão se mudar para lá. Esse fantasma pode querer persegui-las também."

"Não tinha pensado nisso", falou David, refletindo nesse novo temor. "Preciso avisá-los", raciocinou em voz alta. "Mas como? Você até acredita em mim, mas eles vão pensar que estou maluco."

"Não vão, não", garantiu Alan. "Não vou deixar. Vamos só contar a eles do jeito que é."

David e Alan desceram até a cozinha, onde Arne e Debbie estavam à mesa com Judy. Quem tomou a palavra foi Alan.

"David tem uma coisa para falar, e acho melhor prestarem atenção, porque ele não está brincando. Vai em frente, David."

"Lembram quando vocês espantaram Jason, Carl e Alan para fora do quarto porque eles tavam brincando no colchão d'água?"

"Sim", responderam todos.

"Bem, depois que eles saíram, fiquei sozinho no quarto. Eu me aproximei da janela e fiquei lá, parado. De repente senti duas mãos me empurrando na barriga... Tipo quando alguém empurra a gente para cair na piscina. Não entendi o que estava acontecendo. Não tinha visto nada... ainda. Daí ele me deu um empurrão e caí de costas no colchão d'água."

"Ele quem? *Quem* empurrou você no colchão d'água?", perguntou Judy, franzindo a testa.

"O velho. Parecia um fantasma ou algo assim", confessou David.

"David, você acabou de sonhar com isso, acordou e quis nos contar?", indagou Arne.

"Não é sonho, não. Não aconteceu esta noite. Aconteceu hoje à tarde", assegurou David.

Ao redor da mesa, ninguém sabia o que dizer.

"Foi só isso? Ou aconteceu algo mais?", quis saber Debbie.

"Muito mais", continuou David. "Agora mesmo está acontecendo."

"Tá bem, pode parar!", orientou Arne. "Isso não faz o menor sentido. Conte tudo do começo. Quer nos convencer de que viu um fantasma na casa, no quarto com o colchão d'água?'

"Exato."

"Quantas vezes viu isso?"

"Naquela hora, uma vez. Mas agora estou enxergando ele."

"Enxergando ele? O fantasma está aqui?" indagou Arne.

"Não. Lá na casa do colchão de água."

"Qual é aparência dele?"

"Cabelo grisalho... Ou melhor, branquinho. E um bigodinho... branco. Verruga perto do olho direito."

"Não viu mais nada?" perguntou Judy. "Só a cabeça?"

"Vi o corpo inteiro dele", revelou David. "Vestia uma camisa vermelha quadriculada. A manga do braço esquerdo toda esfarrapada. A calça jeans também estava rasgada. Velha e desbotada, tinha um furo no joelho esquerdo. Como já contei pro Alan, ele me assustou, porque parecia meio louco, como se fosse capaz de me machucar."

"Era sólido ou transparente?", inquiriu Arne.

"Como assim, transparente?", devolveu David.

"Que dá para enxergar através dele", explicou a mãe.

"Enxerguei uma parte do quarto através dele, mas não muito. Basicamente sólido. A primeira vez que o vi, ficou parado, como se quisesse aparecer para mim. Achei que era imóvel. Daí o braço dele, o braço esquerdo, começou a se mexer. Ergueu o braço, apontou o dedo para mim e ficou me encarando."

"E depois?", interpelou Judy.

"Depois conversou comigo. Com o dedo apontado direto pra mim, ele falou... '*Cuidado!*'"

"*Cuidado?*", repetiu Judy incrédula.

"É muita coisa", desabafou Debbie. "Alan, é uma pegadinha? Não tem graça nenhuma!"

"Ele está falando a verdade", confirmou Alan. "Está contando pra vocês com mais detalhes do que pra mim."

"E na sequência o que aconteceu, David?", instigou Arne.

"Na real, nada. Ele meio que deu um passo pra trás e sumiu."

"Além de '*Cuidado*', ele falou algo mais?". Dessa vez foi o irmão dele, Alan, o autor da pergunta.

"Nada. Não disse mais nada... Pelo menos, durante a tarde."

"Como assim?", indagou Judy com a voz titubeante. "Esse negócio *voltou* a falar contigo?"

"Sim, mãe, tem isso também", anunciou Alan. "David me disse que está enxergando o interior da casa agora."

"Consigo fazer até mais do que isso", atalhou David em tom ameaçador.

"Do que é que você está falando? Consegue fazer o quê?", exigiu saber Judy.

"Calma, mãe", interrompeu Alan.

"Chega!", exclamou Arne com firmeza. "Quero ouvir até o fim. Quero saber o que supostamente está acontecendo lá."

"Não quero me sentar aqui. Quero me sentar no sofá", resmungou David em tom ranzinza. Ato contínuo, todos se ergueram e foram para a sala.

"Tudo certo?", reconfortou Arne. "Agora continue, David. Quando a coisa voltou a falar contigo? E o que é que essa história tem a ver com o George?"

"Não contei essa parte a Alan, porque *ele* me disse pra não contar a ninguém que ele estava lá", revelou David. "Ele me disse agorinha, quando me deitei na cama e fechei os olhos."

"Quem te falou isso... o velho?", perguntou Judy.

"Não é mais um velho. Mudou de forma quando o sol se pôs. Agora está diferente. Não consigo ver direito. Mas agora o corpo dele é todinho vermelho, a cara bem grandona e branca, os olhos pretos. E tem *chifres* crescendo na testa."

"Meu Deus!", admirou-se Judy, chocada com o impacto das palavras de David.

Nervosa, Debbie pôs um cigarro nos lábios e pegou o isqueiro na mesinha de centro. Acionou o isqueiro. Com um estalo, a chama num átimo se ergueu até o teto. Todo mundo ficou abismado.

"Está aqui!", exclamou Alan.

"Não está, não", ponderou David calmamente. "Continua lá na casa do colchão d'água."

"David, ele mandou você não falar conosco. Mais alguma coisa?", investigou Arne.

"Sim", foi a resposta relutante de David. "Ele me mandou... retirar o santinho de São Miguel do meu quarto. Também não quer mais ver crucifixos na casa. Se eu não fizer essas coisas, prometeu que vai me castigar."

"Não me diga", comentou Judy. "Você o obedeceu?"

"Não obedeci", falou David. "Nem vou obedecer."

"E quanto ao George?", indagou Alan ao irmão. "Antes você me disse que o cachorro estava com medo."

"Como é que você sabe disso?", indagou Arne. "E como é que esse espectro fala com você se não está aqui?"

"Porque é mais forte do que eu, Arne", confessou David honestamente. "Se eu fecho os olhos, enxergo o interior da casa com o colchão d'água. É como se eu estivesse lá. E acontece a mesma coisa se eu tapar os olhos com as mãos."

Judy e Debbie pararam de fazer perguntas. Enrodilharam-se no sofá, juntinhas, os braços entrelaçados, apavoradas com o que ouviam. Alan também começou a ficar assustado. O único a manter a compostura foi Arne.

"E se eu pedir pra você tapar os olhos com as mãos, David, enxerga George agora?"

"Sim", assentiu David. "Mas não quero. Não quero ver o homem fantasma."

"Ok", disse Arne. "Mas pode me dizer o que já sabe sobre o cachorro?"

"Antes ele estava no subsolo. Arranhava com toda força a porta daquele quartinho trancado no porão. É dali que sai o homem fantasma. Arranhou com tanta violência que uma de suas patas começou a sangrar. O homem fantasma fica nesse vaivém entre o colchão d'água e o quartinho do subsolo. Quando George o enxerga, os olhos do cão ficam vermelhos, e ele começa a correr em círculos. Também arranhou a parte de dentro da porta frontal. É tudo que sei."

"Não vamos nos mudar para aquela casa, Arne", falou Debbie de repente. "Amanhã bem cedo vamos tirar nossas coisas de lá. Logo que acordarmos, a gente liga para sua mãe e avisamos para ela não se mudar. Vamos pedir o dinheiro de volta e procurar outra casa."

Nesse tempo em que Debbie falava, David ficou olhando para o vazio. Eis que ele toma a palavra:

"Ele, quero dizer, o homem fantasma, acabou de me dizer que vocês não devem contar nada a Mary Johnson, jamais! Isso não está nos planos dele..."

"Peraí!", exigiu Judy. "Que negócio é esse de 'o homem fantasma acabou de me dizer'?"

"Esqueci de contar a vocês", explicou David, pego de surpresa. "Escuto quando ele fala comigo, mesmo quando não o estou enxergando."

"Ai, me perdoe. Foi mal. Eu não tinha entendido", ironizou Judy. "Agora tomou conta de sua mente!"

"Não tomou, não", defendeu-se David. "Só escuto quando fala comigo."

"Qual é o lance sobre a minha mãe?", atalhou Arne.

"O homem fantasma avisa que Mary Johnson não deve saber que ele existe. Afirma que Mary é dele. Anda 'interferindo nos assuntos dela' há um tempão. Quer que ela perca o controle e faça as obras dele."

Havia algo petrificante na afirmação de David.

Com a voz embargada, Debbie comentou:

"Se isso tudo for verdade, não vou deixar Mary e as três menininhas se mudarem para aquela... aquela casa."

A resposta de David veio imediata:

"Ele quer saber se você o está desafiando".

"Ele quer saber se o estou desafiando?", repetiu Debbie em tom sardônico. "Não vou responder a essa perguntinha!"

"O homem fantasma disse agorinha mesmo que se você contar alguma coisa a Mary Johnson, vai se arrepender."

"Sério mesmo?", questionou Debbie. "E o que será que o homem fantasma pretende fazer a respeito?"

De novo, a resposta de David foi instantânea.

"Ele avisa que se você contar a Mary que ele está lá, à meia-noite de amanhã você ficará cega."

"Meu bom Deus", sussurrou Judy.

"Não sei se há um pingo de verdade nisso tudo", avaliou Debbie. "Na realidade, estou me sentindo num episódio do seriado *Além da imaginação*. Seja como for, não vou deixar que algum tipo de espírito besta-fera com chifrinhos na cabeça, que não curte crucifixos e fica ameaçando cegar as pessoas, venha me dizer o que posso ou não posso fazer!"

"Está rindo de você", alertou David. "Ele avisa: '*Você vai ver... amanhã*'. Por obra dele, o colchão d'água vai se arrebentar amanhã, às três da tarde. Está me dizendo: '*Traga o esfregão, sua puta*!'"

"David Michael Glatzel!", gritou Judy.

Eis que Arne começou a estremecer violentamente.

"Um calafrio terrível e mortal tomou conta de mim", revelou. "Agora já passou, mas por um piscar de olhos, o calor se esvaiu de meu corpo."

"Obra do homem fantasma", vaticinou David. "Fez isso para mostrar a você quem está no comando agora. E se mais alguém soar impertinente, o pandemônio nesta casa será implacável!"

"*Impertinente*?", repetiu Debbie espantada. "*Pandemônio implacável*?" David tinha certa dificuldade de aprendizado. Vocabulário não era um de seus pontos fortes. Por isso, fazia aulas de reforço para melhorar as habilidades de leitura. "De onde é que tirou essas palavras, David?"

"São *dele* e não minhas", explicou David. "Só repito o que ele me disse."

"O que significa *impertinente*, David?", testou Debbie.

"Sei lá." Ele deu de ombros.

"E o que significa *pandemônio*?"

"Não tenho ideia!", exclamou David, furioso e melindrado com suas dificuldades com o vocabulário. "Ele ia falando e eu só ia repetindo a vocês."

"Ótimo! Chega de papo!", finalizou Judy. "Não quero mais saber de assombração, de homem fantasma, nada! David, Alan, vão dormir. E pra pegar no sono é melhor não conversarem. Amanhã essas tolices serão coisa do passado."

4
OPINIÕES DIVIDIDAS

Quinta-feira, 3 de julho de 1980, casa da família Glatzel. O dia começa com três perguntas importantes, dirigidas a David.

"Você se lembra de nossa conversa ontem à noite, David?", quis saber Debbie.

"Lembro, sim", disse ele. "Sobre o homem fantasma."

"Exatamente. Mas é verdade tudo que você nos contou ontem à noite?"

"Tudinho", garantiu David.

"E aquele espectro, aquele besta-fera, continua na casa hoje?"

"A-hã! Tá lá ainda. Sabe que vocês estão indo."

Em pé na cozinha, Arne Cheyenne Johnson ouvia a conversa. Debbie se virou para ele e opinou:

"Acho que a gente não deve se mudar para lá. Às vezes, esse tipo de coisa realmente acontece. E não tem como David estar mentindo. Não tem noção nenhuma sobre essas coisas. Nem mesmo assiste a filmes de terror."

"Concordo, Debbie. Ele não está mentindo. Mas não estou pronto ainda para jogar a toalha. Tem muita coisa em jogo. Aposto que existe alguma explicação racional."

"Qual, então?", desafiou Debbie.

"Deixa comigo", disse Arne. "David, se eu te fizer uma pergunta você vai me responder com toda sinceridade?"

"Vou, Arne", prometeu David, "mas já estou sendo sincero."

"Claro. Mesmo assim, responda à minha pergunta com sinceridade. Seja lá o que você disser, não vou acusá-lo de nada. Sabe, existem drogas e pílulas que se a pessoa toma é capaz de falar ou até mesmo de ver o tipo de coisa que você nos contou. Por isso, abra o jogo comigo. Encontrou algum comprimido na casa ontem e ingeriu sem querer?"

"Não, Arne. Eu não ia tomar nada. Sério. Contei aquilo porque seria injusto não contar. Inclusive o homem fantasma avisou que se eu contasse, ele me castigaria. Foi um favor."

"Ok, David, você é um amigão. Acredito em você", disse Arne. "Vai me desculpar se por acaso o insultei, mas eu precisava descartar essa possibilidade."

"Agora posso brincar lá fora?"

"Pode ir, e obrigado."

"E agora, o que você acha?", interpelou Debbie.

"Não sei de nada", retorquiu Arne. "Nunca ouvi falar de algo parecido."

"Vou ligar para sua mãe", anunciou Debbie. "Depois vamos até a casa."

Debbie telefonou à sra. Johnson, em Bridgeport, mas ninguém atendeu. A mãe de Arne já devia ter ido para a casa alugada, concluíram Arne e Debbie. Por isso, sem delongas, embarcaram no carro e rumaram até a casa.

Ao chegarem, porém, constataram que a sra. Johnson ainda não estava lá. Caminharam até a porta da frente, esperando ouvir os fortes latidos do ovelheiro. Mas o cachorro não latiu. Onde estaria George? Logo o encontraram docilmente estirado no piso da sala. Por sua aparência, o animal de estimação tinha passado uma noite traumática. A pelagem fofa — suja, emaranhada e molhada de urina. A saliva ao redor da boca — endurecida. E numa das patas dianteiras — sinais de sangue.

Com o maior cuidado, Arne se aproximou do cão, sem saber qual seria a reação dele. Mas George só lambeu a mão de Arne. A pata direita sangrava em torno das garras. Arne, sentindo-se culpado, levou George para pegar um ar fresco do lado de fora.

Ao retornar, Debbie mostrou algo a Arne, apontando o interior da porta da frente. Crivada de marcas de arranhões. No chão, manchas de sangue coagulado. Os presságios de David começavam a soar verdadeiros.

Conferiram o porão e detectaram arranhões também na porta do tal depósito, justamente como David havia visualizado. Aparentemente, o cão tentou entrar no recinto enfiando a pata na fresta, no canto inferior da porta.

"O que será que tem nesse quartinho?", perguntou-se Arne.

"Venha, Arne, deixa pra lá", afirmou Debbie. "Vamos tratar de subir e tirar nossas coisas daqui. Ontem a minha mãe me disse que este lar não era feliz, e ela acertou em cheio. David tinha razão. Sorte nossa que só o cachorro teve uma experiência ruim."

Arne não teve coragem de contar a Debbie uma coisa. Lá no porão, ele tinha sentido no ombro, distintamente, um dedo tamborilar duas vezes.

Subindo as escadas, na sala de estar, ele disse:

"Vamos ali ao lado conversar com a sobrinha da dona, e depois vamos falar com a minha mãe, seja lá onde ela estiver. Temos que reaver nosso dinheiro, ou não podemos fazer nada."

Nesse exato instante, o carro de Mary Johnson estacionou na rampa de acesso à garagem. No banco da frente, ela e as três filhas. Caixas e malas lotavam o banco traseiro e o porta-malas. Mary e as meninas mal podiam conter a alegria. Esperavam ansiosamente por esse dia. Por enquanto, Arne e Debbie não revelaram as informações a Mary. Antes disso, pediram detalhes sobre o contrato de aluguel.

"Já assinou o contrato e pagou o valor integral à senhoria, não é?"

"Sim", assentiu Mary.

"A senhora tem o recibo?", indagou Arne.

Mary remexeu a bolsa e lhe entregou o recibo do aluguel. "Ela não quis me dar o recibo da caução", comentou. "E tem mais uma coisa. No jornal dizia que as despesas de água e luz estavam inclusas no aluguel, mas outro dia a dona me falou que as despesas não fazem parte do aluguel e devem ser pagas à parte."

Nos quinze minutos seguintes, Arne e Debbie esmiuçaram os motivos pelos quais não deveriam alugar a casa. Detalharam sobre o apartamento ainda não desocupado; as despesas com água e luz aumentariam o custo mensal em mais duzentos dólares; e, por fim, contaram a ela o que tinha ocorrido com David. Pediram que ela reconsiderasse e, juntos, buscassem o reembolso do aluguel.

Arne e Debbie esperavam a compreensão de Mary. Mas, infelizmente, ela não compreendeu.

"Simplesmente não consigo acreditar nisso que vocês dois estão fazendo comigo", falou Mary. "Não engoli essa história do David; acho que é lorota. Talvez vocês tenham mudado de ideia sobre esta casa, mas eu não. Vou me mudar hoje. Além do mais, agora não tenho outro lugar para ir. Investi toda a minha grana neste lugar. Se vocês não quiserem morar aqui, não morem. Mas eu e as meninas vamos nos mudar hoje mesmo!"

Aturdidos, Arne e Debbie nunca tinham visto Mary com uma postura tão teimosa.

"Passem pra cá as chaves da casa", exigiu ela. "Se vocês dois pretendem me abandonar, vão em frente."

Opiniões divididas. E nenhum lado parecia disposto a ceder. Assim, 24 horas após terem chegado à casa para começar uma vida nova, em vez disso Arne e Debbie começaram a debandar. Encheram o carro de Debbie com o máximo de coisas, mas era evidente que teriam de contratar um caminhão para transportar o restante de seus pertences. No meio da atividade, Camilla, a sobrinha da proprietária, chegou em casa, e Debbie a confrontou.

Debbie reclamou que tinham sido enganados. Para culminar, anunciou à jovem que não ia morar na casa porque ela era mal-assombrada.

"Coisa mais ridícula", retrucou Camilla.

"Acha mesmo?", disparou Debbie. "Ontem meu irmão ficou sentado embaixo daquela árvore se recuperando do susto. Viu uma aparição no quarto daquele colchão d'água, o fantasma de um velho."

"É melhor levar o seu irmão a um psiquiatra", alfinetou Camilla.

"Não tem nada de errado com o meu irmão! Um velho de cabelos e bigode brancos apareceu naquele quarto. Tinha uma verruga perto do olho, usava camisa xadrez vermelha e macacão. Também fala palavrões e abomina crucifixos."

"Ah, então é o meu vô", revelou Camilla. "Não faz mal a ninguém. Há anos perambula ao redor. Não precisam ter medo dele."

"Bem, acho que prefiro me arriscar numa casa normal que ainda não seja mal-assombrada."

"Isso só pode ser uma jogada para vocês tentarem um bom acordo comercial", disse Camilla. Deu as costas e se afastou, abruptamente.

Debbie entrou na casa e se deparou com Arne discutindo com a mãe dele. Parecia que a casa gerava a cizânia. Incapazes de convencer alguém, Arne e Debbie pegaram o cachorro e voltaram a Brookfield.

Chegaram à casa da família Glatzel ao meio-dia. Sentiram um alívio ao entrar, o ar-condicionado central estava ligado. Na hora do almoço, David entrou na casa, e Arne perguntou em tom casual:

"Tudo bem?"

"Comigo, sim", respondeu o garoto. "Mas com vocês, não. O homem fantasma está uma fera com vocês e diz que vão pagar por terem contado a Mary Johnson sobre ele."

"Não quero ouvir mais falar nisso!", exclamou Debbie. "Mande esse homem fantasma pro inferno."

"Esse troço... Esse besta-fera, como vocês o chamam... parece muito real para David", avaliou Judy. "O que vocês acham que devemos fazer?"

"Agradá-lo, ignorá-lo... que diferença faz?", desabafou Debbie, sem esconder a frustração. "Foi uma barra pesada lidar com esse problema."

Depois do almoço, Debbie telefonou para Kate Merlino, sua melhor amiga, vizinha da casa da frente. Debbie viu a caminhonete do irmão de Kate na entrada da garagem e sabia que ele estava fazendo uma visita. Ele topou ajudar Debbie e Arne a tirar seus pertences da casa alugada. Combinaram de se encontrar no local em uma hora.

Antes, Arne e Debbie foram à casa e tentaram convencer Mary Johnson de novo. Mas foi tudo em vão. Ela se recusou a desistir da primeira novidade boa em seu caminho há muito, muito tempo.

A vida de Mary Johnson tinha sido um calvário. Aos 14 anos, escapuliu de uma conturbada situação familiar para entrar num convento episcopal e se tornar freira. Quatro anos depois, bem no dia em que ia professar os votos perpétuos, desistiu: "Eu não tinha como me tornar freira. Eu queria formar uma família".

Em 1961, vendendo saúde, Mary se casou e, em janeiro de 1962, deu à luz um filho, Arne Cheyenne Johnson. O nome *Cheyenne* vem do seriado homônimo, na esperança de que o menino exibisse a força silenciosa do caubói, protagonista do seriado. Arne já nasceu com pneumonia brônquica. O batismo dele foi no hospital — ninguém esperava que fosse sobreviver. Mas Arne não morreu.

A mãe dele acabou se divorciando e se casando de novo... Foi então que as duas maninhas de Arne — Leah e Megan — nasceram. Leah também escapou da morte. Ainda bebê, teve uma forte crise asmática. Já Megan nasceu com paralisia cerebral. Ao longo do tempo, Meg aprendeu a conviver com a deficiência. Com a ajuda e o incentivo constantes de Arne, ela deu os primeiros passos em direção ao irmão, que a amparou com um abraço.

Em meio a essas dificuldades, Mary foi abandonada pelo segundo marido. Apesar disso, em 1971, assumiu a responsabilidade de criar outra menina, uma sobrinha. A menina adotada se chamava Jennifer, e a sra. Johnson a criou com as outras filhas como se ela também fosse filha de sangue. Em 1972, Mary Johnson foi diagnosticada com câncer de cólon e, para agravar a situação, um problema grave na tireoide, quase fatal.

Mesmo assim, a sra. Johnson resistiu. Mãe disciplinadora e honrada, criou os filhos como adeptos da Igreja Batista. O filho e a filhas cresceram frequentando a igreja e indo à catequese. Arne entoava solos no coro da Kings Highway Baptist Church, e a família escutava, orgulhosa. Para elas, Arne era o homem da casa.

No finzinho de 1976, Mary Johnson sublocou um quarto para Deborah Glatzel, no intuito de ajudar a pagar o aluguel. Nos anos seguintes, Debbie ajudou a amenizar o fardo financeiro da casa e se tornou parte da família. Ela encantou a todos, inclusive Arne. Um sentimento profundo pela moça cresceu no peito dele e se transformou em amor.

Agora, na sala de estar da casa alugada, que tanto representava para Mary, Arne e Debbie se viram num fogo cruzado de emoções, em meio à total incapacidade de se comunicar.

A hostilidade preencheu o ambiente enquanto Arne e Debbie, emudecidos, recolhiam seus últimos pertences. Se ainda tinham dúvidas sobre a decisão certa, elas se dissiparam com a chegada de Tammy, a jovem mãe que habitava antes a casa. Ela tinha ido desmontar o colchão d'água.

"Quando vocês moravam aqui aconteceu algo estranho?", questionou Debbie a ela.

"Na verdade, não", alegou Tammy, sem convencer muito.

"Acho que você está mentindo", disparou Debbie sem rodeios. "Se eu fiz a pergunta é porque sua resposta é importante. Este quarto, justamente este quarto, tem algum problema, não é mesmo?"

"Sim, acertou na mosca", disse Tammy ao se sentar no colchão d'água. "Coisas bizarras aconteceram comigo aqui. Às vezes, quando estou deitada na cama, no escuro, uma voz preenche o quarto inteiro, dizendo '*Taaammy*'. Eu me arrepio só de lembrar."

"O que mais?", perguntou Debbie.

"Galinhas! À noite, escuto claramente galinhas cacarejando lá fora. Isso só acontece à noite... Mas ninguém tem criação de galinhas nas redondezas! Eu mesma verifiquei com os vizinhos. E lá em cima, no sótão, às vezes ouço passos. E quando eu passo embaixo daquela porta basculante do sótão, ali no corredor, sempre sinto um calafrio."

E Tammy continuou: "As luzes funcionam por conta própria, portas abrem e fecham sozinhas, abrem-se e depois batem com força, mesmo quando só eu estou em casa".

"Tem mais do que isso", instigou Debbie. "Na realidade, um espírito mora nesta casa, não é? O espírito de um homem... de cabeleira branca e bigode branco."

A jovem não conteve um risinho.

"Não é bem assim que ele apareceu para mim. Se tiver um espírito, é maligno. Pelo que fiquei sabendo, antigamente realizavam feitiçaria neste local. Dizem que tem um altar profano no depósito lá embaixo. Aquele com a porta trancada a chave."

"Por que acha que existe algo maligno aqui?", indagou Debbie.

"Não acho, tenho certeza! Sempre que isso acontece eu olho o relógio, e são três da manhã", contou a moça. "Posso estar ferrada no sono, mas de alguma forma eu acordo minutos antes."

"Primeiro", revelou ela, "ouço meu nome sendo chamado ao longe. '*Taaammy*', ou senão escuto o som de uma respiração ofegante no meu quarto. É muito assustador. Você *percebe* que tem alguém, ou algo, por aí.

"E fica ali sentada... esperando. A quietude toma conta de tudo. Daí que acontece. O troço que está no quarto se deita na cama comigo! Um corpo gelado e úmido realmente sobe neste colchão d'água comigo aqui. Algo físico, com peso suficiente para fazer a cama balançar e provocar movimento. Ai, não!", gritou ela repentinamente.

A água começou a escorrer por baixo da estrutura da cama e formou uma poça no chão. Tammy se levantou e constatou que seu jeans estava encharcado. A chave de fenda que ela carregava no bolso traseiro perfurou o leito d'água.

Debbie conferiu a hora no relógio de pulso. Duas e quarenta e cinco.

Logo depois, Kate Merlino e o irmão dela estacionaram no acesso à garagem. Com quatro pessoas trabalhando, incluindo Kate e seu irmão, em vinte minutinhos a caminhonete estava carregada.

Antes de irem embora, Arne e Debbie entraram na casa e fizeram uma última tentativa.

"Mary, ainda há tempo. É só fazermos outra viagem. Em mais vinte minutos, a gente carrega as coisas de vocês e esvazia a casa toda."

Mary, porém, não quis nem ouvir falar disso.

Debbie insistiu. "Vai lá no quarto dos fundos e fale com a Tammy. Por favor! A casa tem problemas... Ela já passou por isso."

"Não acredito em vocês. Não acredito em nada disso". E com essas palavras, Mary Johnson se despediu da nora. "Só tenho a dizer uma coisa: se vocês saírem hoje desta casa... Não voltem!"

Arne foi abrir a boca para esboçar uma resposta, mas em vez disso falou: "Vamos embora, Debbie".

A separação se concretizou.

5
O CERCO

Um misto de culpa e alívio. Foi isso que Arne e Debbie sentiram com a decisão de não permanecer na casa alugada em Newtown. Ficaram preocupados com Mary e as meninas, mas algo intenso lhes dizia que haviam tomado a decisão certa. Com o tempo, ponderou o casal, a mãe de Arne também vislumbraria a verdade.

Quando Arne e Debbie voltaram à casa dos Glatzel, Judy estava só, sentada à mesa da cozinha. Na mesma hora, Debbie percebeu que havia algo errado.

"O pequeno Carl está implicando com todo mundo hoje", contou Judy a ela. "A tarde inteira gritando e discutindo... Não só comigo, mas com Alan, Jason e principalmente com o David. Pegou no pé do David, coitado. Chamou o irmão de louco e de Conde Drácula, dando pulos e gritando '*Buu*' para assustá-lo."

"Carl está fazendo isso mesmo?", perguntou Debbie, atônita.

Judy fez que sim com a cabeça. "Não sei o que deu nele. Vai ter que falar com ele, Arne. Carl dá ouvidos a você e não consigo me comunicar com ele.

"Mas estou preocupada mesmo é com o David", acrescentou Judy. "Ele me disse que esse bicho não parou de falar com ele. Depois que vocês saíram, ele me contou como esse ente maligno provocou um chilique em Mary Johnson em relação à casa, e o quanto ela ficou braba e discutindo com vocês. Também explicou em detalhes a conversa de Debbie com uma pessoa chamada Tammy sobre um espírito no quarto do colchão d'água, e que ela havia furado o colchão d'água com uma chave de fenda. Isso tudo é verdade?"

"Sim", confirmou Debbie estupefata. "E David falou mais alguma coisa?"

"Senão, vejamos", falou Judy, contando os itens nos dedos. "O ente maligno vai 'esfaquear' David por ter nos contado sobre ele; vai 'se vingar' de vocês por contarem a Mary Johnson que ele existe; vai 'invadir' esta casa e trazer o inferno para esta família; amanhã, em Norwalk, a mão de David vai sofrer uma queimadura... Ah, e quando a gente sair do piquenique amanhã à tarde vai chover. Está bom ou quer saber algo mais?"

Súbito, David abriu a porta do quarto e seguiu pelo corredor. Entrou na cozinha com o rosto pálido e tenso, o olhar arregalado de terror.

"Ele está vindo, mãe! Acabou de sair! Está vindo me buscar!"

"David, quem está vindo?", perguntou Judy.

"Ele quer me buscar!", gritou David. "Precisam detê-lo!"

"Quem, David? Quem?"

"Ele! Aquele troço... O vulto da casa de Mary. Está vindo agora!", gritou em frenesi. "Vindo pela Rota 25! Flutuando velozmente sobre as copas das árvores!"

David se pôs a tremer; Judy se levantou e ficou ao lado dele.

"Acabou de passar a agência dos correios em Brookfield! Está se aproximando!"

Dominado pelo terror, David começou a chorar e a erguer a voz, a ponto de já estar gritando.

"Está pertinho da igreja! Ai, não! Está sobrevoando a Silvermine Road! Está vindo muito rápido! Mãe, faça ele parar! Quer se vingar de mim! Está quase aqui! Me ajuda, mãe!", implorou David, desesperado.

"Meu Deus! O que é que eu faço?", gritou Judy dessa vez. "Água benta! Tenho água benta! Vou usar água benta contra isso!" Correu até o quarto e pegou o frasquinho de água benta em cima da cômoda.

"Está chegando! Atravessando o pátio da família Merlino", relatou David histericamente.

Em seguida, boquiaberto e com olhos esbugalhados, David se afastou da porta o máximo que pôde.

"*Chegou!*

Na varanda traseira!...

Na...porta dos fundos!"

Repentinamente, três batidas sinistras soaram.

O medo fez Arne e Debbie empalidecerem, enquanto Judy borrifava água benta na porta dos fundos, declarando: "Em nome do Pai, do Filho e do Espírito Santo... nos deixe em paz!".

Com o olhar fixo na porta da cozinha, David soltou um suspiro de alívio momentâneo: "Ufa... Funcionou. Ele odeia isso. Ele se refugiou no quintal".

Por alguns segundos, tudo pareceu calmo.

"Ai, não!" gritou David. "Agora está vindo pela frente. Vai tentar entrar pela porta da frente!"

Judy saiu correndo rumo à porta principal e a abençoou com o sinal da cruz, pronunciando em voz alta: "Em nome de Jesus Cristo, volte para onde você veio!".

"De novo, isso o impediu", falou David, mais confiante dessa vez.

"Foi embora?", perguntou Judy, agoniada.

"Não. Está rodeando a casa procurando outro lugar para entrar", explicou David.

O ente depois tentou invadir a casa por todas as portas, janelas e pontos de acesso — inclusive o porão e a lareira. David indicava e Judy, em frenesi, espargia água benta no local. Sentiu-se ao mesmo tempo tola e assustada, salpicando água benta e ordenando que espíritos invisíveis recuassem, mas também acreditou no filho dela.

Por fim, David contou que o ente desistiu de tentar entrar e se sentou no quintal, numa cadeira de jardim. Misteriosamente, a cadeira de jardim antes dobrada na varanda agora estava no meio da relva.

Logo depois, David relatou à família que o espírito estava indo embora. Primeiro, atravessou a rua até a casa dos Merlino, onde examinou os pertences de Arne e Debbie no porão, depois "vagou por cima das copas das árvores" até a casa alugada em Newtown.

Todo mundo ficou mexido e transtornado com a bizarra experiência. Gostariam de esquecer o episódio e taxá-lo de ridículo. Mas o medo deles era palpável. E se o troço voltasse? E se conseguisse entrar quando uma pessoa estivesse sozinha em casa?

Por sorte, ao longo da tarde, constataram que havia sido um acontecimento isolado. À noite, o temor arrefeceu, mas o problema mais grave — a casa em Newtown — ainda precisava ser enfrentado. Quando Carl Glatzel chegou do trabalho, Arne e Debbie sabiam que teriam que dar um motivo para a presença deles na casa. Com ele ninguém havia tocado ainda no tal assunto do espírito.

Mesmo sabendo que o pai não acreditava nessas coisas, Debbie não escondeu nada. Tim-tim por tim-tim, descreveu todos os eventos que os persuadiram a não alugar a casa.

"Jogaram quinhentos dólares no ralo porque um menino de 11 anos falou que poderia haver um fantasma naquela casa?", disparou Carl, incrédulo.

"Exato", alegou Debbie, "junto com o depoimento de duas outras mulheres que moravam na propriedade, o comportamento estranho do cachorro e essa doideira toda que aconteceu aqui nesta casa, desde que tudo começou."

"Algo a dizer, David?", perguntou Carl.

"A Debbie está falando a verdade", respondeu o menino.

Daria na mesma se David não tivesse dito nada. Carl limitou-se a olhar para ele e dizer: "Não acredito nisso. Todos vocês estão delirando".

"Viu só?! Até o pai acha que você é maluco", comentou Carl Jr. maldosamente. "A mãe, a Debbie, o Arne, o Alan, o Jason e o David estão pirando. Estão todos malucos. Doidos de pedra!"

Logo a discussão degenerou num alvoroço que interrompeu a refeição. Em geral quieto e reservado, o jovem Carl mostrou uma postura virulenta que surpreendeu a todos. Mas os ânimos logo se amainaram, e a conversa enveredou para o piquenique de 4 de julho.

Onze horas, hora de dormir. Foi decidido que Jason ia dormir junto com Alan e David no quarto deles. Arne e Debbie iam passar as noites seguintes em sacos de dormir, no chão da sala. Às onze e quinze, com os três meninos acomodados, Debbie foi ao quarto para ver como Jason estava e dar boa noite a ele.

"Dê um beijinho na mãe, e as luzes vão se apagar", murmurou Debbie. Jason se sentou na cama e abriu os bracinhos.

Súbito, Debbie soltou um grito de agonia. Tapou um olho com a mão e deu um passo para trás, sentindo uma dor excruciante.

Um acidente esdrúxulo. Ao estender a mão, sem querer Jason acertou o olho da mãe.

Uma agonia devastadora. Ela teve a sensação de que o globo ocular havia sido arrancado.

Levada às pressas à sala de emergência do hospital New Milford, Debbie foi diagnosticada com arranhão na córnea e recebeu os primeiros socorros. O médico aplicou colírio anestésico, fez um curativo tapando o olho, passou o contato de um oftalmologista e aconselhou marcar uma consulta na manhã seguinte. A caminho de casa, Debbie somatizou tudo que tinha dado errado naquele dia e verteu lágrimas pelo seu único olho bom.

Ao despertar na manhã de 4 de julho de 1980, Debbie não conseguia enxergar. Também havia perdido o controle muscular do olho bom. Lembrou-se da sinistra previsão noites atrás e ficou se perguntando se estava condenada à cegueira por ter avisado Mary Johnson sobre a tal entidade. Em sussurros, Debbie foi rezando no trajeto até o oftalmologista. Arne foi dirigindo e Judy os acompanhou.

Debbie voltou a enxergar uma hora depois. Suas preces foram ouvidas.

Ao voltarem do médico, encontraram David brincando no quintal.

"Tudo bem com você, Debbie?", perguntou com ar preocupado.

"Sim. Estou enxergando bem." Embora não quisesse dar pano para manga, ela sentiu que precisava fazer uma pergunta: "David, esse problema no meu olho. Sabe como isso aconteceu?".

"Não vi", respondeu ele com sinceridade. "Mas o homem fantasma deu muita risada na hora e falou que foi obra dele."

"Homem fantasma, coisa nenhuma", retorquiu Debbie enojada. "Esse troço não é um fantasma, é um maldito besta-fera!"

"'O besta-fera'. Artigo definido. Ele mesmo acabou de me dizer", corrigiu David.

"E cadê este coisa-ruim agora?", perguntou Judy.

David fez meia-volta e apontou: "Lá na colina nos vigiando. Passou a manhã inteira de olho em mim. Está tentando encontrar um jeito de entrar na casa".

"Isso é ridículo", comentou Judy. "Temos que dar um fim a esse absurdo."

"Mas como?", perguntou Debbie. Ninguém soube responder.

Naquela tarde, no feriado de 4 de julho, a família rumou de carro até Norwalk para um piquenique no litoral, com outros parentes. Durante algumas horas, as atribulações recentes foram deixadas de lado. Foi uma tarde agradável, principalmente para as crianças. Na hora do jantar, o olho de Debbie ficou irritado com a fumaça do churrasco e um pingo de gordura escaldante queimou a mão de David. E uma garoa pôs fim ao piquenique.

Esses pequenos percalços não estragaram um feriado marcado pela descontração e bons momentos. Só que a família Glatzel não estava preparada para a situação que os esperava em casa.

Ao subirem pela entrada da garagem da noite de 4 de julho, por um instante tiveram a impressão de que todas as luzes da casa estavam acesas. Mas estacionaram diante de uma casa escura e agourenta.

Carl Glatzel foi o primeiro a entrar. Ele se recusava a dar crédito às ideias "estouvadas" que seus filhos e a esposa andavam falando. Adotou uma postura de negação irredutível. O jovem Carl seguiu o exemplo do pai e também entrou na casa.

O restante da família os imitou. Só David permaneceu no carro. Sabia algo que os outros não sabiam.

Uns dez minutos depois, Arne saiu, e David continuava no banco traseiro da perua.

"O que é que houve?", indagou Arne abrindo a porta do veículo e se sentando ao lado de David.

"O troço, o besta-fera... está dentro de casa. Entrou pelo sótão. É onde está agora", avisou David.

"E o que ele está fazendo lá em cima?"

"Esperando."

"E por que está lá?"

"Já falei antes. Veio atrás de mim."

"Por que atrás de você?"

"Sei lá!".

Para Arne, era difícil lidar com o menino. David falava com convicção, mas se referia a algo invisível — na verdade, algo que parecia irreal. Só restava a Arne falar a língua dele.

"David, mesmo que o besta-fera esteja lá em cima, vamos dar um jeito de nos livrarmos dele. E com todos nós aqui por perto, ele não vai ter acesso a você. Não vai te levar a lugar nenhum. Vai ter que passar por cima de mim... Vai ter que passar por cima de todos nós primeiro. Venha, agora vamos entrar."

"Nem pensar", afirmou David. "Não entro aí, de jeito nenhum. Vou dormir aqui no carro. Ninguém entende o que estou falando... Nenhum de vocês entende. Ele quer me matar... já deixou isso bem claro!"

Arne e David conversavam no carro, quando Carl saiu da casa. Foi andando para o lado de David no carro e abriu a porta.

"Vamos lá, meu filho. Hora de entrar."

"De jeito nenhum!", exclamou David. Era a primeira vez na vida que ele desobedecia ao pai ostensivamente.

"Não contrarie seu pai, David. Tire o traseiro desse banco e entre em casa. Ou vai precisar que eu o carregue?"

David saiu do carro e entrou na casa junto com Arne e seu pai.

No interior da casa não havia nada de errado, ao menos perceptivelmente. Jason, Carl Jr. e o papai Carl foram dormir cedo. Mas David se recusou a ir para cama, e Judy deu permissão para que ele ficasse na sala com os outros.

Perto das dez e meia da noite, alguém bateu três vezes na porta da frente. Judy supôs que fosse Kate Merlino e abriu a porta. Que estranho! Não havia ninguém. Judy saiu para ver se havia alguém lá, mas só ouviu os grilos trilando e os sapos coaxando no lago da frente.

Nos minutos seguintes predominou o silêncio. Súbito ouviram o que parecia ser um arranhão quase inaudível atrás da parede da sala. Ouviram atentamente por um minuto.

De repente, um inconfundível estrondo ressoou no sótão. *Bum!* O momentâneo silêncio que se seguiu foi interrompido pelo som de passos caminhando no sótão acima deles.

"Arne", sussurrou Judy aterrorizada, "tem alguém lá em cima!" Arne não respondeu; só continuou a ouvir os ruídos.

A seguir, um *zum-zum-zum* abafado foi ouvido na cozinha, no piso inferior. Então os barulhos de arranhão recomeçaram.

Enfim os arranhões cessaram e tudo se aquietou pelos cinco minutos seguintes. Súbito, passos soaram de novo, desta vez pisando com força pelo sótão. Em seguida, ouviram várias batidinhas na janela da sala.

E, mais uma vez, do sótão, veio um barulho: algo mais do que passos. Alguém pisava no sótão com força suficiente para fazer a casa vibrar.

"Isso vai acordar seu pai!", exclamou Judy. "Arne, é melhor ficar pronto para chamar a polícia. Carl não brinca em serviço... Ele vai matar o cara."

Todo mundo ficou esperando o som da porta do quarto se abrindo e Carl aparecendo. Mas isso não aconteceu, embora as fortes pisadas continuassem. Alguns minutos depois, porém, Alan entrou na sala de estar e indagou, sonolento:

"Não escutaram? Não ouviram esse barulhão no sótão?"

"Escutamos", falou Arne erguendo-se da cadeira.

"Arne, aonde é que você vai?", interpelou Debbie, obviamente apreensiva.

"Vou descobrir o que está rolando lá em cima", afirmou ele.

"Não, Arne!", implorou David. "Não é uma *pessoa* que está lá em cima. É o *besta-fera* que está fazendo isso!"

"Me consegue uma lanterna", pediu Arne a Debbie.

Em seguida, entrou no corredor e baixou a escada retrátil que dava acesso ao sótão. Judy passou a ele uma lanterna. Todo mundo ficou, ao pé da escada, enquanto ele subia os degraus.

Arne ligou a tênue luz do sótão e só distinguiu umas caixas estranhas e uns enfeites de Natal esparsos. Apontou a lanterna a possíveis esconderijos, mas não havia nada a ser visto. Arne deu meia-volta e ouviu sussurros atrás dele. Virou-se de novo e apertou os olhos naquela direção. Com passos resolutos se aproximou do local de onde pensou ter vindo os sons. Os pelos dos braços dele se arrepiaram. Em pleno calor de verão, o frio dominava o sótão, mas aquele recanto pareceu ainda mais gélido. Percebendo que não havia nada para ver, Arne desceu as escadas. O fato de não ter visto nem encontrado nada, porém, não chegava a ser um bom presságio.

Mal sabiam que haviam acabado de experimentar a primeira etapa da manifestação demoníaca.

6
REVELAÇÕES DIABÓLICAS

A onda de calor só piorava. Com as altas temperaturas e a umidade opressiva, cada dia parecia mais abafado que o anterior. Sem ar-condicionado era impossível. Mas, à noite, o ar-condicionado central dos Glatzel sofreu uma pane.

Na manhã de 5 de julho de 1980, Carl desceu ao porão, já pronto para realizar um grande conserto na unidade. Acabou constatando que alguém só havia desligado o disjuntor. Quem teria acessado o porão e feito isso, se a porta ficava sempre trancada? Carl ergueu a chave e reiniciou o sistema. Mais tarde, interrogou todos na casa para saber se alguém tinha desativado o ar-condicionado, mas só obteve negativas. Mesmo insatisfeito com as respostas, deixou o assunto de lado.

Na madrugada anterior, Carl não tinha ouvido o barulho de passos no sótão. Quando Judy contou o ocorrido, ele se limitou a perguntar: "De novo?".

A família, na verdade, convivia com essa situação há uns anos. Vez ou outra, ao longo desse tempo, exatamente às três da manhã, alguém acordava os moradores com violentas batidas na parte exterior da casa. Judy recordou a ocasião em que alguém — ou algo — bateu na veneziana do quarto com tanta força que o vidro parecia que ia arrebentar. Carl se levantou, vestiu-se rápido e saiu de rifle carregado em punho — e com a intenção de usá-lo. Mas, como nas outras ocorrências, nunca descobria quem, ou o que, tinha causado o barulho.

No decorrer do dia, quando o restante da família tinha saído, Judy teve uma conversa com David. Queria chegar ao âmago da questão.

"Como está se sentindo, querido? Está com febre ou algo assim?"

"Estou me sentindo bem", respondeu David. "Tudo legal comigo."

"Conta pra mim sobre esse troço que você anda vendo. Qual a aparência dele e onde está agora?"

"É que não posso falar sobre ele", alegou David. "Caso contrário, avisou que vai me matar."

"Mas *eu* quero saber. Sou sua mãe. Todo filho tem direito de falar com sua mãe."

"Sei lá, mãe. Tô com medo. O besta-fera me falou que agora é meu pai. Só tenho que dar ouvidos a ele e fazer preces a ele."

"*Como é que é?*", disse Judy, incrédula.

"E se eu não lhe obedecer, falou que vai me dar uma facada e também ameaçou me dar um tiro."

"Olha só, David", respondeu Judy, "não dou a mínima para o que esse besta-fera diz ou deixa de dizer. Trate de responder às minhas perguntas. Primeiro, explique de novo com que esse troço se parece. E cadê ele agora?"

"Ele passou o dia inteiro no porão da família Merlino. Perdeu o colchão d'água e adotou o colchão de Debbie. Fala que precisa de um cantinho para relaxar. E sobre o visual dele, durante o dia, aparenta ser um velho. Tem uma cabeleira branquinha e bigode idem, e aqueles trajes que já descrevi. Só que de noite a aparência dele muda. Não parece mais ser um velho. Não o enxergo direito, mas a pele fica toda avermelhada. Tem cauda e chifrinhos na testa. Quando assume essa forma, eu só o vejo meio embaçado, e ele nunca se aproxima. Na pele do velho, ele diz que me odeia e vai me destruir. À noite, quando fica vermelho, sempre fala que vai 'foder' alguém. Na visão dele, Mary é a mulher mais bonita do mundo. Ele se diverte rondando a casa do colchão d'água porque gosta de ver as meninas peladas. Espera elas dormirem para tocar os corpos delas."

"Por que ele veio à nossa casa?", indagou Judy.

"Questionei ele sobre isso", revelou David. "E ele me deu dois motivos. Um deles era se vingar de nós por termos contado a Mary Johnson que ele existe. E também contou que há muito tempo anda por aqui, mais tempo do que imaginamos."

A cada resposta de David, o espanto de Judy aumentava. Mas sabia que precisava continuar.

"Esses dias você falou que ele tinha vindo te pegar. Por que você foi o escolhido? O que foi que você fez?"

"Não sei o que eu fiz. Não fiz nada", respondeu David. "O besta-fera só falou que deseja uma alma, não importa qual. Falou que vai conseguir uma alma, mesmo que seja *à força*."

"David, você sempre estuda o catecismo e sabe que Jesus..."

"Ele alega ser mais poderoso que Jesus," atalhou David, "e que governa o mundo. Ai, não, por favor, não..." David se encolheu na cadeira. Apavorado, fixou o olhar no centro da sala. Em seguida começou a falar com alguém.

"Não foi por querer... Ela me mandou falar... Não... não bata em mim!"

Súbito, Judy escutou o barulho forte de uma bofetada. O rosto de David virou para o lado e na mesma hora apareceu em sua bochecha uma marca vermelha. Um fato inacreditável. Automaticamente, ela deu um pulo e gritou com raiva:

"Não ouse bater no meu filho!"

Num piscar de olhos, David levou outra bofetada.

"Mãezinha, não... Por favor, não responda a ele!"

Judy ficou quieta, receando que algo mais acontecesse. Mas, com a interrupção da conversa ali, naquele mesmo instante, naquele dia não houve mais eventos incomuns.

À noite, porém, as atividades recomeçaram. Ruídos de arranhões nas paredes, batidinhas abafadas e fortes pancadas espocaram em vários pontos da casa. O mais estranho é que certos barulhos, todos ouviam, enquanto outros só alguns escutavam.

Parece que Carl, pai, e Carl Jr. eram "poupados" da experiência, à exceção das pancadas mais fortes. O jovem Carl, especialmente ávido por descobrir a causa do problema, vasculhou a casa inteira atrás da origem dos ruídos. Não detectou a fonte e, por isso, acusou David de estar pregando uma peça.

No comecinho da tarde, ocorreu um fenômeno difícil de explicar ou até mesmo de tentar explicar. Judy, David e Alan trabalhavam na rampa de acesso à garagem. De repente, num dia sem qualquer brisa, uma forte ventania sacudiu as árvores para lá e para cá. Todo mundo ficou ainda mais impressionado, porque só as árvores do terreno deles balançaram. No terreno dos vizinhos, tudo continuou quieto e sereno. Mais perturbador ainda foi o anúncio de David: "O besta-fera acabou de chegar". Difícil contestar as palavras dele.

Naquela noite, por volta das dez horas, cessaram os ruídos intermitentes. Logo após as onze, a família foi dormir, e David, sob intensos protestos, foi obrigado a se deitar na própria cama e com as luzes apagadas. Porém, não conseguiu dormir: em seu íntimo palpitava um medo apavorante. David tinha certeza de que algo terrível estava prestes a acontecer.

Alan e Jason já estavam no bom do sono, o que fez David se sentir totalmente só. Teve uma vontade louca de se levantar, mas só de pensar em sair da cama, seu único local seguro, já ficava paralisado.

Foi quando tudo começou.

Uma voz sussurrou *Deeeivid*, baixinho e ao longe. David sentiu o coração aos pulos.

Em seguida, o menino ouviu um arfar lento e pesado no quarto.

Deeeivid, repetiu a voz, dessa vez bem mais perto. Ele ergueu a coberta até o pescoço e correu o olhar no quarto escuro. Já sabia de quem era a voz.

Deeeivid. Cada vez mais audível, sem dúvida agora já no interior do quarto, a voz ordenou, rispidamente: *Estou falando contigo! David, me responda!*

David choramingou. "Estou escutando você."

Está me enxergando, David?

"Não."

Quer me ver?

"Não."

Só quer mesmo que eu vá embora, não é?

"Sim."

Tudo bem, então. Vou embora para sempre. Mas antes me dê só uma coisinha de que eu preciso. Vai dar isso pra mim?

David hesitou. "O que é você quer que eu dê?"

Não me faça perguntas, seu verme! Responda, apenas! Vamos lá. Vai me dar o que eu quero? Basta dizer que sim, e sempre vou fazer suas vontades e nunca mais me verá. Não acha justo? Não é isso que você quer?

"Sim. Ou melhor, não. Nem sei o que você quer."

Quero algo que você nunca usa. Algo que você nem sabe que tem. Algo de que você nunca vai sentir falta. Se disser não para mim, jamais irei embora. E você sempre vai me ver. E vou trazer outros comigo. Mais abomináveis do que você jamais imagina. Vamos te perseguir e te atormentar, sempre. E agora, não vai dizer sim?

"Como, se não sei o que você quer?"

Quero sua alma, David. Diga-me que sim, e ela será minha.

"Minha alma? Jesus diz que a alma é o mais belo presente que recebemos de Deus".

Não quero ouvir falar de Jesus! Nunca fale o maldito nome dele em minha presença ou vou me vingar dele. Agora, David, dê sua alma para mim. Agora! Ou vai ter que me ver como eu sou! E vou tomá-la à força!

A cabeça de David estava um turbilhão. Não respondeu nada.

David, meu amadinho, eu jamais faria mal a você. Sou seu pai. Qual pai que machuca o próprio filho? Vamos lá. Não vai dizer não para mim! Diga um sim, David. Um sim!

David tinha apenas 11 anos, mas se manteve firme em sua fé.

"Você não é meu pai coisa nenhuma! Não vou dar a minha alma!"

Um silêncio dominou o quarto.

Súbito, no meio do quarto, uma luz avermelhada foi preenchendo a escuridão. David escutou, ao longe, gritinhos abafados e guinchos indistintos. Sentou-se com as costas apoiadas na cabeceira da cama e fitou a luz vermelha e brilhante.

Aos poucos, um zunido bizarro foi crescendo, e o som poderoso dominou completamente os ouvidos do menino. O ruído sobrenatural se intensificou até se tornar intolerável. E súbito... ele se revelou.

Não foi o velho que surgiu na frente de David. Vívido e bem definido, pouco maior que um homem, apareceu um ser de natureza diabólica. Nenhuma peça de roupa cobria a pele escamosa, vermelho-clara. Torso masculino humano sobre pernas apoiadas em cascos fendidos. Três dedos em cada mão terminavam em garras. O troço tinha rabo. Mas a atenção de David se concentrou no rosto. Branco puro com olhos escuros profundos que mais pareciam túneis. O breu rodeava as órbitas oculares. Do alto da testa brotavam chifres. Das laterais da careca saltavam orelhas pontudas. Um cavanhaque e um bigodinho preto emolduravam a boca com dentes irregulares e quebrados. O ente sobrenatural encarou David com raiva. Ao longe, o menino vagamente avistou, atrás do chifrudo, outros dois!

Aterrorizado, soltou um berro insano, horripilante, que fez todo mundo na casa acordar num sobressalto.

Trouxeram água com açúcar para acalmá-lo, mas ele só conseguiu falar dez minutos depois.

"Eu o vi... Ele se revelou para mim... Por favor... Mãezinha, paizinho... não deixem ele me levar."

Para Carl, aquele não era o filhinho dele e sim um idiota histérico. Enojado, saiu do quarto, dizendo: "Este menino não é meu filho. Marque uma consulta. Ele está doente".

Ninguém mais achava isso — nem mesmo o jovem Carl. Não podiam deixar de dar crédito a David, afinal de contas, ele estava mostrando um comportamento muito diferente de sua personalidade normal, a personalidade de um menino simples e sem sofisticação.

Depois Arne levou David à sala de estar para que dormisse com ele e Debbie. Os outros garotos foram mandados de volta para suas camas, com a permissão de deixar acesa a luz de cabeceira.

Não muito tempo após a meia-noite, as batidas recomeçaram. Fortes, pesadas e retumbantes, na parte externa da casa.

Judy foi ao quarto chamar Carl, mas ele se recusou a aceitar a situação. Sabia que o pavor tinha tomado conta da família, mas se limitou a mandar todo mundo voltar para cama e ignorar. Indignada, Judy saiu do quarto e entrou no corredor.

A caminho da sala de estar, ela sentiu algo úmido e viscoso tocar seu braço desnudo.

"Consegue ver esse coisa-ruim? Está na casa agora?", perguntou ela ao filho caçula.

"Acabou de passar por nós", alertou David. "Cuspiu em seu braço agorinha mesmo."

"E antes, o que aconteceu com você?", indagou Judy. Mas David preferiu não responder. "David, o que aconteceu com você no quarto?", gritou ela. "Conta pra mim!"

"Ele veio, mãezinha. Apareceu. Todinho vermelho. E cruel. Falou que deseja minha alma."

Repentinamente, algo na sala atraiu o olhar de David. Assustado, o garotinho se ergueu do sofá e começou a andar ao redor da mesa de centro.

Logo depois, algo incrível aconteceu. Na frente de todos, soou um baque violento. David foi lançado para trás, como se tivesse levado um golpe. Ricocheteou na cadeira e se estatelou no chão.

Depois da queda, a cabeça de David girou bruscamente à direita, como se movida por alguma força invisível. Ele segurou a cabeça entre as mãos e gritou de dor.

Incrédulos, Arne, Debbie e Judy só puderam assistir a esse espetáculo.

"O besta-fera me deu um soco", balbuciou David, sentando-se ereto. "Depois me deu um pontapé na cabeça."

Plaft! Novamente a cabeça de David foi jogada para o lado, desta vez pelo que aparentou ser um tapa violento no rosto.

"Minha Nossa Senhora!", gritou Judy. "Pare com isso! Pare de espancar o meu filho, é uma ordem!"

Sentado no chão, David soltou um forte e repentino gemido e se curvou para a frente, como se tivesse recebido um murro na boca do estômago. Mas o movimento parou ao ser arremessado de novo para trás, aparentemente pela força de novo soco.

David rolou pelo chão, contorcendo-se de agonia.

"Não *dê mais ordens* a ele", ofegou David.

O horror se estampou no semblante de todos quando David, resfolegante, sentou no chão e deixou o torso ereto. As bochechas se incharam subitamente pela violência física infligida.

"E agora, David. Cadê ele?", quis saber Arne.

"Ali parado no canto, só assistindo", respondeu David, com o fôlego recuperado.

"O que é que ele quer da gente?", perguntou Judy em tom desesperado.

"Já disse a vocês", falou David. "Ele quer *minha alma*!"

Judy se sentou no sofá, a cabeça enfiada entre as mãos. Atrás dela, os arranhões recomeçaram na parede.

"Ah, cale a boca!", esbravejou ela. Em resposta, dois baques surdos ecoaram na casa.

"Não retruque, mamãe", avisou David. "O besta-fera está rindo da senhora. Vai fazer isso de novo."

Nisso David se levantou do chão e se sentou numa poltrona, esfregando o rosto com os dedos.

"Isso está acontecendo mesmo?", indagou Judy. "Ou todo mundo está imaginando, sonhando ou o quê?"

"Para mim, parece bem real", ironizou David, provocando, a duras penas, um tênue sorrisinho no rosto da mãe.

Além de David, ninguém mais viu a manifestação física da entidade, mas todos sentiram sua presença durante a noite. Judy teve o cabelo puxado; Debbie, a coxa esfregada; Arne, o pulso agarrado por dedos gélidos como aço. Sons de algo se mexendo foram ouvidos na cozinha e novamente lá em cima no sótão.

Mas a vítima principal continuou sendo David. *Forçado* a assistir. Forçado a testemunhar seus odiáveis olhares de raiva e desprezo. Acima de tudo, forçado a ouvir o coisa-ruim. Pelo que os demais puderam apreender, o ente maligno envolvia o menino numa degradante arenga, com ameaças constantes de castigos físicos ou tentando abalar seu ânimo com vulgaridades e acusações contra Deus e a humanidade.

David, exausto, só caiu no sono tarde da noite. Mas, assim que cochilou, dedos invisíveis ergueram sua cabeça. Ao abrir os olhos, a visão diante de si o fez engasgar. O troço segurou o rosto de David com tanta força que as bochechas dele se enrugaram. Ninguém ousou fazer ou dizer nada, temendo que o menino se machucasse ainda mais.

David foi obrigado a atuar como intermediário, transmitindo as mensagens ao besta-fera e repetindo suas respostas. Tentativas de se comunicar com a entidade apenas resultaram em palavrões e irracionalidade.

"Quem é você?" foi respondido com:

Chupa o meu pau.

"Qual é o seu nome?" provocou:

Não é da sua conta.

"É um fantasma ou um demônio?" produziu:

Vão descobrir.

"Quem mandou você aqui?" teve como resposta:

Seus melhores amigos.

Debbie questionou "Por que não nos deixa em paz?" e ouviu:

Ajoelhe-se ao dirigir a palavra a mim, sua vadia desprezível.

Ao nascer do sol, todos tinham a sensação de ter envelhecido um ano. Com a luz solar, David relatou que o besta-fera tinha retornado *através* do solo à propriedade alugada em Newtown. Mas alertou que não foi para a casa. Desceu num poço profundo ou fossa séptica atrás da casa, no quintal, e de lá percorreu o subsolo, fora das vistas de David.

Porém, antes de deixar Brookfield, o ente maligno jurou que voltaria naquela noite.

7
OS AJUDANTES

Ao se levantar na manhã de domingo, 6 de julho, Carl Glatzel se deparou com a esposa dormindo profundamente no sofá, o filho David no chão, ferrado no sono entre Arne e Debbie, todos ainda com as roupas usadas na véspera. Não sabia dos fatos ocorridos durante a noite, mas, pé ante pé, tomou cuidado para não os acordar. De mansinho foi preparar um bule de café na cozinha.

Logo depois, o jovem Carl entrou, seguido de Alan.

"Lembram de ontem à noite? Depois que o David deu aquele grito?", disse Alan, sentando-se à mesa. "Bem, daí ele foi pra sala com Arne, Debbie e a mamãe. Mas meia hora depois algo terrível deve ter acontecido. Parecia que alguém estava sendo espancado na sala! Acho que foi o David, porque os outros três diziam frases como 'Ajuda ele, Arne' e 'Isto não pode estar acontecendo!'"

"Nem quero ouvir falar disso, Alan", pediu Carl.

"Que merda. Não falei?", garganteou Carl Jr. "Os babacas estão tudo pirando!"

"Fica quieto, Carl!", ordenou o pai. "Você não aparenta estar menos doente que eles, sem falar na boca suja! Onde é que aprendeu a falar assim, afinal? Solte mais um palavrão nesta casa e vai ficar uma semana sem comer."

Os outros despertaram com o cheiro de café e a conversa em voz alta; o dia começava na casa da família Glatzel.

Porém, os envolvidos guardaram para si os acontecimentos da véspera — em especial, David, que não tinha como escapulir. O que tinha tudo para ser um dia lindo já amanheceu manchado de melancolia e depressão. Judy torcia para isso mudar depois que fossem à igreja.

Como de costume, Alan e David acompanharam a mãe na missa da manhã dominical. Por sua vez, o jovem Carl — que havia um bom tempo se recusava a ir à igreja — ficou em casa com o pai, que não era religioso praticante. Arne, Debbie e Jason uniram-se a Judy e aos dois meninos.

Antes de partir, a costumeira agitação. Com todo mundo se vestindo ao mesmo tempo, o único espelho livre era o do quarto do jovem Carl. Foi ali que Debbie se refugiou para escovar os cabelos.

É natural se sentir mais seguro à luz solar do que no breu noturno. De dia, as pessoas de alguma forma se sentem imunes ao mal. Por isso, ao escovar o cabelo, Debbie se sentia segura. Mas a sensação durou pouco. Logo notou que não estava só no quarto.

O cinto de couro no tampo da cômoda devagarinho começou a planar no espaço à frente dela. Debbie recuou, esbaforida, o olhar cravado no cinto, que levitou um metro na posição vertical e caiu ao chão. A realidade dessa presença invisível no quarto a deixou paralisada de pavor.

Quando estavam prestes a sair, David anunciou que não iria à igreja. Questionado, admitiu que o besta-fera não queria que ele fosse.

Para Judy, não fazia sentido ser obrigada a competir pela autoridade sobre o próprio filho. À porta da igreja, David empacou mais uma vez. Alegou que o besta-fera tinha ameaçado retaliar caso ele entrasse.

Entretanto, Judy o fez entrar e assistir à missa; única esperança que lhe restava. Durante a missa, porém, David reclamou que dedos fortes não paravam de empurrar sua cabeça para baixo. Assim, em vez de prestar atenção à missa, era obrigado a se curvar e olhar para os próprios sapatos.

Judy teve a sensação de que o assunto já tinha ido longe demais. Naquela tarde, ela e Debbie debateram o problema. Muita coisa passava na cabeça de Judy. Ela desabafou tudo, inclusive o medo palpável de que David estivesse com problemas psiquiátricos.

"Até 2 de julho, David estava ótimo", afirmou Debbie, refrescando a memória da mãe. Depois contou à mãe sobre a levitação do cinto aquela manhã. "Isso não foi problema mental de David", afirmou Debbie. "Foi uma plena violação das leis da natureza."

Judy teve de concordar: estava ocorrendo algo extraordinário, mas verídico.

"Mas o que podemos fazer em relação a isso?", perguntou a si mesma.

Nisso David entrou e avisou: "Mãe, o besta-fera mandou dizer a você que não quer mais lhe ouvir falando sobre maneiras de se livrar dele. Mandou dizer que de jeito nenhum vão tirá-lo daqui!".

"Quem foi que disse que estávamos falando sobre isso?", indagou Judy, tentando reprimir seu espanto. "Debbie e eu estávamos falando de assar um bolo."

"Não estavam, não", insistiu David. "O besta-fera está na casa, ouvindo vocês o tempo inteiro. Ele me contou o que vocês disseram."

"Está na casa?", perguntou Judy com raiva. "Onde?"

"Na sala de estar", disse David sem hesitação. "Bem ali, sentado na cadeira de balanço."

Judy relanceou o olhar para onde David apontava. "Meu bom Deus", murmurou ela. No meio da sala de estar, a cadeira vazia balançava, para a frente e para trás.

"Tudo bem, David, pode brincar lá fora", orientou Judy.

De imediato, Judy foi ao quarto dela e pegou o frasquinho de água benta, que naquela manhã havia reabastecido na igreja. Espargiu um pouco na cadeira de balanço.

"Em nome de Jesus, vá embora desta casa e não volte!", afirmou com veemência. Abruptamente a cadeira de balanço parou de se mover.

"Se é essa linguagem que esse troço entende, vou pegar um balde de água benta e expurgar a casa inteira", prometeu Judy.

Porém, voltando ao quarto, deparou-se com todos os seus perfumes e cosméticos esparramados na penteadeira. Atônitas, Judy e Debbie sentiram que o pavor as dominava.

"Será que *devemos* consultar um padre?", indagou Judy.

"E falar o que para ele?", retrucou Debbie. "Que achamos que tem um fantasma na casa? O que lhe faz pensar que vão acreditar em você? A Igreja Católica nem acredita na existência de fantasmas."

"Isso não é imaginação minha; alguma coisa *fez* isto!", insistiu Judy, apontando o tampo da cômoda.

"E eu não sei?", falou Debbie. "Se a situação perdurar, vamos ter que buscar ajuda profissional. Quem sabe a igreja possa ajudar? Não sei. Mas acho muito precoce contarmos aos padres da paróquia St. Joseph que achamos que há espectros em casa. Se você pôr o carro na frente dos bois, a família toda pode parecer doida. Melhor aguardar e ver se acontece mais alguma coisa. Amanhã, vou conversar com o pessoal no trabalho e ver se alguém tem ideia do que fazer nesse tipo de situação."

"Bem, faça sua pesquisa", concordou Judy, "mas se enfrentarmos outro episódio como o de ontem à noite, vou direto à casa paroquial falar com um padre."

Nessa noite, no jantar, os ânimos se exaltaram. O jovem Carl acusou David de ficar inventando histórias de fantasmas para chamar a atenção, depois acusou os outros de ficarem mentindo só para protegê-lo. Acusou a irmã mais velha de ser traiçoeira e de enganar Mary Johnson e as meninas, só porque Debbie "não gostava da cor da casa". Por fim, ameaçou "aleijar" Debbie ou Judy com sua motocicleta, insinuando que poderia atropelar as duas na entrada da garagem. O bate-boca irracional se arrastou por várias horas. Cego de fúria, em certos momentos o jovem Carl nem se lembrava direito de quem estava acusando e se embrenhava por um rumo totalmente novo, entrando, às vezes, em flagrante contradição.

Quando a contenda cessou naquela noite de 6 de julho, um enganoso silêncio dominou a casa. O casal Arne e Debbie ficou acordado até tarde, equacionando suas próprias dúvidas. Ficaram sem grana ao desistirem de morar na casa alugada. E, como efeito colateral, a decisão os afastou de Mary e das meninas. Mas achavam que talvez as coisas tivessem melhorado. Quem sabe Mary já estivesse pronta para se mudar. Portanto, decidiram passar na casa alugada após o trabalho no dia seguinte e descobrir.

Súbito, no meio da conversa deles, David começou a gemer e a virar a cabeça durante o sono. Os gemidos logo se transformaram em palavras audíveis: "Me ajude... corra... não... não... socorro...". Arne e Debbie olharam para David, e o tórax do menino começou a tremer. Escutaram um vento forte soprando entre as árvores, mas Debbie olhou pela janela da frente e viu que tudo estava quieto.

Logo depois, ouviram um barulho no sótão, como o de algo sendo jogado no assoalho. David abriu os olhos, sentou-se no saco de dormir, relanceou o olhar a Arne e a Debbie, incapaz de falar.

"David, tudo bem contigo, amigão?", perguntou Arne. Estático de medo, David se limitou a assentir com a cabeça. Um ruído de gente caminhando no sótão provocou arrepios nos braços de todos.

De repente, a luz do corredor se acendeu. Mas, ufa, era só Judy, que entrou na sala, meio sonolenta.

"O que é que está acontecendo?", quis saber ela, franzindo os olhos diante da luminosidade. "Ouviram os passos no sótão?"

"É o besta-fera", anunciou David. "Em meu sono, eu o vi sair daquele poço nos fundos da casa de Mary. Flutuou bem acima das árvores, levando... caixas. Daí, num piscar de olhos, veio voando pra cá. Transportou as caixas aqui para casa." Olhou para o sótão enquanto falava.

"Caixas?", inquiriu Judy. "Caixas de que tipo?"

"Três caixas", informou David. "Tamanho médio. Uma vermelha, outra preta e a terceira, amarela".

"O que tem dentro?"

"Sei lá o que tem nelas!", retrucou David irritado. "Estão fechadas. Ele só fica andando em círculos ao redor delas."

"Não estou ouvindo passo algum", afirmou Debbie convicta. "Mãe, e você?" Judy balançou a cabeça negativamente.

"David, não estou muito convencida de que um *besta-fera* está aqui", ponderou Debbie. "Se ele é tão poderoso assim, faça um desafio para ele. Diga para esse coisa-ruim provar que está aqui, acendendo e apagando as luzes!"

"Debbie, por favor... isso não! Ele não gosta de ser questionado. Você vai forçá-lo a realizar maldades", alertou David.

"Não estou nem aí se ele vai gostar ou não! Se realmente está aqui e tem tanto poder, só diz para ele acender e apagar as luzes. *Ou será que ele não consegue*?"

Debbie teve sua resposta. As luzes da sala de estar foram se esvaindo até se apagar momentaneamente. Em seguida se acenderam e apagaram três vezes. Manifestação preocupante.

"O besta-fera quer saber: '*Que tal ouvir umas batidinhas?*'", transmitiu David.

Ecoaram quatro batidas. Pareciam emanar do assoalho da sala.

"Aí já é demais!", gritou Debbie.

"Avisei para não o provocar", comentou David em tom pragmático.

As batidas continuaram até Debbie capitular e dizer: "Tá bem! Tá bem! Ele que pare agora".

Outras batidas soaram. "Ele falou contigo, David?", indagou Debbie.

"Sim, mas foi desbocado."

"Não estou nem aí. O que foi que o besta-fera disse?", insistiu Debbie. Nesse meio-tempo, as pancadas recomeçaram.

"Ele disse..." As batidas ficaram mais fortes. "'*Vai se foder*'", revelou David, hesitante.

As irritantes pancadas cessaram, e todos continuaram sentados, em silêncio, tentando compreender o que estava acontecendo.

Cinco minutos depois, David quebrou o silêncio: "Agora começou a abrir uma das caixas... A de cor preta. Abriu a tampa... Um monte de escaravelhos saiu voando... Agora virou a caixa de lado. Tem algo ali dentro... Serpentes! Um emaranhado de cobras acabou de tombar".

David se calou e Judy quis saber: "Algo mais?".

"É isso", respondeu ele, ainda com os olhos fitos no mesmo ponto, acima dele, "só que as cobras menores estão se misturando e agora parece que se transformaram em duas cobras grandonas... Agora sumiram, e o besta-fera caiu na risada. Elas se tornaram outra coisa, não sei bem o quê... Ele está falando com aquilo, mas é uma língua que não conheço."

"Não quero mais saber", declarou Judy. "Faça como seu pai diz, só ignore esse troço."

"É mais forte do que eu, mãezinha. Está sempre falando comigo. E me xingando. E me dizendo para *ceder*."

"Por favor, David, meu filho. Tente apenas se deitar, fechar os olhos e não ouvir", implorou Judy.

As pancadas recomeçaram.

"O besta-fera agorinha me avisou que está longe de acabar", contou David, olhando para a mãe. "Falou que trouxe meu castigo e que vou desejar nunca ter nascido."

"Avise a esse besta-fera que se ele tentar te machucar... Se ele ousar encostar um dedo em você... Ao raiar do dia, vou trazer um padre a esta casa!", ameaçou Judy.

David pediu se a mãe dele podia ficar a noite toda na sala outra vez, junto com eles. Judy concordou.

Por fim, todos acabaram adormecendo. Mas, pouco antes das três da manhã, uma vibração sônica os despertou. Aos poucos foi se intensificando até virar um zumbido. O som — que parecia de uma turbina elétrica, um som que não era agudo e sim de um grave profundo — foi aumentando em força até ninguém escutar outra coisa. Com as vibrações, pequenos objetos na sala, como lápis, clipes de papel e outros, começaram a tremer em frenesi.

O que estava acontecendo?

E por que isso estava acontecendo?

O penetrante zumbido parecia invadir a própria carne com sua poderosa vibração.

Súbito parou, abruptamente.

Ao menos o barulho cessou. Para David, o fato marcou a chegada de um novo formato de terror — algo inimaginável. No instante exato em que parou o zumbido, o olhar de David foi atraído à soleira da porta. Ficou tão perplexo que tentou gritar, mas não conseguiu.

Diante do menino se materializou não apenas o semblante demente do besta-fera, mas outros dois entes abomináveis.

Um se posicionou à esquerda do besta-fera, o outro à direita. Cada um era medonho à sua maneira.

Altos e magros, os novos seres tinham braços esguios e mãos que terminavam em dedos grossos, em forma de garras. Cor da pele, escarlate. Em vez de pés, cascos fendidos. Como o besta-fera, a dupla tinha chifres saindo de suas cabeças. Pontudos e curtinhos, os chifres de um deles tinham menos que três centímetros. Já os chifres do outro eram mais grossos, como os de um novilho, e se projetavam nas laterais da cabeça. Os dois seres pareciam meio humanos e meio bichos, mas não eram idênticos. Eram "criaturas" de feições humanoides. Um detalhe os diferenciava de imediato. Cada um trazia um ferimento visível. Um deles exibia um buraco de bala no meio da testa e tinha o rosto coberto de sangue; o outro, uma faca enfiada no peito, na altura do coração.

Tinham olhos insanos como os do besta-fera. Cada olho se mexia independentemente um do outro, às vezes se envesgando, às vezes encarando David com um olhar hipnótico. Enquanto o fitavam com olhares impassíveis, conversavam sobre um assunto apenas: a alma do menino.

Completamente oprimido com o que tinha visto, David só conseguiu pronunciar três palavras:

"Ele tem ajudantes!"

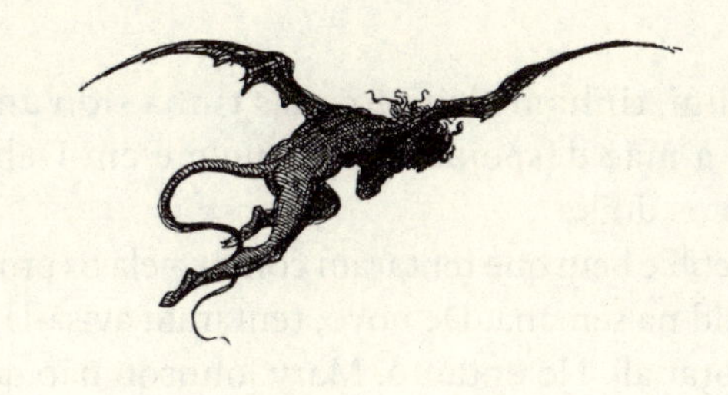

8
EM BUSCA DE AUXÍLIO

David sofria com delírios fantásticos? A família inteira estava padecendo de histeria em massa? Um surto coletivo? Ou estavam em plena saúde mental? As experiências poderiam ser validadas? Esses fatos eram mesmo verídicos?

Essas dúvidas assolaram a mente de Judy Glatzel enquanto David relatava, com ar convicto e sincero, o que ele alegava ter testemunhado na noite anterior. Judy tinha poucos conhecimentos sobre fenômenos espirituais e tentou se amparar no bom senso.

E o bom senso dizia que a família enfrentava um calvário sofrido e verdadeiro, repleto de fatos aterrorizantes e bizarros.

Um detalhe conseguiu deixar Judy mais transtornada do que tudo: a descrição que David fez de criaturas com chifres, cascos e tez estranhamente rubra. O estereótipo de um capeta. Banal demais. Foi justamente essa descrição que a fez abandonar a crença na teoria de fenômenos espirituais.

Judy precisava consultar alguém. Coletar mais informações. De uma forma ou de outra, algo tinha que acontecer para convencê-la de que se tratava de um assunto de origem mental ou espiritual. Só então seria capaz de combater o problema e dar um fim naquilo.

Às quatro e meia, Arne e Debbie chegaram do trabalho. Os dois chegaram exaustos e sujos: cansados porque passaram a noite em claro e sujos por causa do trabalho no canil Harper. Debbie foi tomar uma ducha, e Judy perguntou a Arne se tinham ido visitar a mãe dele. Ele não escondeu o aborrecimento ao ouvir a pergunta. Contou a Judy que sim, tinham visitado, mas tinha sido um desastre. Possessa de fúria, a mãe despejou a raiva nele e em Debbie, praticamente repudiando os dois.

Arne e Debbie bem que tentaram contar a ela os problemas enfrentados em Brookfield na semana. De novo, tentaram avisá-la sobre os potenciais riscos de morar ali. No entanto, Mary Johnson não quis nem ouvir falar. Disse que nada, absolutamente nada, havia acontecido na casa alugada e que essa "conversa fiada" sobre fantasmas só tinha servido para assustar as meninas. O que Debbie e Arne não sabiam era que Mary estava mentindo: ela e as meninas estavam enfrentando problemas desde o primeiro dia na casa.

Debbie saiu do banho, se vestiu e entrou na cozinha dizendo:

"Vocês nem vão acreditar, mas quando tirei a roupa no banheiro, senti algo roçando a minha coxa. Senti de verdade! Cheguei a dar meia--volta para ver se tinha alguém mais no banheiro." Judy e Arne nem se atreveram a comentar.

Foi a vez de Arne tomar banho. Nesse meio-tempo, Judy interrogou Debbie se ela havia obtido informações de seus colegas de trabalho.

"É difícil tocar nesse assunto com outras pessoas", explicou, "mas tive uma longa conversa com a Suzy, a outra tosadora de cães".

"Ela é vidente ou coisa parecida?", supôs Judy.

"Não, mas conhece o assunto. Anos atrás, uma família amiga dela teve experiências bem sérias com um fantasma. Eles receberam a ajuda de um casal, os Warren, que conseguiu livrar a família do fantasma. Anotei o nome deles."

Um raio de esperança súbito iluminou o semblante de Judy.

"Já ouvi falar sobre os Warren. Têm fama de serem bons no que fazem. Suzy sabe como entrar em contato com eles?"

"Não sabia nada além do nome. Sugeriu que tentássemos descobrir. Quem tem boca vai à Roma."

Nesse momento, Kate Merlino bateu à porta dos fundos e já foi entrando. Kate, dois anos mais velha que Debbie, tem silhueta esbelta, cabelo preto revolto em cachos e rosto atraente.

"Oi! Vamos sair para fazer umas compras hoje à noite, Deb?", convidou ela.

"Uma pena, mas não vai rolar", desculpou-se Debbie. "Estou morta de cansaço e quero dormir cedo."

"Qual é o problema... está doente? Está com a aparência péssima!", exclamou Kate, com sincera preocupação.

"Se eu contasse, você nem ia acreditar."

"Experimenta", instigou a amiga, sentando-se à mesa.

Dos lábios de Debbie ela ouviu a história básica, começando com o incidente no colchão d'água e chegando à situação atual, o fato de haver motivos para crer na existência de um fantasma, ou espírito, ou algo parecido morando com eles na casa de Brookfield.

Kate escutou com o semblante fechado.

"Ontem à noite, que horas eram quando vocês ouviram o vento soprando?", quis saber ela.

"Perto da meia-noite", calculou Debbie, "mas não vimos nenhum movimento lá fora que confirmasse o som que ouvimos."

"Bem, eu vi", revelou Kate. "Fui me deitar às 11h45. Quinze minutos depois, um vento terrível começou a zunir. Eu me levantei e fui olhar pela janela. Uma ventania danada fazia a copa das árvores balançar, os troncos e ramos se dobrarem e se retorcerem. Parecia o olho de um furacão. De repente, o vento amainou e tudo voltou ao normal. Foi uma coisa rara (o bastante para eu me levantar da cama), mas na hora não significou nada para mim.

"Mas, pensando bem... As coisas de vocês estão em nosso subsolo! Desde que vocês as guardaram ali, meus filhos não descem mais no porão. Dizem que sentem medo. E ouvi barulhos lá embaixo! Nesta semana, algumas vezes eu poderia jurar que tinha alguém lá. Para falar a verdade, sabe aquele colchão que vocês apoiaram de pé, junto à parede, atrás das caixas? Agora está estendido no chão. Como é que foi parar lá, não sei. Tenho certeza de que não foi o Ted [marido de Kate]."

"A gente sabe por que o colchão está deitado", atalhou Debbie. Em seguida, explicou como David informou que o tal homem fantasma usava o colchão para descansar.

Resultado: Kate pediu para que Debbie e Arne tirassem imediatamente o colchão do subsolo. Os dois o carregaram pelo gramado e o apoiaram na lateral da casa dos Glatzel. Antes de se despedir naquela noite, Kate se ofereceu para fazer qualquer coisa que estivesse a seu alcance. A oferta generosa foi um erro do qual ela iria se arrepender amargamente.

Na hora em que Debbie e Arne foram buscar o colchão, Judy começou a preparar o jantar. Diante da pia, sentiu uma presença atrás dela. A sensação inequívoca de alguém disputando espaço com ela. De repente alguém bafejou em sua nuca. Sem virar o pescoço, deu um ligeiro passo para trás, para testar seu palpite, mas não esbarrou em nada. Correu o olhar em volta. Nem sinal de alguém.

Logo depois, Judy sentiu um forte beliscão na *derrière*. Ela se virou e, sem pestanejar, falou:

"Tire suas mãos imundas de mim!"

Na mesma hora, caiu a ficha para Judy. Algo *a fez* reagir.

Chega de duvidar de si mesma e de suas percepções. Judy estava cansada disso. Havia algo acontecendo. Algo real. Subitamente se viu sozinha, numa casa repleta de perigos. Foi assim que percebeu como David deveria estar se sentindo. O comportamento frenético do garoto decorria do fato de estar apavorado! Judy se deu conta de que era essencial parar de questionar David a toda hora, mudar sua postura cética para uma atitude mais solidária.

Exaustos de vararem as madrugadas em claro, noite após noite, Arne, Debbie, Judy e David às onze horas já estavam prontos para dormir. Como de costume, nem colocaram pijamas e dormiram com a roupa do corpo. Por cautela, deixaram uma luz acesa.

Instantes após se acomodarem, Alan e Jason entraram na sala de estar. Trouxeram junto os travesseiros e insistiram em dormir ali. Alegaram ter ouvido "sons esquisitos" no armário do quarto, perto das camas. David, para não os deixar alarmados, preferiu não contar que durante o dia o besta-fera havia transferido as duas caixas fechadas do sótão para o armário do quarto.

Sem demora, David começou a reclamar que um dos três entes o cutucava sempre que ele fechava os olhos. E quando ele abria os olhos, o menino contou, os seres continuavam a xingá-lo e a ameaçá-lo de morte. Aquela perseguição durou uma hora ininterrupta. O que fazer? Ninguém sabia.

Foi quando batidinhas na mesa de centro começaram. A isso se adicionou um som forte, como se alguém estivesse esmurrando a parede com o punho fechado. Um grito de pavor escapou da boca de David. Segundo o menino, do nada, um ente maligno disparou em sua direção, quase encostando o nariz no dele.

Por fim, Arne instruiu David a enunciar: "Jesus é meu Senhor e vai me proteger".

"Jesus é meu Senhor e vai me proteger", repetiu David obedientemente.

A próxima palavra que saiu de sua boca foi *Socorro!*

Em um átimo, David se viu deitado de costas, impotente. O corpo se contorcendo. As pernas se debatendo. A língua para fora. Sim, ele estava prestes a morrer sufocado!

Do nada, David se viu em meio a uma luta por sua vida. Desesperado, tentou afastar as duas mãos invisíveis que apertavam sua garganta.

As testemunhas, perplexas, fizeram menção de ajudá-lo, mas o ataque chegou ao fim.

Deitado de costas, David tossia e resfolegava, arfando com dificuldade. Finalmente, respirou fundo algumas vezes. No pescoço do menino, dedos haviam deixado marcas indeléveis!

Nessa noite ele não voltou a sofrer ataques. Mas, levando em conta as circunstâncias, os adultos não conseguiram mais pegar no sono. Dormir seria impossível e imprudente.

*

No dia seguinte, Judy estava exausta e ranzinza. Quando o jovem Carl acusou David de "estar vendo coisas", Judy avançou contra o filho como um tigre enfurecido. Carl Jr. se defendeu com ferocidade e crueldade verbais. Chamou a mãe de "puta maldita que deveria ser morta", insinuando que ele próprio se encarregaria disso.

Ao longo da tarde, Judy pediu para David descrever com exatidão o que tinha ocorrido durante o episódio de estrangulamento. Ele pareceu completamente subjugado pelas forças em ação. Só informou a mãe que os asseclas estavam postados cada um em uma porta, a da frente e a dos fundos, e que o besta-fera estava ali no recinto, em pé, atrás dele. David falou isso enquanto lambia os beiços e raspava a cumbuca cheia de sorvete com uma dúzia de biscoitos de chocolate. Judy ficou observando o garoto enfiar mecanicamente biscoitos goela abaixo, como um jogador coloca moedas numa máquina caça-níquel viciada. E foi então que ela percebeu. Estava explicado por que não sobrava mais nada para beliscar em casa: ao longo da semana, comer tinha se tornado uma obsessão para David.

Para Judy não restavam mais dúvidas sobre a causa do problema. O horrendo espetáculo de ver seu filhinho quase estrangulado até a morte por ter citado o nome de Jesus foi a gota d'água. No dia 8 de julho, portanto, Judy começou o processo de buscar auxílio.

Ela precisava encontrar alguém que entendesse sobre fenômenos espirituais e fosse capaz de lhe dar orientações de como eliminar o problema. Tentou descobrir o telefone ou o endereço do casal Warren. Sabia que os dois eram especialistas no assunto, mas a pesquisa terminou em um beco sem saída.

Então resolveu ligar para o Padre McDonnell, o velho padre que dava aulas de catequese a David, preparatórias à Primeira Comunhão. Judy discou para a casa paroquial, mas antes que começasse a chamar, dúvidas assaltaram a sua mente. O que é que ela ia dizer ao Padre McDonnell? Havia algum tipo de prova que ela poderia dar? Ao primeiro toque, Judy colocou o fone no gancho e não voltou a fazer novas ligações naquele dia.

Mais tarde, após o jantar, os ânimos se inflamaram outra vez. Como de costume, o jovem Carl teceu acusações absurdas, contra as quais os outros tentaram se defender. Arne também foi atacado verbalmente, mas não se envolveu na discussão. Nem o próprio David se meteu. Como Arne veio a descobrir, David sabia de algo que os outros não sabiam.

Em meio à gritaria, Arne perguntou: "E o besta-fera, David? Cadê ele agora?".

"Na cozinha, bem atrás do pequeno Carl."

"E os asseclas?"

"Também lá na cozinha", respondeu, como se fosse óbvio.

"O que é que eles estão fazendo lá?"

"O besta-fera está olhando fixamente o pequeno Carl, e os ajudantes estão pertinho da geladeira, se divertindo muito e rindo a valer da situação."

"Foram eles que desencadearam esse bate-boca?"

"Pode apostar que sim", afirmou David categórico. "É sempre eles que começam."

Até o anoitecer de 8 de julho, ninguém mais tinha se deparado com o que David chamava de besta-fera. Naquela noite, Debbie o viu com os próprios olhos.

Enfim a rusga noturna se acalmou, mas os danos emocionais já tinham sido feitos. Aflita, Debbie teve a impressão de estar sendo seguida após o fim da discussão. Um medo paralisante a dominou. Temia ser encurralada sozinha num canto por alguma força maligna.

Não foi assim que aconteceu, porém. Na companhia de todos (Judy, David, Alan e Arne), ela assistia à televisão na sala quando notou um movimento acima dela. Olhou para cima e, sem dizer uma palavra, fixou o olhar no teto. Só perceberam a situação de Debbie meio minuto depois. Foi justamente David quem percebeu o que estava ocorrendo. Foi até o sofá onde Debbie estava sentada.

"Debbie", rogou David. "Vamos, Debbie. Pare de olhar aquilo." Porém, ela não desviou o olhar.

David pôs as mãos na cabeça dela e a forçou para baixo, rompendo assim o transe em que ela estava.

Com o olhar arregalado, Debbie encarou o irmão.

“David, esse coisa-ruim, esse besta-fera... Tem maçãs do rosto salientes, um narigão, orelhas pontudas e olhos pretos como breu que nos atraem para eles?”

David fez que sim com a cabeça.

“E é mesmo *chifrudo*, não é? Tem bigode e cavanhaque, não tem?”

“Sim. Eu vi que ele estava olhando para você, também”, contou David. “Por isso que me aproximei para te salvar.”

Para Debbie Glatzel, o problema não era a aparência daquele troço, mas sim o que acontecia quando ela olhava para ele. Quando fez contato visual com a entidade, um hórrido terror capturou seu âmago. Duas sensações diferentes tomaram conta dela: a de que uma força incontrolável a atraía em direção àquele anjo mau ou a de que o ente maligno se derramava sobre ela. Seja lá como for, teve ímpetos de gritar que ele a estava dominando, mas ficou com a voz presa na garganta.

9 LEGIÃO

Judy só se deu conta da gravidade da situação na manhã seguinte, 9 de julho, quando entrou na casa paroquial da Igreja St. Joseph, em Brookfield. Em meio aos sóbrios adornos da casa, o estômago dela se contraiu. A sala recendia levemente a incenso de igreja. Na parede frontal, um grande crucifixo de madeira reforçava a solenidade de sua visita.

Judy não tinha dúvida alguma de que estava no lugar certo. A noite anterior tinha sido um verdadeiro inferno.

Impotente, junto com Arne, Debbie e Alan, ela fora obrigada a assistir a David sendo continuamente agredido com tapas, socos e pontapés. Judy revia as imagens fixadas em sua retina e ouvia de novo as violentas bofetadas e os gritos de dor do garoto, punido por não renunciar a Deus e se negar a entregar sua alma aos demônios.

"Faça-os parar, diga o que eles querem ouvir!", implorou Judy a ele. Mas David se recusou. E logo depois gritou, aterrorizado: "Me ajuda, mãe! Ele tem um revólver na mão! Vai dar um tiro em mim!".

Ouviram tudo menos o deflagrar de um projétil. Mas David foi arremessado para trás. Com a mão na barriga, desabou no piso da cozinha como se estivesse morto.

Judy se lembrou do olhar desesperado de Arne quando o genro verificou que o corpo do filhinho dela não respirava, não tinha pulsação nem batimentos cardíacos. E, depois, como ficou grata quando o menino de repente abriu os olhos!

Exausta e atormentada pela emoção, a única esperança de Judy era que a igreja fosse capaz de sustar o tumulto infligido à família dela.

Judy esperou uns dez minutinhos até ser conduzida pelo Padre McDonnell a seu gabinete pessoal. Os dois entraram no pequeno recinto cheio de livros, e o padre fechou a porta. Os gestos reconfortantes e a voz suave do padre a deixaram instantaneamente à vontade. Prestes a completar 70 anos, grisalho e com um delicado timbre vocal, o Padre McDonnell era pároco da Igreja de St. Joseph em Brookfield. Seus colegas o chamavam de "padre raiz". Ele gostava da calma e da qualidade de vida em Brookfield, e Brookfield também gostava dele.

Na meia hora seguinte, Judy relatou ao Padre McDonnell o inconcebível problema com o qual sua família convivia. Contou a ele sobre as horripilantes criaturas que David estava enxergando e as descrições que o menino fez sobre a aparência delas. Falou das batidas, das pancadas, dos passos, dos bate-bocas, da exasperação, das profecias e do terror que tudo isso evocou. Contou que a família dela havia se tornado vítima de forças que ela mal conseguia compreender.

O Padre McDonnell explicou a Judy que já tinha ouvido falar dessas coisas antes. Ele ponderou que esses fenômenos têm uma série de causas inclusive instabilidades psicológicas. Antes de fazer qualquer julgamento, seriam necessárias informações adicionais. Por que esse ataque foi lançado contra a família dela? O padre não soube dizer, mas sugeriu que quase sempre há uma origem para esses assuntos — seja com base em algo que a família fez, seja com base em algo que lhes foi infligido.

Estremecendo por dentro, Judy respondeu detalhadamente às perguntas. Não era bem isso que ela imaginava ouvir do Padre McDonnell. Torcia para que ele dissesse: "Não seja boba. Esse tipo de coisa não existe". Então reuniu coragem e indagou:

"Quer dizer que é possível que David esteja realmente sendo atacado por esses espíritos?"

"Vou ter que falar com ele", vaticinou o Padre McDonnell.

"Mas, padre, o senhor está me dizendo que essas coisas *realmente* acontecem... ou pelo menos já aconteceram antes?"

"Historicamente, sim, há precedentes de casos dessa natureza. Mas receio que a senhora esteja subestimando a complexidade do mundo, sra. Glatzel."

Em seguida, Judy aproveitou para fazer perguntas mais profundas que a perturbavam diuturnamente.

"Esses espíritos, claro, se estiverem mesmo lá, de que espécie eles são? Fantasmas?"

"Impossível afirmar", reconheceu o padre honestamente. "Mas deixe-me lembrá-la de que a igreja só reconhece dois tipos de espíritos: os espíritos do bem e os espíritos do mal."

"Mas, padre, o David está falando que viu criaturas com chifres e cascos e todas as demais características de um diabo. Sinceramente, tenho muita dificuldade em acreditar nisso. Na realidade, devo confessar que isso me faz duvidar de meu próprio filho, embora eu saiba que ele não está mentindo. Simplesmente escapa de minha compreensão."

O Padre McDonnell, mesmo relutante em aprofundar mais a conversa, percebeu a grande angústia que corroía a mulher diante dele. Sugeriu que, se o problema fosse psicológico, uma visita dele à casa poderia servir de combustível à fantasia da criança. Portanto, recomendou a Judy que levasse com ela meia dúzia de velas sagradas e as distribuísse estrategicamente pela casa. Se o problema fosse mesmo de natureza espiritual, os entes suspeitos se sentiriam amaldiçoados e talvez fossem embora. Se as velas funcionassem, eles dois saberiam o motivo. Se não funcionassem, e os problemas recomeçassem, Judy deveria ligar para ele.

Esperançosa, Judy levou as grandes velas votivas vermelhas da igreja. Espalhou-as pela casa, uma em cada cômodo, e as acendeu. De momento, o gesto pareceu útil e tranquilizador.

Nesse meio-tempo, na quarta-feira, 9 de julho, Jason comemorou o aniversário de 7 anos. Judy focou sua atenção no simples prazer de fazer um bolo de aniversário e preparar uma festinha para ele no final da tarde.

A festa de aniversário foi um prazeroso interlúdio. Viveram como pessoas normais por um breve período. Jason adorou o presente que ganhou dos pais, Arne e Debbie: um dinossauro de quase meio metro de altura. Ao longo do dia, o único incidente desagradável foi quando o flash queimou a mão de Arne na hora que ele foi tirar fotos da festa.

A esperança de que velas da igreja enfim restaurassem a paz no lar perdurou — mas apenas até a meia-noite.

Então tudo recomeçou. Na porta da frente soaram três pancadas sinistras, seguidas de batidas fortes e bruscas do lado de fora da casa. Lá dentro, algo se movia na sala de estar, enregelando o local por onde passava.

Ao amanhecer, David afirmou que o besta-fera e seus dois asseclas tinham passado a maior parte da noite zombando e rindo da cara dele. O menino revelou que sofreu novas represálias do trio, porque a mãe dele tinha ido à casa paroquial e levado as velas sagradas para casa.

As ameaças incluíram violência física e até tiros com armas de fogo. David também foi alertado que se *ele* — seja lá quem fosse — aparecesse na casa no dia seguinte, o garoto teria uma surpresa que jamais esqueceria.

"*Ele*" no caso se referia ao Padre McDonnell, para quem Judy ligou na tarde seguinte.

David tinha sido perseguido a noite inteira até o amanhecer. Descontrolado, o jovem Carl brigava e discutia com seus irmãos sem parar. Jason entrou em casa mancando. Algo tinha golpeado seu tornozelo. Judy sentiu algo puxando o cabelo dela. Ouviram-se sons de pancadas e sussurros ininteligíveis. Uma presença gélida se abancou no corredor, bloqueando o acesso aos quartos dos meninos. E algo na casa ergueu fisicamente uma das velas sagradas acesas e a jogou contra a parede da sala, espalhando cera vermelha por todos os lados. Os itens de maquiagem de Judy tinham sido derrubados outra vez, e na colcha branquinha e limpa de sua cama surgiu um rastro de pegadas fendidas e fuliginosas!

Dez minutos após receber a ligação, o Padre McDonnell estava na casa de Judy. Quando ele chegou, os fenômenos cessaram. Apesar disso, Judy o levou ao quarto principal e mostrou a ele os vestígios na colcha, mas as pegadas fendidas já estavam desaparecendo.

O Padre McDonnell queria mesmo era falar com David. Sentia que a criança poderia estar imaginando muito do que afirmava ter visto. Com sua experiência de instrutor, sabia que, às vezes, crianças perspicazes em ambientes tediosos fabricam realidades paralelas para expressar um sofrimento psicológico mais profundo. No entanto, após ouvir o relato de David sobre os recentes ocorridos, o Padre McDonnell explicou a Judy qual seria o procedimento mais indicado. Ele abençoaria a casa e a preencheria com "a aura de Cristo". Ficou claro que o padre acreditou que fenômenos espirituais válidos estavam ocorrendo na casa dos Glatzel.

O Padre McDonnell foi buscar a sua valise preta no carro. Dela tirou uma comprida estola roxa e, após beijar o tecido, colocou-a em volta do pescoço. Em seguida, pegou uma caldeira com aspersório de cobre. Uma cruz ornava o recipiente de água. Abençoou a água com frases em latim.

Do subsolo ao sótão, o Padre McDonnell foi abençoando e espargindo todos os cômodos da casa. Não se tratava de exorcismo da habitação — procedimento muito mais específico e complicado que teria exigido preparativos consideráveis por parte do padre —, mas sim uma dedicação da casa ao espírito de Deus. O Padre McDonnell sabia que, com a bênção, entes menores seriam afastados. Entretanto, espíritos mais fortes e malévolos mostram uma tendência a desobedecer aos comandos divinos. Nessas circunstâncias, porém, reza o bom senso empregar primeiro os métodos conservadores, guardando os procedimentos mais radicais só para quando forem estritamente necessários.

Por fim, chamou David e lhe conferiu uma bênção protetora. Recomendou que a família, à noite, rezasse o Pai Nosso e a prece a São Miguel Arcanjo, duas orações que contêm repúdio ao mal. Se os fenômenos recomeçassem, também deveriam ler em voz alta o Salmo 23.

Naquela noite, a serenidade parecia enfim ter pousado na casa dos Glatzel. O besta-fera com seus dois comparsas, relatou David, flutuaram sobre as copas das árvores e voltaram à casa alugada em Newtown.

Até mesmo Carl, o patriarca, mostrou espanto com o fato de a pressão ter arrefecido desde a visita do padre. Subitamente, a normalidade voltou a se instaurar. Planos de um passeio em família para aquele fim de semana foram elaborados.

Outra vez, todo mundo estava física e mentalmente cansado em decorrência do longo e inquietante episódio. Foram dormir cedo. David dormiu na cama dele, no quarto dos meninos, junto com Alan e Jason, e nem sequer pediu uma luz noturna. Judy voltou a dormir com o marido; Arne e Debbie começaram a sonhar com um recomeço em suas vidas.

No dia seguinte, a caminho do trabalho, Arne contou a Debbie que durante a noite teve a nítida impressão de que algo — ou alguém — estava em pé, debruçado em cima dele, o encarando. Com medo de que alguma coisa acontecer, tinha ficado acordado até a aurora.

No entanto, foi David quem contou a história mais incrível na tarde seguinte. Às três horas da tarde, entrou em casa para tomar um copo d'água. Jazia perto da geladeira o grande dinossauro, o presente de aniversário de Jason, "autêntico em todos os detalhes", com queixo e membros articulados.

Ao se virar da pia, David levou um susto. O dinossauro tinha *ganhado vida*!

Horrorizado, ele observou o brinquedo de meio metro dar alguns passos em sua direção e parar.

Ergueu a pata dianteira direita e apontou para David. A mandíbula articulada se moveu e ele ouviu: *Tome cuidado! Vai levar uma facada!* O monstro de plástico então ficou imóvel.

Em frenesi, David saiu correndo porta afora. Não só o boneco tinha se mexido para fazer novas ameaças de violência, mas isso também significava o retorno dos espíritos! A mãe de David, porém, se recusou a acreditar nisso. Tinha acabado, insistiu Judy. Acabado!

Naquela noite, David se recolheu com uma angústia no peito. Não conseguia pegar no sono. Ficou, deitado no quarto escuro, desperto e alerta. A princípio sentiu uma simples inquietude. Porém, aos poucos, a sensação foi se transformando num pressentimento. Algo horrendo estava prestes a acontecer, David sabia disso, no fundo de sua mente.

E aconteceu mesmo, logo após a meia-noite. Um por um, foram chegando os emissários do diabo.

Primeiro, veio o besta-fera. Atravessou a parede como se ela não existisse e, ao pé da cama, estacou em toda a sua glória perversa. A bênção do padre foi uma afronta a seu poder. A fúria faiscava em seus olhos.

Seu maldito! Ser humano asqueroso! Traidor nojento! Que petulância me insultar! O poder sou eu! Sou tudo que existe! Deus acabou! Deus é um lixo! Você é um lixo!

Com olhos insanos, continuou disparando blasfêmias contra o padre e todo o "injusto" reino de Deus.

Enquanto o besta-fera fazia suas horríveis imprecações, chegaram os dois asseclas ensanguentados. Devagarinho, foram se materializando até parecerem tão sólidos quanto o primeiro. E o trio se uniu na tarefa de gritar e desaforar a criança.

Fragilizado pelo pavor, David tentou pedir socorro, mas a voz ficou presa na garganta. A loucura não parava. Às vezes, o fluxo de xingamentos era tão atropelado que David nem entendia direito o que eles diziam. Às vezes, o trio falava em línguas desconhecidas. E, em muitas outras, as frases não faziam o menor sentido para ele.

Vamos transformar você em um de nós.

Você nos pertence há muito, muito tempo.

Tomamos posse de sua alma.

Esse encadeamento contínuo de blasfêmias, palavrões, ordens, exigências, ameaças, profecias, lamentos, berros e guinchos horripilantes perdurou por um tempão. Uma degradação arrasadora.

O que mais poderia acontecer além disso?

Sem demora, David Glatzel descobriu. E ao descobrir, quase desmaiou.

O besta-fera e seus dois comparsas entoaram um cântico profano. Em tom monótono continuaram repetindo aquilo várias vezes. Uma bola de luz apareceu, azulada, nas imediações dos três espectros cantantes, atraindo o olhar de David.

A bola de luz começou a emitir um brilho até se alongar e assumir o formato de um feixe da espessura de um lápis, que se esticou na altura de um ser humano. Adquirindo detalhes, o feixe se tornou cada vez mais nítido. Súbito, uma quarta criatura se materializou na sala! Um ente hediondo em todos os aspectos. Com mais de 1,80 m, tinha um olho na frente e outro atrás. Nariz decepado, boca estraçalhada. Sangue escorria das chagas que dilaceravam o corpo escarlate flamejante. Buraco no estômago. Aparência de louco.

Os três entes originais emitiram risinhos maldosos à medida que novas bolas de luz começaram a flutuar ameaçadoramente no recinto. De repente, outra dessas luzes do tamanho de uma bola de golfe começou o processo de materialização, resultando num quinto vulto, preto e repugnante. O corpo incinerado parecia ter sofrido cremação.

A esse espetáculo — o trio de seres doidos e sardônicos e a dupla de monstrengos recém-materializados — foi adicionado um sexto elemento. Com 2,5 m de altura e um olho só, não parecia homem nem bicho, mas também tinha cascos fendidos e chifres saindo do crânio.

Parecia ser impossível algo mais medonho. Mas então um sétimo monstro surgiu. Um corte perpendicular dividia a cabeça e o rosto dele ao meio. Sangue pingava de seus olhos. O único braço terminava em três dedos apenas. Uma perna tinha casco clivado; a outra estava amputada meio palmo abaixo do joelho.

O terror dominou David quando grupos de seres inumanos começaram a se materializar. Uma parte ostentava feições de lagarto; outra parte, minúsculas cabeças com grotescos focinhos protuberantes, semelhante a gárgulas. Uns tinham parte do corpo chamuscada; outros, olhos arrancados e membros decepados; alguns eram cadavéricos e esquálidos, com ossos e crânios protuberantes. Em levas e mais levas, vinham com medonhas deformidades e desfigurações no rosto, corpo e membros. Na verdade, o que David viu era nada mais, nada menos, que uma *legião* de bestas!

Quarenta novos demônios apareceram naquela noite.

Cada um desses monstros atrozes consistia em um ser único e individual.

E o pior de tudo: todos eles tinham vindo para ficar.

10
ONDA MALIGNA

Na manhã seguinte, um sábado, com um misto de raiva e pesar, Judy ouviu David relatar o caos testemunhado durante a noite.

Na mesma hora, ligou ao Padre McDonnell e contou o que havia acontecido. Uma hora depois, ele chegou.

O padre sabia o que estava acontecendo na casa dos Glatzel. Já tinha visto isso antes e sabia como resolver. Mas essa missão não era para ele. Andava mal de saúde: há um ano tinha desfalecido no meio da missa e nunca mais recuperou inteiramente sua vitalidade. Além do mais, não era um exorcista, no sentido clássico. No passado, até havia desempenhado essa função com sucesso, mas agora qualquer tentativa para expulsar as poderosas forças inumanas da casa dos Glatzel poderia levar à sua própria morte. Os outros padres da paróquia o aconselharam a "pegar leve" no assunto, mas não tinham experiência no ramo. Portanto, o Padre McDonnell aguentou sozinho o fardo.

Ao chegar à casa dos Glatzel naquela tarde, ele foi recebido por quase todos na sala de estar. As exceções foram Carl pai e Carl filho, o primeiro no trabalho, e o segundo, porque havia ficado lá fora, no pátio, com um sorrisinho de desdém nos lábios.

"Não é a primeira vez que esse tipo de fenômeno ocorre nesta região de Connecticut", revelou o Padre McDonnell à família Glatzel. "Só temos um jeito para acabar com isso: seguir à risca uma série de procedimentos religiosos." Explicou que a próxima etapa seria encaminhar o assunto à diocese de Bridgeport, a qual então designaria clérigos habilitados para o caso, que, por sua vez, ajudariam a levar o assunto a cabo. Nesse meio-tempo, aconselhou, os Glatzel poderiam fazer algo por si mesmos. Antes de tomar quaisquer medidas, as autoridades eclesiásticas teriam que investigar e examinar o caso. Esse processo levava tempo — meses até. Para agilizar o andamento, recomendou que a família chamasse Ed e Lorraine Warren, investigadores experientes nas ramificações teológicas dos fenômenos espirituais, cujo julgamento seria aceito pelos especialistas da igreja.

O Padre McDonnell não contou a Judy que os Warren se destacavam na área de demonologia. Atribuiu ao casal o nebuloso termo de *investigadores psíquicos*, tornando mais fácil para Judy aceitar.

Numa vã esperança, Judy ansiava por uma solução instantânea, mas se consolou porque sentiu que a coisa progredia. Um fato lhe chamou a atenção. Pela segunda vez, alguém os recomendava a entrar em contato com os Warren, *experts* naquele ramo. Kate Merlino avisou Judy que os Warren moravam em Connecticut e prometeu que, ao visitar a sogra no dia seguinte, tentaria obter o número de telefone do casal.

Para a família Glatzel, um dia transcorria devagar. A noite chegou, e David relatou que os múltiplos espíritos que tinha visto na noite anterior começaram a se reunir ao redor dele na sala. A aparência deles era amedrontadora. Mas o fato de estarem munidos chicotes e porretes era ainda mais apavorante.

Na madrugada interminável, David foi atormentado com ameaças de violência. Os sangrentos carrascos se aproximavam do garoto com porretes e barras de aço em suas garras e encenavam todos os movimentos de quem vai desferir um golpe mortal. Horrorizada, a família presenciou David estremecer e se encolher de medo.

Súbito, David exclamou: "Os ajudantes... trouxeram facas!". David não teve onde se esconder quando o inimigo com buraco de bala na cabeça e o outro com punhal cravado no coração se desprenderam do bando, cada qual brandindo um facão de aço.

No dia 13 de julho, às quatro da manhã, David sofreu duas perfurações. A previsão do dinossauro, dois dias antes, acabou se concretizando. Um demônio esfaqueou David nas costas, e o outro, no flanco.

Estarrecida, a família viu David se encolher no chão com um gemido desesperado. Parecia à beira da morte. David olhou para cima e enxergou algo invisível para os demais. Os dois agressores inumanos o amaldiçoavam e zombavam dele.

Arne rasgou a camiseta de David. Um grande alívio: não havia feridas sangrando. Em vez disso, duas marcas vermelhas, fininhas, uma no flanco direito e outra no meio das costas.

David sentia uma dor excruciante e verdadeira. Aos poucos, a dor foi se enfraquecendo até amainar, quinze minutos depois. As punhaladas concluíram as atividades naquela manhã, mas os efeitos perduraram na mente de todos.

Além de Judy, a pessoa que mais se afetava com as constantes agressões a David era Arne. Fez de tudo para proteger o menino, inclusive cobrindo o garoto com o próprio corpo para receber os golpes no lugar dele. Diferentemente de todos os outros, Arne não mostrava medo do besta-fera e de seus asseclas dementes. Ao contrário, ele os desafiava: "Façam isso em mim!", gritou Arne para os anjos maus. "Vou receber seus golpes. O menino não tem como se defender." Mas, David contou, eles deram risada e caçoaram de Arne.

No decorrer daquele domingo veio à tona, quem sabe, o primeiro desdobramento positivo rumo à solução do problema. A sogra de Kate Merlino repassou a ela o número de telefone dos Warren. A senhora conhecia os Warren, não só por sua atuação como investigadores do caso Amityville em Long Island, mas porque, nos últimos trinta e cinco anos, sempre que alguém se mudava para uma casa mal-assombrada na Nova Inglaterra, acabavam pedindo socorro ao casal. Por sorte, os Warren moravam a apenas trinta minutos do centro de Brookfield.

Às dez horas dessa noite de domingo, em 13 de julho de 1980, Kate telefonou para os Warren em nome de seus amigos, Carl e Judy Glatzel. Com a voz trêmula e nervosa, detalhou os distúrbios que seus vizinhos estavam enfrentando em sua casa em Brookfield e perguntou se os Warren poderiam ajudá-los.

Cada qual numa extensão telefônica, Ed e Lorraine Warren absorveram a narrativa da jovem. Mas avisaram que, por motivos jurídicos, uma ligação teria que partir da própria família Glatzel. Os Warren sugeriram a Kate solicitar que alguém da família Glatzel ligasse.

Lorraine Warren fez apenas um comentário ao marido quando colocaram os fones no gancho: "Brookfield. Eu não disse?".

Dez minutos após a ligação de Kate, os Warren receberam um novo telefonema, dessa vez, de Judy Glatzel. Os Warren fizeram a Judy uma série de perguntas preliminares. Judy listou a inacreditável sequência de eventos ocorridos desde 2 de julho. O ápice foi o registro de 43 seres satânicos, um dos quais declarou estar ávido pela alma de David. Judy também contou aos Warren a longa conversa com o Padre McDonnell, em Brookfield, que achou necessário abençoar formalmente a casa deles.

"O menino já consultou um médico?", perguntou Ed.

"Ele faz as consultas de rotina com o pediatra", respondeu Judy, "mas ele não está doente, por isso o médico não foi informado."

"Hoje à noite podemos ir aí e levar um médico conosco?"

"Fiquem à vontade. Se for para ajudar, tragam quem vocês quiserem", falou Judy, aliviada com o progresso.

Os Warren anotaram o endereço e o telefone dos Glatzel e disseram que em uma hora estariam lá.

A conversa terminou às 22h30.

Judy pôs o fone no gancho e ouviu um grito agonizante do quarto dos meninos. Debbie e Judy correram e toparam com Jason no chão, girando o pescoço de um lado para o outro. Lágrimas escorriam em seu rostinho.

"Levei um tombo", soluçou Jason. "Fui empurrado da parte alta do beliche e caí de ponta-cabeça."

"David, você sabe alguma coisa sobre isso?", indagou Judy em tom severo.

"Jason estava lá em cima me contando que hoje sentiu dedos tocarem nele e que agora de manhã esta mão agarrou seu tornozelo e o fez tropeçar. O besta-fera ouviu tudo e de repente ficou bravo com Jason por me contar o que aconteceu. Chamou Jason de '*Seu bostinha!*', se aproximou dele e o empurrou para fora da cama para que ele se machucasse."

"Cadê o besta-fera agora?"

"Na sala de estar", respondeu David, "ao lado do pequeno Carl, sentado no sofá. Carl não consegue escutá-lo, mas o besta-fera está dizendo para ele criar confusão esta noite."

"E cadê os auxiliares?"

"Lá fora, esperando", respondeu David. "O besta-fera os deixou de tocaia para vigiar o pessoal que você chamou, os Warren, e o tal de doutor Tony. Falou que vão dar um jeito neles. Avisou que vamos lamentar a vinda deles, e que, se esses aí tentarem interferir, ele vai esculhambar com a vida deles."

Em resposta à ligação de Judy, Ed e Lorraine Warren ligaram à casa paroquial da Igreja de St. Joseph às 22h35 e pediram para falar com o Padre McDonnell. Os Warren já conheciam o padre e nutriam muito respeito por ele. O Padre McDonnell confirmou que estava orientando a família Glatzel e que, na opinião dele, a situação exigia os préstimos de Ed e Lorraine. Em seguida os colocou a par do que já havia feito.

Lorraine contou ao Padre McDonnell um fato ocorrido há exatamente uma semana. Ela e Ed passavam de carro no centro de Brookfield, e uma onda maligna emanou da área. Desse momento em diante, Lorraine contou que, um pressentimento opressivo começou a assediá-la. Expressou a Ed e ao assistente dele, Paul Bartz, seus temores sobre a chegada de um caso perigoso e, na melhor de suas habilidades, circunscreveu o problema na cidade de Brookfield.

Embora o casal Warren atue como equipe investigativa, Ed e Lorraine têm especializações distintas. Clarividente, Lorraine é capaz de identificar a presença de forças espirituais num ambiente. Tem uma exatidão infalível em determinar a natureza de intrusos invisíveis. Há anos, o clero a convoca discretamente para identificar o nome e o número de demônios durante os exorcismos. Às vezes, ela ajuda a polícia a encontrar conexões ocultas de crimes insolúveis, e o marido dela confia na habilidade de Lorraine para confirmar se uma casa é mesmo mal-assombrada.

Ed Warren não tem dons psíquicos, nem isso é uma característica de seu trabalho. A especialidade dele se restringe ao campo da demonologia religiosa — o estudo das forças diabólicas. A tarefa de Ed é determinar se uma perturbação é causada por um agente espiritual. Na visão dele, a demonologia não é questão de crença, mas de evidências comprováveis: "As manifestações espirituais seguem um processo ordenado e observável e, quando são autênticas, eu atuo com Lorraine e membros do clero para interromper o calvário que a pessoa ou família está enfrentando".

Naquela noite, imediatamente após consultar o Padre McDonnell pelo telefone, o casal ligou para um médico amigo deles, o dr. Anthony Giangrasso, e pediu que ele os acompanhasse a Brookfield para investigar um possível surto fenomenológico. O médico concordou em ir junto.

Ed e Lorraine Warren não sabiam, mas estava começando o caso mais difícil de suas vidas.

11
INUMANO

No calor úmido da noite, na estrada escura, o veículo do grupo varou o nevoeiro rumo ao centro de Brookfield. O silêncio reinou em todo o trajeto. Para o casal Ed e Lorraine Warren, em menos de um ano, essa era a segunda missão significativa no Estado de Connecticut. No ano anterior, em agosto de 1979, as polícias estaduais de Nova York e de Connecticut convocaram os Warren para investigar atividades "nefastas" em Ridgefield, rico vilarejo na fronteira entre os Estados de Connecticut e Nova York. Vizinhos reclamavam de cânticos profanos, disparos de armas de fogo e música bizarra, tudo isso oriundo do casarão de um proeminente cantor de rock. A gota d'água foi o incidente em que um policial de Connecticut foi agredido por uma turba de encapuzados com capas pretas. Isso motivou as autoridades a chamarem os Warren. Na mansão do cantor, o casal encontrou vestígios de múltiplos elementos (fogueira ritualística, estacas cerimoniais e sinais de sacrifício de animais) ligados a atividades de cultos satânicos. Os moradores caçoaram das revelações dos Warren, até que, meses depois, o mesmo artista lançou um novo estilo musical: o rock satânico.

Quando os três se aproximaram da casa dos Glatzel, Ed quebrou o silêncio e mencionou ao dr. Tony, como ele o chamava, revelando que se tratava do segundo incidente em Brookfield naquele mês. O outro envolveu o relato de seis pessoas que deram carona a um moço bonito e bem vestido, às margens da Rota 25. Porém, assim que o caroneiro entrou no carro, ele lançou uma diatribe de como a Bíblia deveria ser lida e como a humanidade se aproximava "perigosamente de aniquilar a Terra que nos foi dada por Deus". Após o caroneiro proferir sua ladainha, o motorista olhou para o lado, só para constatar: o opiniático passageiro havia sumido de repente — embora seu cinto de segurança ainda estivesse acoplado.

Só foram chegar à casa dos Glatzel meia hora antes da meia-noite. Uma sensação sombria de mau agouro perpassava o local. Com Ed à frente, o grupo subiu os íngremes degraus de concreto até a porta frontal. De modo inexplicável, Ed acabou tropeçando e levando um tombo dolorido. Lorraine passou sem incidentes, mas no meio da mesma escada, o dr. Giangrasso também tropeçou. Chegando à porta da frente, uma pessoa saiu da escuridão e se aproximou misteriosamente na direção deles.

"Aí dentro todo mundo pirou", disse uma voz masculina. "Não tem nada acontecendo. É tudo inventado. Melhor voltarem para casa." Era o jovem Carl.

Ed bateu na porta e disse ao jovem na penumbra que primeiro gostaria de ouvir o outro lado da história antes de tomar uma decisão.

Judy abriu a porta com as palavras: "Graças a Deus vocês estão aqui!". Lá dentro, os Warren e o dr. Giangrasso se sentaram à mesa da cozinha com Judy, David, Arne, Debbie e Kate Merlino. Alan se sentou num banquinho próximo, enquanto o jovem Carl, que havia entrado pelo porão, espiava de vez em quando os visitantes da sala de estar. Os Warren notaram uma curiosa ausência. Cadê o pai? Uma hora antes, Carl havia debandado. Não queria embarcar no "problema maluco" dessa turma. Por ironia do destino, justamente naquela noite, esse problema maluco se tornou uma vívida realidade para ele. Mas claro que levou um tempo para que admitisse isso.

Ed Warren acionou um gravador e pediu que todos dissessem nome, endereço e idade. Para registrar o caso com precisão, Ed pediu a Judy para explicar a história desde o início. Os outros foram convidados a contribuir com detalhes que ela porventura omitisse.

Judy começou narrando o evento na casa alugada, em 2 de julho, e descreveu os fatos dessa data em diante. Com atenção, os Warren ouviram, não só para obter uma narrativa, mas para avaliar a credibilidade da história. Ao mesmo tempo, delineavam o perfil e o comportamento psicológico dos indivíduos. A explicação deles era consistente ou mudava a cada vez que contavam? Tinha linguagem direta ou cheia de rodeios como "eu senti"? Havia exagero nos detalhes? A fala deles perpassava conhecimentos sofisticados de ocultismo? Tinha um enredo original ou lembrava o programa de televisão mais recente?

À medida que Judy foi prosseguindo, os Warren buscavam pistas mais significativas. Tratava-se de uma experiência meramente visionária ou fatores externos corroboravam suas declarações? Praticamente todos sentados à mesa ratificaram a existência de fenômenos externos. Por isso, descartaram a possibilidade de ser um problema psicológico individual. Entretanto, a possibilidade de existir um fator médico e/ou psicológico foi abordada pelo dr. Giangrasso, que procedeu a um exame de David, na sala de estar.

Aos 50 anos, Anthony Giangrasso era um médico de renome e também legista do condado. Caso houvesse algo de errado com o garoto, Ed Warren tinha plena confiança de que o médico não só diagnosticaria, mas também poderia oferecer caminhos para a cura.

Mas os Warren estavam presentes na casa dos Glatzel na condição de investigadores paranormais. Os Warren sabiam que se as causas do problema estivessem nas forças espirituais, a atividade teria sido desenvolvida de modo específico e sequencial. Para fazer uma avaliação adequada, não bastava aos Warren apenas acreditar no relato de Judy Glatzel. "Afinal de contas", como afirmava Lorraine, "as pessoas acreditam em muita coisa que não é verdadeira". Assim, os Warren buscavam evidências para consubstanciar a existência de uma perspicácia por trás dos eventos. Se estivesse em ação uma inteligência causal, um padrão surgiria. A tarefa seguinte seria identificar a natureza dessa inteligência — humana ou inumana.

Após dedicar uma vida a esse ramo, os Warren tinham aprendido há tempos: quando espíritos causam a perturbação, nem sempre esses espíritos são humanos.

"Quando uma inteligência espiritual gera fenômenos numa residência, em geral o fator causador é um fantasma... O espírito de um ser humano que persiste no local", explica Lorraine Warren. "A síndrome do fantasma é causada quando um indivíduo tem morte súbita ou traumática e fica aprisionado num limbo de incerteza. Para conscientizar o mundo de sua presença, o fantasma do defunto às vezes se manifesta ou interage com o ambiente físico, no intuito de chamar a atenção para seu dilema situacional. O espectro clama por ajuda, e Ed e eu auxiliamos centenas de espíritos humanos com assuntos pendentes a virar a página e passar à dimensão seguinte. Apesar de ativos, os fenômenos causados por espíritos humanos são aleatórios, e é raro envolverem movimento de objetos. O fantasma quer escapar de sua situação infeliz; por isso, não tenta afugentar nem provocar medo em quem pretende ajudá-lo nesse objetivo."

"O espírito humano é um ente solitário, individual e infeliz, praticamente sem força para afetar o ambiente material", acrescenta Ed. "Mas em nosso trabalho volta e meia nos deparamos com outro tipo de inteligência espiritual. É o espírito *inumano*! Um ente tão indigno de viver que foi para sempre impedido de assumir a existência física. É o espírito demoníaco, cujo nome provém de seu imenso e eterno ódio aos humanos e a Deus. O espírito demoníaco inumano é um ser de outra natureza. Seu desiderato é a morte e a ruína. O ente demoníaco tem a força de manipular o ambiente físico e de causar destruição e danos colossais. O espírito inumano provoca fenômenos de maneira estudada, encenada, sempre projetada para resultar em medo, ferimentos e, se possível, morte".

*

Judy terminou, e então foi a vez de Debbie fazer seu relato sobre os incidentes. Contou inclusive o episódio de uma hora antes, quando o filho dela, Jason, foi empurrado do beliche e bateu a cabeça no chão. Nisso Arne falou sobre a noite aflita do ovelheiro-inglês na casa alugada, os barulhos no sótão dos Glatzel, a drástica mudança de postura da mãe dele... Revelou também algo que ninguém mais sabia: durante a semana, ao sair da casa de um vizinho, um ser invisível o agarrou fisicamente e o *jogou escada abaixo*.

"Tudo costumava ser muito calmo por aqui", atalhou Kate Merlino. "Todo mundo se dava bem. De repente, as coisas explodiram."

"David falou com uma voz que não era dele?", questionou Ed.

"Que eu tenha escutado, não", respondeu Judy. "Por quê?"

"Nada não, só curiosidade", desconversou Ed.

"Peraí um pouquinho," interrompeu Debbie. "David fala com a própria voz, mas o linguajar que ele usa não é o dele. Na escola, tem dificuldades de leitura e faz aula de reforço. O vocabulário dele é bem simplório. Quando esse troço entrou na casa, David começou a falar (ou melhor, a repetir) palavras que nem ele mesmo entende. Ele diz *perscrutar* em vez de ver, ou ficar *transtornado* em vez de chateado. E xinga também.

David nunca falou um palavrão na vida, mas quando a gente pergunta pra ele o que o coisa-ruim nos mandou dizer, as respostas dele vêm repletas de obscenidades."

Lorraine se virou para Judy. "Você me disse que notou mudanças marcantes em dois de seus filhos. E quanto ao Alan?"

"Com o Alan, está tudo bem", respondeu Judy, olhando para o menino. "Mas David, desde o primeiro dia naquela casa, anda mal-humorado, resmungão e constantemente assustado. E Carl, o mais velho dos meninos", continuou ela, sem conter o desespero, "me falou coisas de partir o coração. De uma hora para outra, começou a usar uma linguagem chula das mais terríveis. Vi esse menino mudar diante dos meus olhos. Nem um nem outro tem nada de normal."

"E o que seria normal para eles?", questionou Ed.

"Antes disso tudo começar, Carl era um menino bem-educado, tranquilo e cordial. Eu podia contar com ele para o que desse e viesse. Hoje acho que ele me odeia de verdade! E o David... sempre foi um bom menino. Brincava por horas a fio, entrava para tomar um copo de leite, depois saía correndo para brincar mais um pouquinho! Se você precisasse de ajuda, ele trabalhava a seu lado até concluir a tarefa. Mas agora, bem... tudo mudou..." A voz de Judy foi sumindo.

"Esses fenômenos ocorrem vinte e quatro horas por dia?", indagou Ed.

"Uns noventa por cento acontecem à noite", respondeu Judy. "Quando o sol se põe, as coisas se complicam. Perto da meia-noite e nas primeiras horas da madrugada, as atividades se intensificam. Depois amenizam com a proximidade do amanhecer. Ao raiar do dia, estão encerradas." Para Ed, essa resposta foi significativa.

Quando o dr. Tony e David voltaram à cozinha, o médico informou que o menino estava física e mentalmente estável, apresentando, porém, sinais de obesidade.

Após se certificar de que David estava se sentindo bem, Ed começou a interrogá-lo.

"Lá no começo, David, me contaram que você levou um empurrão e caiu de costas no colchão d'água. Foi empurrado mesmo ou só foi um modo de dizer?"

"Fui empurrado. Duas mãos apertaram minha barriga e, de repente, levei um forte empurrão e caí para trás."

"Agora me conta mais sobre esse homem", induziu Ed. "Ele tem um rosto com olhos, nariz, boca e orelhas?"

"Sim, tudinho."

"Braços e pernas?"

"Sim."

"Pés e mãos?"

"Dedos tortos de um velho. Mas pés de gente ele não tem. São pontudos, como os de um animal."

"Pontudos? Tipo um casco fendido?", perguntou Lorraine.

David não entendeu o termo. Judy explicou: "Como os cascos de um veado, meu bem".

"Isso mesmo. Pés de veado", afirmou David.

Lorraine indagou: "David, quando é que esse velhinho começou a falar com você?".

"Foi logo no primeiro dia, quando fui empurrado. Apontou o dedo para mim e disse: '*Cuidado!*'"

"*Cuidado?* Tem certeza disso?", instigou Ed.

"Absoluta."

"Agora me conta uma coisa", continuou Ed. "Qual é a diferença entre esse velho e a figura que aparece para você no meio da noite?"

"É a mesma criatura só com aspecto diferente."

"Como sabe disso?"

"Porque eu o vi se transformando. À noite, ele tem chifres, não muito compridos, que saem reto pra cima, com uma curva na pontinha. Olhos grandões e redondos. A parte de cima de cada bochecha salta para a frente. Orelhas bem perto da cabeça, meio pontudinhas. Bigode e barba pretos. Rosto pálido com pele vermelha. Ainda tem cascos de veado, mas à noite ganha uma cauda, e os outros também."

"E esses outros, quantos são?"

"Quarenta e três, incluindo o besta-fera."

"Como tem certeza desse número?"

"Porque o líder, o besta-fera, chama cada um deles pelo número."

"Não têm nomes?"

"Que eu saiba, não", respondeu David honestamente. "Pelo menos nunca ouvi."

"Quando se aproximam de ti, o que é que eles fazem?", perguntou Lorraine.

"Fazem uma rodinha ao meu redor, gritam comigo e me xingam *a noite toda*."

"E de onde você tirou esse nome, 'besta-fera'?", quis saber ela.

"Nós começamos a chamá-lo assim", atalhou Debbie, "porque só sabe agir como um animal feroz."

David deixou os Warren impressionados. Respondeu com muita convicção e uma coerência surpreendente com os conhecimentos dos Warren sobre fenômenos demoníacos.

Se tudo aquilo fosse verdade, um perigo extraordinário rondava a casa dos Glatzel. Com essa percepção de urgência, os Warren resolveram desafiar o besta-fera a manifestar sua presença.

"David", começou Ed, "você fala que esse bicho que você chama de besta-fera tem outros quarenta e tantos junto com ele. Cadê eles agora?"

"A maior parte está lá em cima, nas vigas do sótão, onde faz calor. Eles curtem o calor. Os dois ajudantes principais estão aí na frente, do lado de fora. Fizeram vocês e o dr. Tony tropeçarem ao subir a escada."

"Como sabe disso?", perguntou Ed rapidamente.

"O besta-fera me contou", respondeu David, impassível.

"E onde o besta-fera está agora?", quis saber Ed.

"Na sala de estar, sentado na cadeira de balanço. Avisa que a cadeira de balanço é dele."

"Como sabe que o besta-fera está ali?", perguntou Lorraine. David estava de costas para a sala de estar, e a porta estava fechada.

"Porque desde que chegaram, eu enxergo através das paredes."

"Enxerga *através* das paredes?"

"No começo não, mas agora enxergo o tempo todo."

"E ali na sala, o que é que ele está fazendo?", indagou Ed.

"Escutando a nossa conversa. Ele não gosta de vocês. Não quer vocês aqui."

"Aposto que não. Mas se ele está tão interessado, peça que venha aqui conosco na cozinha. Vai ouvir melhor." Ed fez uma breve pausa. "Está aqui?"

"Tem *algo* ali", sussurrou Lorraine. "Ao lado de David."

"É verdade, David?", quis saber Ed.

David, olhando de soslaio para a direita, disse: "Sim, está bem aqui, ao meu lado".

"Lorraine, qual a aparência dele?", perguntou Ed.

"Não está mostrando suas feições", disse ela. "Mas nitidamente existe essa massa espiritual, preto-acinzentada, 1,80 m de altura, à direita da criança."

"Fico me perguntando se ele não quer tirar uma foto, já que é tão atrevido", provocou Ed.

"*Nem pense nisso!* É o alerta dele", relatou David.

"Ah, é? Ele tem medo então?"

"De você, não, ele garante."

"Acho que ele tem medo que o povo saiba que ele existe."

"Ele diz: *gostaria de ser jogado pela janela*?"

"Sim. Eu adoraria. Mas não creio que ele seja capaz disso."

"Ele diz que é."

"Quando é que ele vai fazer isso?", perguntou Ed, aumentando o desafio.

"*Se não calar a boca*, avisa que em dez segundos."

"Não acredito que seja capaz!"

"Ele diz, se foi capaz de jogar Arne escada abaixo, é capaz de expulsar você da casa dele."

"Casa *dele*? Diz para ele uma coisa: Deus é mais poderoso do que ele jamais será."

"Ele responde que *não é, coisa nenhuma*!"

"Bem, se não é, então a esta altura eu já deveria ter sido jogado janela afora. Acho que ele só consegue estrangular garotinhos e cravar lâminas mágicas neles."

"*Vai pro inferno!*, é o que ele diz."

"Pois diga a ele que vou trazer padres aqui, e é justamente pra lá que ele vai."

"Ele diz que jamais. Nunca vai ser expulso por padres malditos, seja lá quem forem. Melhor nem tentar. Ele vai botar para correr, um por um, todos os padres que você trouxer para cá!"

"Isso é o que nós vamos ver", rebateu Ed. "Me diz uma coisa, como ele chama a si mesmo? Deve ter um nome. Qual o nome dele?"

"Ele fala que o nome dele é Satanás."

Judy Glatzel engoliu em seco.

"Satanás, é mesmo? Ok, Satanás, se você é tão poderoso, mas é incapaz de me jogar pela janela, então como é que vou realmente saber que você está aqui?"

Súbito, pareceu que o assoalho inteiro foi golpeado de baixo para cima.

"Que impressionante, Satã", disse Ed à força maligna. No caso de o gravador não ter captado o som, ele incitou o besta-fera: "Só para confirmar, que tal dar três pancadas na mesa?".

Seguiu-se uma longa pausa. De repente, com violência suficiente para deixar todo mundo arrepiado, três batidas soaram na mesa. Sons suficientemente audíveis para serem registrados pelo gravador.

Se, de fato, uma inteligência estivesse por trás dos fenômenos, então ela poderia ser incentivada a repetir a atividade. Assim, Ed Warren provocou deliberadamente a força, com as palavras: "Sabe duma coisa, Satanás? Me disseram que fantasmas fazem melhor do que isso. Quero ver você repetir".

"Ele avisa que não vai aceitar ordens suas", retransmitiu David.

"Sério mesmo? Não creio que ele *consiga* repetir a dose. Deve ser um mero fantasminha. Gastou toda a energia que tinha para bater na mesa. Acho que vai levar um dia inteiro para estocar energia suficiente para fazer de novo."

Três vigorosas batidas atingiram o chão, seguidas de novas pancadas na mesa.

"Se consegue fazer tudo isso, Satanás, que tal então se revelar para nós, aqui e agora?"

"Ele falou um palavrão", relatou David.

"Bem, Satanás, se você não aparecer, como é que vou saber que não passa de um fantasma?"

Os sons de batidas voltaram a ecoar.

Uma pausa demorada, e David emendou: "Ele está dando risada. Diz que você só faz perguntas bobas".

"O que tem de bobo em perguntar se ele é um fantasma?"

"Ele diz que *você sabe muito bem*! Diz que há uma grande diferença, e ele não é um maldito ser humano!"

"Ah, tem uma diferença, então?", incitou Ed calculadamente. "E qual diferença seria essa?"

"Está furioso com esse papo", alertou David. "Diz que você o trata como um tolo, mas nós é que somos todos uns palermas."

"Palermas? Nós?"

"Diz que a diferença entre ele e o ser humano é que o fantasma tem alma."

"Não tem alma então?"

"Isso mesmo. Ele diz que não tem alma!"

Os Warren concluíram o interrogatório. Com duas horas de perguntas incessantes, obtiveram uma boa ideia inicial do caso e se convenceram de que havia estofo na história.

Os Warren consideraram os Glatzel gente sincera, digna de crédito, de mente e caráter saudáveis. Apresentavam comportamento psicológico normal; drogas e álcool não pareciam ser um fator; e o exame clínico de David não detectou quaisquer explicações médicas aos fenômenos.

Em todos os detalhes principais, a minuciosa história da família Glatzel foi corroborada. As atividades descritas se coadunavam com o funcionamento conhecido dos fenômenos espirituais.

Uma inteligência havia se mostrado por trás das perturbações. No mínimo uma força maligna havia se manifestado provocada a produzir fenômenos exteriorizados, percebidos pelos sentidos humanos e registrados para comprovação posterior.

A natureza da inteligência desse ser revelou-se não humana. Claramente não era um fantasma. Ao que tudo indicava, o ente espiritual responsável pelas perturbações era algo sério — algo potencialmente demoníaco. Portanto, os Warren endossaram a recomendação do Padre McDonnell de oração e leitura dos salmos como a resposta adequada a quaisquer novos surtos de atividade.

Os Warren recomendaram também que um membro da família começasse a manter um diário sobre os acontecimentos, caso fosse necessário documentar a evolução do caso.

Após fazer tudo ao alcance no momento, os Warren e o dr. Giangrasso deixaram a casa dos Glatzel por volta da uma e meia da manhã, prometendo voltar na noite seguinte.

Mas tão logo os Warren chegaram à casa deles, em Monroe, os Glatzel ligaram para eles. Estavam sob ataque! Na mesma hora, Ed e Lorraine Warren aceleraram de volta a Brookfield.

A razão de seu retorno urgente está descrita com clareza na página do diário de Debbie Glatzel sobre o dia 14 de julho de 1980:

1h50 da madrugada

Na cozinha, David, em pé, recebeu uma facada no torso e outra nas costas, perto do coração. Eu o toquei com água benta e fiz o sinal da cruz. Cheyenne leu o Salmo 23.

2h30 da madrugada

Sentado na cadeira da cozinha, David começou a sentir uma forte dor de barriga. Estava prestes a vomitar, mas eu o impedi aspergindo água benta nele e fazendo o sinal da cruz em sua garganta. Chey leu de novo o Salmo 23.

4h21 da matina

David levou um tiro de revólver na barriga. Fiz o sinal da cruz e Chey leu o Salmo 23.

Os espíritos disseram a David que ele se arrependeria da vinda dos Warren. Ele se arrependeu.

12
DILEMA PERVERSO

Após entrevistar os Glatzel e então testemunhar as agressões sofridas por David nas primeiras horas de 14 de julho, poucas dúvidas restavam a Ed e Lorraine Warren: os fatos que ocorriam em Brookfield estavam plenamente de acordo com as fases conhecidas de manifestações sobrenaturais.

Na condição de categoria teológica e disciplina acadêmica, a demonologia tem literatura própria e histórico de casos amplamente estudados ao longo do tempo. A matéria é lecionada apenas em seminários e universidades pontifícias de Roma.

Em janeiro de 1975, porém, uma conferência a portas fechadas, só para convidados, foi realizada nos Estados Unidos, na Universidade de Notre Dame. Intitulado *Simpósio teológico, psicológico e médico sobre os fenômenos rotulados como 'demoníacos'*, o evento consistiu na apresentação de vinte e quatro trabalhos acadêmicos,* confirmando a realidade austera da opressão e da possessão diabólicas.

Manifestações sobrenaturais ocorrem numa sequência de cinco etapas: intrusão, infestação, opressão, possessão e morte. É o demonologista Ed Warren quem explica:

* Esses artigos foram coligidos na obra Demon Possession, editada por John Warwick Montgomery, Mineápolis: Bethany Fellowship, 1976. (Nota do Autor)

"Primeiro ocorre a etapa da intrusão — ou invasão —, na qual um espírito negativo recebe acesso a um ser humano por meios voluntários (rituais satânicos) ou involuntários (maldições). Um ponto essencial: para que os fenômenos ocorram, portas devem ser abertas. Deixe o ocultismo de lado e a chance de você ter problemas com espíritos é quase nula.

"Em seguida, temos a etapa de infestação, na qual espíritos negativos penetram fisicamente nas casas ou nas vidas humanas, causando fenômenos assombrosos. Estranhamente, o ser infestante só se apresenta após um aviso óbvio e inteligível de sua chegada, por exemplo, três batidas audíveis na porta.

"Caso não seja interrompida ou reconhecida, a atividade pode se intensificar, dando início à etapa de opressão (ou obsessão), na qual o ente infestante procura aplacar e subjugar a vontade da pessoa possuída. A opressão assume duas formas de ocorrência simultânea: a externa e a interna. A opressão externa consiste em intimidar o intelecto humano com a manipulação do ambiente físico, resultando em terror generalizado. Por sua vez, a opressão interna consiste em interferir ou manipular pensamentos e emoções, resultando em alteração comportamental ou no desencadeamento de respostas inadequadas a eventos comuns. Durante a opressão, o objetivo da entidade é dominar a vontade humana por completo, aterrorizando a vítima e a levando à capitulação. Assumindo o comando, a entidade oprime o indivíduo a ponto de ele tentar matar a si mesmo ou a outros, ou avança à etapa seguinte.

"A quarta etapa — e a meta de todas as atividades precedentes — é a possessão diabólica de um ser humano. Equivale ao triunfo da entidade inumana. Impregnado na pessoa, o espírito negativo tiraniza esse corpo físico roubado e passa a impor sua vontade às pessoas do entorno. Ocorrendo a possessão, o espírito humano acaba desalojado do corpo e trocado por um espírito inumano. Mas o espírito inumano não merece viver. Nos Evangelhos, é chamado de 'homicida desde o início'. Por isso, a possessão tem um único e previsível resultado: a tragédia!

"A quinta e última etapa nessa progressão é a morte. Sim. O plano infernal começa com uma intrusão talvez despercebida, evolui nas fases de infestação, opressão e possessão e — se não for interrompido — pode resultar em morte! A entidade inumana é um espírito de perdição: quer provocar suicídio, assassinato ou ambos."

Ao analisar as fitas gravadas na véspera, na casa dos Glatzel, o casal Warren confirmou: essa sequência estava em andamento.

As interações com as forças espirituais negativas, no interior da casa alugada em Newtown, permitiram a intrusão. Por que haviam escolhido David e o jovem Carl? Pergunta ainda sem resposta.

Com certeza, a infestação se alastrou. O tal besta-fera primeiro deu o aviso obrigatório: *Cuidado!* E — mau sinal — logo no primeiro dia também se tornou visível para David.

"Quanto mais fraco o ente maligno", pontua Ed Warren, "mais se contenta com a invisibilidade; quanto mais forte, mais ousado se comporta. Em 50% dos casos investigados por nós, os indivíduos afligidos nunca enxergam o que os atormenta. Outros fenômenos de infestação, como pancadas e sons, eram concebidos apenas para assustar as vítimas".

Sem dúvida, a terceira etapa da progressão sinistra havia sido alcançada: a opressão. Tanto a opressão interna quanto a externa ocorriam em tempo real. Dia após dia, monstros horripilantes apareciam para o garoto, num assédio não só psicológico, mas com violência física. Objetos materiais levitavam, eram arremessados ou movidos pela casa; até mesmo as pessoas estavam sendo empurradas e derrubadas. Sem falar nas mudanças drásticas de humor e discussões virulentas entre familiares outrora íntimos.

O que mais incomodava os Warren, no entanto, era o ritmo acelerado da progressão e a intensidade dos fenômenos de opressão. Em muitos casos investigados por eles, a passagem de uma etapa a outra levava semanas, meses ou até anos. Aqui, a olhos vistos, a progressão se acelerava, dia após dia. Os fenômenos de opressão não só intimidavam as vítimas, como lhes infligiam violência franca. O poder da atividade excedia, e muito, quaisquer funções compreensíveis.

Ao se aproximarem do fim da gravação, uma coisa ficou evidente para os Warren: David já exibia sinais aparentes de possessão transitória! Enxergava através das paredes, descrevia com minúcia atividades a distância e fazia previsões misteriosas que indicavam uma precognição repentina. Tudo isso representava a intercessão de uma força mais poderosa e dominante na vida rotineira do menino. Os Warren suspeitaram de que algo estava falando por meio de David, ou ao menos enchendo a cabeça dele com informações às quais ele normalmente não teria acesso.

Por enquanto, a preocupação mais urgente dos Warren era descobrir a fonte da intrusão inicial. Entender a origem do caso talvez lhes permitissem interromper o processo.

A segunda entrevista com os Glatzel, na tarde de 14 de julho, refutou a tese de que a intrusão inicial (ou permissão para que os espíritos entrassem em suas vidas) teria acontecido em 2 de julho, na casa alugada. Em vez disso, os Warren descobriram que os Glatzel, como muitas famílias dos EUA, tinham um interesse prévio em ocultismo.

No comecinho dos anos 1970, na Brookfield High School, foi ministrada uma disciplina opcional sobre bruxaria e ocultismo. Nessa época, o interesse popular em astrologia e no sobrenatural estava em alta. Debbie Glatzel se matriculou no curso como matéria eletiva e até escreveu um breve artigo sobre bruxaria. Com isso, o interesse dela por ocultismo se acentuou e, ao concluir o curso, foi um passo além e adquiriu um tabuleiro Ouija.

Ela encarava o tabuleiro como uma brincadeira, como a maioria das pessoas que nunca lidou com esse objeto. Sequer imaginava que o tabuleiro Ouija poderia servir como, nas palavras dos Warren, "um telégrafo para o além". Infelizmente, com ela, o tabuleiro funcionava para valer, coisa rara de observar.

"Era falante", contou Debbie a Ed e Lorraine Warren. "Quando eu o utilizava com alguém, em geral minha mãe, Alan ou uma amiga, o tabuleiro dava respostas verdadeiras. Um objeto muito decoroso: avisou que só falaria comigo se eu o mantivesse impecavelmente espanado e o guardasse numa fronha, embaixo da minha cama. Gostava do escuro, sabe. Uma vez até me disse que gostaria de 'fazer amor' comigo, seja lá como isso seria possível."

"Típico de um íncubo", vaticinou Lorraine. "Um ser espiritual da luxúria. Falou o nome dele?"

"Sim, um nome esquisito, cheio de letras z e k, que não aprendi a pronunciar", respondeu Debbie. "Disse que morreu na masmorra por algo que não fez."

"Além disso contou algo relevante ou só um monte de bobagens?", quis saber Ed.

"Antes fosse bobagem. Uma noite, durante minha gravidez, perguntei se a criança ia ser menino ou menina. A resposta foi 'menino'. Continuei a fazer perguntas, e me falou o mês, dia e minuto do nascimento da criança, e o peso exato, com precisão de miligramas! Quando Jason nasceu, todas as previsões se concretizaram!"

"Que fim levou o tabuleiro?", perguntou Lorraine.

"Adquiriu um aspecto tão real que me assustei e joguei fora. Simplesmente notei que havia algo errado com ele: parecia ter vontade própria."

"E esse tal artigo sobre bruxaria que você escreveu. Já realizou algum ritual ou encantamento?", perguntou Ed.

"Nunca. O artigo não era desse tipo... Era histórico."

"Qual a relação disso tudo com David?", indagou Judy aos Warren.

"Usar o tabuleiro Ouija foi mais do que um meio de comunicação", explicou Lorraine. "Receio que o ato de usar o tabuleiro serviu como uma permissão para os espíritos entrarem em sua vida."

"Então aquele negócio de anos atrás no tabuleiro veio atacar David agora?", inferiu Judy.

"Não necessariamente", respondeu Lorraine. "Mas destrancou as portas de acesso ao interior de vocês. Essas portas estavam abertas esse tempo inteiro. Mais cedo ou mais tarde, algo estava propenso a entrar. Isso os tornou vulneráveis. O nome disso é Lei do Convite. Uma dúzia de moradores pode ter habitado aquela casa alugada sem problema algum. Mas, como vocês eram vulneráveis, as forças espirituais presentes no local tiveram acesso a vocês. E como experimentaram fenômenos exteriores, vocês sabem que se tornaram vítimas; outras pessoas simplesmente arruínam suas vidas sem se dar conta das causas."

Naquela tarde, os Warren foram à casa dos Glatzel para determinar a origem do caso. A ideia de limitar as possibilidades foi por água abaixo. Os Warren descobriram que o demônio e seus quarenta e dois asseclas praticamente transitavam entre Brookfield e a casa alugada, e que o demônio tinha uma queda por Carl Glatzel pai: o dono da casa não tinha a proteção do batismo. Muita gente desconhece, mas o batismo mescla exorcismo com a dedicação a Deus desse novo e inocente espírito, num ritual que fornece proteção ostensiva contra a malignidade extrínseca ao ser humano. Outras descobertas dos Warren incluem: a Primeira Comunhão de David estava quatro anos atrasada; Carl Jr. tinha asco de religião; e Arne e Debbie viviam como marido e mulher, mas sem terem se casado. A questão crucial, porém, envolvia por que David e Carl Jr. tinham sido escolhidos para sofrer a opressão e os ataques. Pareciam meros peões inocentes de um jogo bem mais amplo. Tragicamente, o motivo da opressão deles acabou se comprovando um dos segredos mais bem guardados do caso.

Antes de sair, Ed Warren quis falar com David, que tinha se enfurnado no quarto. Ed se deparou com David folheando um gibi, sentado no chão.

Quando a porta se abriu, David nem sequer levantou o olhar. Virou algumas páginas e, num tom estranhamente sarcástico, disparou: "Ora, ora, se não é o famoso demonologista!".

Surpreso, pois nunca tinha mencionado seu trabalho para ninguém da família, Ed indagou: "Como sabe disso?".

David o encarou com desdém. "Dá o fora, esquisitão!"

"Queria falar só um minutinho contigo, David", arriscou Ed. Mas não teve como. David se recusou a responder e ignorou o visitante. Ed não teve alternativa a não ser ir embora.

David vivia um dilema perverso: ansiava realmente por ajuda, mas não ousava aceitar. As ameaças do demônio contra o menino eram constantes. Por cooperar com o Padre McDonnell e os Warren, sofreu espancamentos e torturas.

Uma hora após chegarem, os Warren foram embora, mas insistiram que Judy ligasse imediatamente para eles caso houvesse algum problema. E de fato houve.

Pouco depois das nove da noite, o demônio "deu um tiro" na cabeça de David. Os motivos foram a "desobediência" do menino em não tirar objetos sagrados do quarto e também uma punição pela segunda visita dos Warren.

Às vinte para as onze, a situação degringolou de vez. Judy, desesperada, telefonou para os Warren.

David assistia à televisão com Arne, Debbie e Alan. Súbito começou tudo. Braços e pernas do menino começaram a tremer de um modo incontrolável.

"Socorro!", gritou David.

O horror tomou conta da família enquanto presenciavam os globos oculares de David virarem devagarinho para cima e para o lado interno da cabeça. Agora só o branco dos olhos estava à mostra. Em seguida, o corpo de David começou a emanar um estranho gemido.

"Rápido, Arne, vá buscar a água benta!", implorou Debbie, sem desviar o olhar de seu irmão.

Quando Arne voltou à sala de estar, os olhos de David já tinham começado a desvirar. Só que com as pupilas totalmente dilatadas! Com feições diferentes, ele lançou um olhar de ódio em direção a Arne, fazendo-o estacar no meio do caminho.

"Borrife água benta nele!", gritou Debbie.

"*Afastem de mim esta urina fétida!*", retrucou David, com uma voz que soava mais uma zombaria maligna do que uma voz infantil.

Todos ficaram paralisados. David, no papel de um pequeno monarca gorducho e vulgar dando ordens aos anciões da aldeia, abriu um sorriso de ódio que contorceu seu rosto.

"*Se chegar perto de mim, Johnson*", proclamou, "*você é um homem morto!*"

Num misto de mágoa e perplexidade, Arne balbuciou: "David, não fale assim".

"*Vai se foder, seu desgraçado!*", retorquiu o menino rudemente.

"Vamos logo, Arne. Jogue a água benta nele!", insistiu Debbie.

"Ok, amigão, aí vou eu", falou Arne dando um passo à frente.

David abriu a boca e emitiu um rosnado feroz e gutural.

Mesmo em seus momentos mais dinâmicos, ele mexia devagarinho, na melhor das hipóteses. Mas, antes que Arne desse o segundo passo em sua direção, ele se ergueu do sofá num pulo e deu uma gravata no pescoço de seu irmão Alan. Em seguida, David enfiou a mão no bolso e sacou um canivete, destramente o abriu com a outra mão e tocou a ponta da lâmina curta e afiada no pescoço de Alan.

"*Jogue esta urina em mim e eu mato este merdinha agora mesmo*", advertiu David com uma voz espúria. "*Odeio você! Odeio todos vocês! Estão me ouvindo? Vou degolá-lo agora mesmo! Desafasta!*"

Arne recuou e depôs a água benta sobre a mesa próxima.

David correu os olhos pelo recinto e cravou o olhar na porta da frente. "Eu mato qualquer um que ficar no meu caminho!", bradou ele, disparando rumo à porta. Largou o canivete e, num piscar de olhos, destravou o ferrolho e abriu a porta.

A rapidez de Arne foi maior. Agarrou o garoto pelos ombros, deu um puxão para dentro e jogou David no sofá.

David ficou ali de costas como um bicho encurralado. Receoso de chegar muito perto, Arne indagou:

"O que é que você acha que está fazendo? Falar desse jeito conosco?" A resposta de David foi um rosnado.

"Debbie, me passa a água benta e vai pegar a Bíblia", falou Arne com repulsa.

Na mesma hora, David soltou um grito e deu um salto, o rosto contorcido de ódio. Arne se aproximou. David deu uma cusparada no rosto de Arne e chispou rumo à cozinha. Debbie o interceptou. Ele se agarrou a ela e foi ao chão. Os dois se engalfinharam até serem separados por Arne. Eis que, a essa altura, a paciência de Arne já tinha se esgotado. Agarrou David pela frente da camiseta e, num movimento repentino na forma de arco, fez o menino atravessar a sala e pousar no sofá.

Em seguida, Arne borrifou água benta sobre David e o abençoou com o sinal da cruz. De repente, o garoto se lançou contra Arne e, com as duas mãos, apertou o pescoço dele num esforço autêntico para sufocá-lo. Foi preciso o auxílio de Debbie para tirar as mãos de David do pescoço de Arne, mas agora o menino estava solto novamente, emitindo rosnados e ordenando que ninguém tentasse se aproximar.

Enfim, com a ajuda de Alan, conseguiram levar David outra vez ao sofá, onde ele desabou de costas, exausto e ofegante.

Arne começou a recitar o Salmo 23: "'O Senhor é o meu pastor; nada me faltará. Na grama verdejante, ele me faz repousar e..."

"*O Senhor é um energúmeno*", falou David numa voz rouquenha, mais adulta que infantil.

" '... e me leva calmamente a águas mansas... Refresca a minha alma...

"*Deus não vai conseguir te ajudar. A alma deste garoto é minha!*" Uma estridente gargalhada soou após essas palavras.

" '... e me guia pelas veredas da justiça, por amor do seu nome. Ainda que eu me embrenhe pelo vale da sombra da morte, não temerei mal algum, porque estás comigo..."

"Olhe!", gritou Debbie.

A barriga de David começou a inflar. A região foi inchando até o abdômen alcançar o dobro do tamanho normal.

Não podiam fazer nada para evitar a grotesca distorção. Por fim, quando Arne terminou de ler o salmo pela segunda vez, o estômago de David começou a murchar, devagarinho, até quase readquirir o tamanho certo. Mas o suplício não acabou: David tinha parado de respirar e estava ficando roxo por falta de oxigênio.

Debbie estapeou o rosto dele, sacudiu-o e fez respiração boca a boca. Mas David não reagiu.

Em uma tentativa desesperada, Arne tentou reanimar o garoto fazendo compressões rítmicas na região do peito. Sem resposta. Debbie, completamente transtornada, implorou por ajuda divina, abençoando a testa do irmão com água benta, enquanto Arne continuava a massagem cardíaca, sem cessar. "Eu... receio que talvez ele esteja morto", murmurou Arne.

"Mãe, chame uma ambulância!", gritou Debbie. "Depressa!"

Na outra ponta da linha, a telefonista atendeu. Nisso, David começou a gemer baixinho, abriu os olhos, exausto, e respirou fundo. Em pouco tempo, voltou ao normal.

Curiosamente, o fim do ataque coincidiu com a chegada dos Warren ao acesso da garagem. Ed e Lorraine Warren, o dr. Giangrasso e o assistente de Ed, John Kenyhercz, correram casa adentro um minuto após o ataque terminar. O suor brotava na testa de David, esgotado fisicamente, deitado no sofá.

"Vocês nem vão crer no que acabamos de enfrentar!", exclamou Judy. E descreveu os fatos recentes. "Odeio falar isto... Não quero pronunciar isto... mas acho que David estava *possuído*."

Ed observou a aparência normal do menino sentado no sofá, se virou para Judy e respondeu: "Essa hipótese pode ser descartada. Talvez algo tenha falado por intermédio dele. Pode ser que o corpo dele tenha sofrido um ataque externo. Mas se David estivesse realmente possuído, você não *acharia*... teria *certeza*!".

13

LUTA PELA ALMA

Nas primeiras horas da madrugada de 15 de julho, os Warren deixaram a casa da família Glatzel convencidos: algo oficial deveria ser feito para evitar que a perigosíssima situação se transformasse em um cerco diabólico ou, pior ainda, uma possessão.

Sabiamente, não revelaram seus medos à família. Em vez disso, foram conversar com o Padre McDonnell, em Brookfield. Na avaliação profissional dos Warren, era necessário exorcizar a casa.

Com certa relutância, o Padre McDonnell havia chegado à mesma conclusão. Desde o início, a palavra de ordem no caso Glatzel havia sido "cautela". Porém, parecia não mais haver alternativa além do solene procedimento de exorcismo.

Essa decisiva conversa com o padre não chegou ao conhecimento dos Glatzel. Apesar disso, as atividades espirituais na casa da família cessaram, inesperada e inexplicavelmente. David relatou que o besta-fera e seus asseclas se refugiaram na casa alugada em Newtown e lá permaneceram.

"O coisa-ruim contou por que foi embora?", perguntou Judy.

"Só falou que causamos muitos problemas", alegou David.

No dia seguinte, o Padre McDonnell fez uma visita aos Glatzel, pronto para recomendar à diocese o exorcismo da moradia. Com alívio constatou que já não havia mais nada a expulsar. Porém, alertou para a família permanecer vigilante — manter as velas sagradas acesas e não interromper as preces. Para fortificar David, o pároco deixou livros que ajudariam o menino em seus preparativos para fazer a Primeira Comunhão em breve. Como defesa adicional, entregou a David uma relíquia sagrada de São João Bosco, santo que dedicou a vida à educação das crianças.

De 15 de julho em diante, a paz reinou na casa dos Glatzel. O aparente término da invasão insuflou em todos os envolvidos um alívio imenso.

Entretanto, Arne e Debbie temiam que o demônio tivesse apenas direcionado suas energias a outro lugar — mais especificamente, para a mãe dele e as meninas. Domingo, os dois foram visitá-las na casa alugada em Newtown.

O encontro não foi nada agradável. Mary Johnson se mostrou estranhamente amarga e hostil. Rejeitou qualquer sugestão de perigo sobrenatural na casa.

Mary e as meninas não tinham enfrentado uma crise de verdade, mas a vida na casa alugada estava longe de ser normal. A sobrinha da dona ainda ocupava o apartamento anexo, e as meninas reclamavam das restrições. Estavam proibidas de entrar na garagem e no depósito do porão, sempre trancado. Tampouco podiam brincar no quintal ou no jardim da frente. Além do mais, Pepper, a cadelinha da família, não tinha permissão para correr solta; e as meninas foram acusadas de jogar gravetos no acesso à garagem para tentar furar pneus.

No interior da casa, aconteciam coisas igualmente perturbadoras, em especial para as duas meninas mais novas — Jennifer, de 9 anos, e Megan, de 12. Ficavam com "medo" ao entrar na casa. No meio da noite, ouviam pancadas nas portas e batidinhas nas janelas. Pepper choramingava a noite toda; muitas vezes, latia e rosnava na porta do porão, sem motivo aparente. Vigorosas plantas domésticas súbito murcharam e definharam. Enfim as duas meninas admitiram que estavam dormindo no chão do quarto da mãe. Mas Leah, a mais velha, como Carl Jr., não ouvia nada, não via nada e não sentia nada. Com um quarto confortável só para si, acusava as outras duas garotinhas de estarem "inventando coisas" e as rotulava de "malucas". Mary Johnson apoiava Leah, e as duas pequenas ficavam ainda mais tristonhas.

Mas a mãe de Arne não pôde negar o curioso incidente que ela mesma presenciou naquela tarde. A sra. Johnson queria pegar umas caixas no porão, mas não se arriscava a entrar lá sozinha. Por isso, aguardou uma semana até aparecer alguém que pudesse acompanhá-la. O próprio Arne relutou em descer ao local, mas imaginou que essa boa ação poderia apaziguar os ânimos da mãe. Mary achou o que precisava, e Arne subiu a escada à frente dela. Na metade do caminho, sentiu dedos gélidos agarrarem um de seus tornozelos. Logo depois, a mão puxou seu pé do degrau, e ele despencou da escada.

O horror se estampou no rosto da mãe de Arne. "Algo puxou sua canela!", exclamou Mary, incrédula.

"Sei disso", respondeu o rapaz mordazmente.

O passeio de Arne e Debbie até a casa de Newtown teve um gostinho agridoce: as irmãzinhas dele expressaram o desejo de que os dois voltassem a morar com eles, ao contrário da sra. Johnson. Ao se afastarem da casa, Arne e Debbie tiveram a sensação de estarem sendo espreitados através de uma cerca: uma barreira que nenhum deles queria estava dividindo a família.

Nesse meio-tempo, na casa dos Glatzel, tudo continuou calmo. Por volta da sexta-feira, 25 de julho, todos tinham a convicção de que o suplício era página virada.

Mal sabiam que nesse tempo inteiro estavam sendo vigiados. E que o demônio, na realidade, esperava o momento certo de levar David à servidão fatal.

O primeiro sinal foi inofensivo. Deitado em sua cama naquela noite de sexta-feira, David ouviu uma moça chamando-o ao longe: "*Deeeiviiiiiid...* Me ajude... Me ajude, *Deeeiviiid...*".

A voz não era assustadora, mas inquietante. Mas David se recusou a prestar atenção àquilo e dormiu bem naquela noite.

No dia seguinte, foi com Alan que algo aconteceu. Sozinho em casa, pegou um baralho e foi jogar paciência, sentado à mesa da cozinha. Tudo parecia tranquilo. De repente do quarto principal, Alan ouviu um forte sibilo, o nítido ciciar de uma serpente... Uma grande serpente. Foi assim que ele distinguiu o som. Instantes depois, ouviu fonemas cochichados no corredor. Palavras indecifráveis, mas a sensação de presença foi realista o bastante para deixar o garoto apavorado. Judy, David, Jason e o jovem Carl, após passarem algumas horas na praia da cidade, voltaram e encontraram Alan em lágrimas.

Em seguida, moscas varejeiras começaram a aparecer na casa. Elas se aglomeravam na parte interna dos vidros e nos cantos dos tetos. Ao receberem um jato de repelente de insetos, elas rodopiavam, caíam no chão e simplesmente evaporavam. Atingidas por um mata-moscas, ficavam inertes por um tempinho até voar de novo. As moscas não tinham como ter vindo de fora porque a casa era hermeticamente filtrada pelo sistema de ar-condicionado, e os vidros sempre ficavam fechados.

Mais tarde, surgiu a explicação. Conforme David, essas moscas de tamanho extraordinário eram os "escaravelhos" soltos pelo besta-fera no dia em que ele abriu a caixa preta pela primeira vez. David "via" as moscas o tempo todo, zunindo em meio à multidão de asseclas, mas agora também voavam na dimensão física.

Preocupada com esses incidentes, Judy telefonou para os Warren. Explicaram que, em geral, sussurros dessa natureza se ouviam no início ou no final de um caso. A função deles era despertar o medo. Ed Warren passou duas orientações: recitar uma oração no corredor, a fim de neutralizar a força, e instruir os outros a ignorar o fenômeno e, assim, impedir que se enraizasse outra vez. O casal Warren não sabia por que os fenômenos tinham recomeçado.

Só mais tarde ficou claro que o Padre McDonnell representava uma ameaça aos entes invasores. O padre havia tomado a decisão de recomendar a expulsão permanente dos entes malignos por meio de exorcismo. Claro que os espíritos sabiam disso e não mais se manifestaram — ao menos até domingo, 27 de julho. Nessa noite, o Padre McDonnell viajou à Irlanda.

O Padre McDonnell ligou aos Warren na tarde desse domingo e avisou que se ausentaria até setembro. Em caso de novas dificuldades, o pároco assistente, o Padre Evan Sheehan, em poucos dias voltaria de férias e o substituiria no comando da paróquia, até seu retorno. Antes da chegada do Padre Evan, um sacerdote recém-ordenado, o Padre Dominic Rossi, ficaria como responsável. Os padres Sheehan e Rossi estavam informados do caso em Brookfield, mas caso surgissem problemas, os Warren deveriam informar os detalhes relevantes a eles.

O Padre McDonnell mal havia embarcado no avião e os problemas na casa dos Glatzel já tinham recomeçado. Só que dessa vez até Carl pai teve de prestar atenção. Naquela noite, em torno da mesa de jantar, um bolo de chocolate recém-preparado levitou sinistramente do balcão e tocou a parte inferior do armário da cozinha, espalhando glacê na superfície da madeira, até se esborrachar de novo em seu local de partida, todo amassado.

Nessa mesma noite, um tempinho depois, o estojo de maquiagem de Judy se ergueu da mesa e atingiu David no peito. A caixinha foi recolhida do chão e recolocada na mesa, mas voou de novo, dessa vez atingindo David na orelha. Então Debbie levou o estojo de maquiagem ao banheiro, mas outra vez o objeto saiu zunindo para atingir David uma terceira vez.

Prestes a juntar o estojo e devolvê-lo ao banheiro, Arne de repente viu um espectro cinzento delineado por um contorno preto. Com tamanho e formato de um ser humano, mas sem rosto definido, à exceção de dois grandes "olhos" escuros que o perscrutavam. Humano aquilo não era. Arne se virou para chamar Debbie, mas o troço desapareceu.

À 1h45 da madrugada, a família toda acordou. Um estrondo veio do quarto de David e Alan. Carl e Judy correram para entrar no quarto, quando, perto da cama de Alan, começou uma vibração intensa e sibilante. Som idêntico ao que David tinha ouvido na primeira manifestação do besta-fera.

Logo o zunido migrou ao centro da sala. Alan avisou que ia gravar o ruído e acionou o gravador.

"Não vai funcionar", alertou David.

Frustrado, Alan descobriu que o irmão estava certo: a máquina não funcionou.

O zumbido se extinguiu pertinho do pé da cama de David. Todos ficaram com a audição prejudicada devido ao barulho. O ruído amainou, mas David ficou ali sentado, com o olhar fixo à frente.

"O que está vendo?", perguntou Alan.

Por alguns instantes, David permaneceu em silêncio. Então respondeu: "Uma bola de luz, de um azul bem forte, está bem perto de mim e ficando cada vez maior". Boquiaberto, ele se encolheu na cama e exclamou: "É ele! Ele está vindo...".

A cena deixou todos paralisados.

"O que é, David? Diga-nos, por favor!", implorou Judy.

Devagarinho, o menino girou o pescoço e lançou a ela um olhar de escárnio e sarcasmo. Os olhos não piscaram; a boca não abriu.

"*A alma dele*", declarou uma voz estranha, "é minha!"

*

Na manhã seguinte, Judy ligou para Ed Warren. "Ontem à noite, o besta-fera voltou e o dominou. Avisou que vai assumir o comando, agora que o Padre McDonnell está fora do caminho. Ninguém, nem eu, nem padre, nem mesmo Deus, vai impedir isso". Judy passou então o fone para David.

"Ele avisou que veio para ficar e vai levar uma alma... E não se importa de quem", avisou David. "Ele diz, não perdem por esperar, todos nós vamos nos arrepender. Todo mundo que vier aqui, até mesmo os padres, vai ser espancado ou torturado. Avisa que ninguém vai poder ajudar. Promete fazer com que todos se voltem contra nós... até mesmo a igreja. Vai nos fazer parecer tolos e mentirosos. Vai fazer todo mundo trair todo mundo. E alguém vai *morrer*. Nada vai funcionar e daqui a um ano ele vai continuar aqui... E as coisas vão estar cada vez piores!"

"Quem é que vai morrer?", quis saber Ed.

"Quando for a hora, ele promete que vai nos contar."

Ninguém adivinhava, mas David tinha descrito o infeliz cenário prestes a acontecer.

Após duas semanas de paz e quietude, nessa noite David voltou a sofrer um ataque. Como nas primeiras vezes, se ele levava um tapa ou soco, o som era ouvido e os efeitos eram vistos. A novidade agora estava na intensidade das ações: parecia que o demônio tentava *realmente* aniquilar o garoto.

Na tarde de segunda-feira, 28 de julho, aconteceu um desses típicos incidentes. Judy topou com David deitado de barriga para cima, na sala de estar, esperneando e se debatendo desesperadamente para se libertar de um cruel estrangulamento. Os guinchos da mãe sustaram o ataque, mas tão logo David se levantou, um forte soco no estômago o fez se curvar e vomitar.

À tardinha, ele entrou gritando em casa e caiu de cara no chão da cozinha, em meio a dores convulsivas. Depois contou que sofreu chibatadas dos dois asseclas. Foram examinar e havia muitos vergões nas costas do menino.

Exausta, Judy entrou em desespero. Cansada de espargir água benta como se fosse uma fanática religiosa; cansada de tudo. Não entendia o que a família dela havia feito para merecer aquilo. Por que os entes malignos não iam embora?

Debbie ligou para a casa paroquial da Igreja de St. Joseph e teve um dedo de prosa com o Padre Rossi, que os convidou a fazer uma visita para tratar do assunto.

Uma hora de conversa foi suficiente para deixar o jovem padre muito transtornado com a história dos Glatzel. Fez tudo a seu alcance para refutar a afirmação da família de que havia uma força espiritual causando estragos em suas vidas. No entanto, as duas pareciam sinceras, e o raciocínio do padre balançou.

Judy e Debbie deixaram a casa paroquial com a sensação de que o padre não tinha acreditado nelas. Não sabiam que o Padre Rossi apenas tentava ganhar tempo para conseguir aconselhá-las adequadamente.

Naquela noite, após refletir sobre o que as senhoras da família Glatzel tinham dito, o Padre Rossi ligou para os Warren. Ao repousar o fone no gancho, o semblante do jovem padre estampava uma profunda agitação. Ele não quis dormir sozinho na casa paroquial.

O Padre Rossi telefonou para um colega, o Padre Marco Cabrera, designado a uma paróquia nas imediações de Norwalk, e perguntou se ele não gostaria de passar uns dias com ele na Igreja de St. Joseph.

Pouco depois da meia-noite, o Padre Cabrera chegou. Nessa época, nenhum dos dois sequer sonhava com isso, mas a dupla experimentaria a fúria demoníaca.

14
A GOTA D'ÁGUA

Para os Glatzel, o mundo além da soleira da porta não ajudava em nada. Viviam um inferno autêntico, mas bastante íntimo. Na vida da família, toda a alegria fora substituída por lágrimas de angústia e frustração.

Dia após dia, David assistia a seus amigos brincarem ao ar livre e ansiava por estar com eles. Mas Judy não permitia mais que ele saísse. Sofria ataques diuturnamente, dentro e fora de casa. Espancamento físico, tortura mental. Piorou tanto que deixar o menino sozinho se tornou inviável. As forças que o manipulavam induziam o garoto a perigosos extremos de ódio e fúria. O que faiscava nos olhos de David não era o sentimento de uma criança inocente: era o olhar gélido e implacável de um homicida. Tudo se degenerou tanto que Judy também se recusava a ficar a sós em casa com David — ou o que restava dele.

No finzinho de julho, a atuação diabólica na casa dos Glatzel era contínua — vinte e quatro horas por dia. Judy não suportou a pressão e, no dia 30 de julho, voltou a pedir socorro à casa paroquial. Dessa vez, implorou que o Padre Rossi viesse.

Naquela tarde, Judy recebeu a visita do Padre Rossi, assessorado pelo Padre Cabrera. Na presença dos dois, porém, não ocorreram quaisquer fenômenos dignos de nota. Quando os padres chegaram, David não colaborou: escapuliu de casa e procurou um esconderijo. Judy ficou com ares de apalermada — a moderna dona de casa suburbana em sua cozinha de piso não encerável, inventando histórias de fantasmas para afastar o tédio.

Judy pediu desculpas e saiu no encalço do filho. Só foi encontrá-lo fechado no interior da perua. Aparentava estar transtornado e perigoso, mas ela não se importou. Arrastou-o à força para dentro a fim de que os padres falassem com ele. Ao avistar as batinas dos clérigos, David perdeu o controle e se desprendeu da mãe, aos gritos: "Tire esses desgraçados daqui antes que eu os mate!". Então se trancafiou no banheiro e fugiu pela janela.

Chocados com a amostra em primeira mão, os padres quiseram se aprofundar no problema. A intenção deles não era desacreditar ou negar as alegações de Judy Glatzel; em vez disso, buscavam informações. Como o Padre Rossi já havia entrevistado Judy na casa paroquial, coube ao Padre Cabrera tomar a palavra.

O jovem padre começou investigando os antecedentes médicos e psicológicos da família. A história psicológica da família não pareceu ao Padre Cabrera trazer alguma luz ao caso, mas uma coisa ficou clara: vários familiares tinham sofrido graves ferimentos físicos. Na primavera de 1979, um ano e meio antes, após uma viagem ao norte do Estado de Nova York, Judy sofreu um desmaio na porta da cozinha e ficou um mês de cama com problemas no nervo ciático. Estranhamente, no mesmo dia em que ela se levantou e voltou a se locomover, o marido, Carl, desabou no mesmo lugar. E, num piscar de olhos, ficou entrevado: imobilizado pela mesma dor no ciático. Judy também observou que vários membros da família sentiam um "ar frio" naquele mesmo ponto da cozinha desde 2 de julho, o dia que os problemas começaram.

Em 1977, David brincava de trenó e chegou em casa com uma estaca de trinta centímetros cravada no estômago — a gravidade da lesão resultou na ruptura do baço e inevitável esplenectomia.

Quatro anos antes, o pequeno Carl levou um tombo de bicicleta. Ao entrar na sala de emergência do hospital e ver o rosto mutilado e a mandíbula quebrada do filho, Carl pai desmaiou.

Nesse ponto da narrativa, Judy fez um curioso aparte. O ferimento de David em 1977 e as inflamações no ciático dela e de Carl em 1979 aconteceram logo após os Glatzel retornarem da viagem anual a Long Lake, Nova York, onde a família gostava de passear de motoneve. Desde 1976, passavam um fim de semana por lá com as mesmas pessoas, cujo nome Judy relembrou para os padres.

"Essa turma praticava o ocultismo?", investigou o padre Rossi. "Faziam sessões espíritas ou algo do tipo?"

"Não", respondeu Judy, "a gente só passeava de motoneve juntos."

O Padre Cabrera perguntou se alguém da família chegou a praticar alguma experiência com as forças ocultas naqueles períodos.

"Só em 1973", explicou Judy, "e só com o tabuleiro Ouija".

"Com que objetivo usaram o tabuleiro Ouija?", questionou o Padre Rossi, tentando se aprofundar.

"Divertimento", alegou Judy. "Todo mundo tem interesse no futuro."

Em seguida, o Padre Cabrera foi além do ocultismo — o pecado, algo que nos torna vulneráveis às forças diabólicas, sob o prisma religioso.

Tentando não esconder nada, em plena sala de estar, Judy fez uma confissão completa aos padres. Com pequenas exceções, ficou óbvio que todos os Glatzel levavam vidas respeitáveis. O maior problema envolvia a necessidade dos sacramentos: batismo para Carl pai, primeira comunhão para David, crisma para Carl Jr. e matrimônio para Arne e Debbie. Conforme os padres, porém, esse tipo de situação não gerava uma intervenção diabólica da magnitude que eles estavam vivenciando.

"Você afirma que esse suposto espírito se comunica com David. O que é que ele diz?", quis saber o Padre Cabrera.

Judy contou aos padres que o besta-fera obrigou David a revelar os pecados e segredos pessoais mais profundos de cada membro da casa. Ouviu David relatar com precisão, e nos mínimos detalhes, experiências sexuais e conversas privadas, coisas que ele não tinha como saber. Ela contou aos padres que isso a deixou constrangida.

"David conta coisas para gente que ocorreram até mesmo antes de ele nascer!", prosseguiu Judy. "Faz descrições completas de parentes que nunca viu e que já morreram. Não só conta fatos humilhantes sobre nosso passado... conta o que vai acontecer hoje, esta noite e amanhã. A palavra 'segredo' perdeu o sentido nessa casa. E ele acerta em cheio todas as previsões que faz."

Após concluir esse amplo histórico, Judy passou então a descrever toda a gama de fenômenos testemunhados por ela e sua família. Exausta e com olheiras após duas noites sem dormir, foi sincera, e os dois padres acreditaram nela e prometeram ajudar. O próximo passo deles seria inteirar o Padre Sheehan, encarregado da paróquia na ausência do Padre McDonnell, sobre o caso. E só então medidas poderiam ser tomadas para acabar com o tormento.

Antes de embarcarem no carro, na entrada da garagem, os padres entabularam outra conversa.

"Aposto que minha mãe contou um montão de mentiras para vocês, contou que a casa tem um fantasma. Ela vive falando isso para todo mundo. Não tem nada diferente acontecendo. Não vi nem ouvi uma coisa sequer acontecer. Eu ia ter que saber, afinal eu moro aqui", disse o jovem Carl. "Nem meu pai acredita nela. O problema com o David é um só: mental. Sempre teve esses problemas. Minha mãe não quer admitir e por isso fica inventando essas coisas. É doida de pedra. Só eu tenho a mente sã por aqui. Pode perguntar a quem quiser."

Felizmente, os dois religiosos não deram crédito ao jovem Carl. Ao retornar à casa paroquial, passaram as informações ao Padre Sheehan sobre a perturbadora situação na casa dos Glatzel. Naquela noite, o Padre Sheehan ligou para os Warren a fim ouvir a opinião do casal. Os Warren, que tinham registros de muitas horas com os Glatzel, sugeriram uma reunião.

No dia seguinte, 31 de julho, os padres Sheehan e Rossi foram à casa dos Warren, em Monroe. Num primeiro momento, o Padre Sheehan se mostrou cético sobre casos de possessão e exorcismo e todo esse "besteirol" sobre o capeta e suas ações perversas.

"Cresci numa família italiana e já ouvi tudo que é superstição sobre diabos, demônios e inferno", contou o Padre Sheehan aos Warren, "e nunca obtive comprovações. A chance que temos de interagir com demônios e com anjos é a mesma: nenhuma. Inexistem no plano terrestre. Como padre e como pessoa, nunca testemunhei algo remotamente parecido com um fenômeno sobrenatural".

Os Warren têm consciência de que os membros do clero costumam ser os críticos mais severos do dogma teológico, especialmente em áreas em que distinguir a fé da fantasia é difícil.

"Constatamos que a maioria pensa assim. Mas numa situação como essa, não basta ter uma opinião", explicou Ed ao Padre Sheehan. "Nesse caso, a responsabilidade de agir é sua. Os Glatzel têm problemas de natureza religiosa. Vão pedir ajuda e, quando isso ocorrer, *o senhor* terá que decidir com base em dados concretos.

"Não vamos pedir que acredite em nossa palavra. Nos próximos dias, o senhor vai ter que entrar naquela casa e ver tudo com os próprios olhos. Talvez algo tenha passado despercebido para nós. Talvez o senhor dê uma denominação diferente. Mas uma coisa é certa: o julgamento vai recair sobre seus ombros. Sentimos que o senhor deve entrar lá preparado, com a mente aberta: deixe o restante por conta de seus conhecimentos, estudos e bom senso."

Ainda bem que o Padre Sheehan deu ouvidos à explicação de Ed Warren. Antes de partirem, os padres receberam um intenso "tutorial" sobre demonologia. Cada um levou consigo um punhado de obras sobre o tópico para ler nos dias seguintes.

O que para os padres por enquanto não passava de teoria, para a família Glatzel era uma realidade dolorosa. Dizem que "a melhor proteção do diabo é o anonimato", mas o ente maligno que invadiu a casa dos Glatzel já parecia ter perdido o interesse em se esconder. O besta-fera marcava sua presença no recinto fazendo as pessoas sentirem um frio extremo. O sol caía no horizonte, e uma sombra perambulava à vontade pela casa. E agora instantâneos de uma Polaroid captavam globos de luz e brutescas formas espirituais.

Na madrugada de 1º de agosto, as coisas se degradaram a um nível inédito.

O besta-fera e seus dois grotescos asseclas ficaram ensandecidos com o envolvimento de novos padres no caso. Em resposta, o demônio deu um ultimato, seguido por uma previsão agourenta. Reunindo os quarenta vultos ao fundo, para que David os visse, exigiu que o menino "entregasse" sua alma para que *eles* pudessem pôr um fim nesse assunto.

David nem terminou de ouvir as exigências e respondeu, insistindo: "Não! Não vou fazer isso! Afastem-se de mim!".

Seguiu-se então um longo silêncio durante o qual David permaneceu sentado, escutando com atenção.

"O que é que eles estão falando com você, David?", indagou Judy, claramente preocupada.

"Ficaram me xingando por um tempão e depois se calaram. Então todos os capangas ficaram olhando para mim. O chefão disse que desejava me levar junto com ele, e eu falei que *não*. Agora está enraivecido. Não tenho ideia do que vai fazer a seguir. Mas avisou que perdeu a paciência e vai deixar de ser gentil. Ameaçou pegar a minha alma e também a alma de Cheyenne. Já que não vamos nos entregar fácil, ele disse que vai nos dominar à força... ou nos matar! Vamos ter muito trabalho. Garante que *vai entrar em nossos corpos!* E se alguém se atravessar em seu caminho, e tentar detê-lo, será morto por ele!"

"Ser morto por ele, uma ova!", atalhou Arne com raiva, "porque vamos expulsá-lo agora mesmo!"

Decidido a cumprir essa visão, Arne Cheyenne Johnson estendeu a mão para apanhar a Bíblia na mesa de centro. Mas antes de alcançá-la, o livro deslizou para fora de seu alcance. Desafiado, Arne fez o sinal da cruz, deixando que David então pegasse o pequeno e surrado exemplar da Bíblia, e perguntou ao garoto:

"Cadê ele agora?"

"Não está vendo? Ali, perto da janela... Na frente das cortinas." Só Debbie foi capaz de distinguir uma vaga sombra do vulto.

"Vamos nos livrar dele, por bem ou por mal", declarou Arne, pegando a câmera Polaroid carregada. "Se querem uma prova de que esse coisa-ruim está aqui, vamos tirar uma foto!"

"Pode parar, Cheyenne! Ele está mandando você largar isso de mão!", gritou David.

"Ah, é? Pois diga a ele que vou largar *ele* de mão!" Arne baixou a câmera e pegou o frasco de água benta.

"Ordeno que vá embora, Satanás. *Ordeno* que se retire desta casa. Vá embora! Ordeno que saia", proferiu Arne, borrifando água benta nas cortinas. Sem perceber, Arne violou o preceito essencial de que o ser humano só pode dar ordens a espíritos dessa natureza em nome de Deus. Não seria o único erro sincero, mas trágico, cometido por Arne.

"Cadê ele agora?", indagou Arne.

"Lá fora, olhando para dentro. Agorinha mesmo deu uma batidinha na janela."

"Ótimo! Agora vamos acabar com ele!", exclamou Arne convicto. "Chega de ler salmos para ele. Chega de ler preces de boa-noite para ele. Agora vou ler a Bíblia para ele. Vou ler o livro sagrado, página por página, de cabo a rabo. Vou ler para ele até ele não aguentar mais! 'No princípio, Deus criou os céus e a terra. E a terra era sem forma e vazia; e havia trevas sobre a face do abismo. Mas o espírito de Deus pairava sobre a lâmina das águas.' "

"Não adianta nada, Chey. Ele voltou. Está na cadeira de balanço", anunciou David.

E estava mesmo, ao que parecia: todos viram a cadeira de balanço se mexendo para a frente e para trás.

"Não está coisa nenhuma", desafiou Arne.

Uma pancada soou.

"Acabou de bater com força com os cascos no chão", relatou David. Em seguida se ouviram três batidas.

"Tá bem", disse Arne, "aí vai outro banho!" Arne aspergiu água benta na cadeira, e o balanço cessou.

Frustrado, Arne olhou ao redor da sala e, de repente, congelou, o olhar cravado na porta da frente. Viu o besta-fera pela primeira vez.

Só a cabeça se manifestou, uma cabeça do tamanho da porta. Olhos grandes, escuros e envolventes. Maçãs do rosto salientes, pequeno cavanhaque, dentes pontudos e quebrados — à mostra porque a imagem caçoava dele num risinho silencioso. Toda a cabeça reluzia em cores que se transfiguravam do rosado ao marrom e do marrom ao escarlate. Assim que foi visto, o medonho semblante se transformou num globo de luz e se dissipou.

"Cheyenne, cuidado!", gritou Debbie subitamente, enquanto Arne se virava. A cadeira de balanço levitou no ar.

"Ele vai jogá-la em você!", alertou David freneticamente.

Num pulo Arne agarrou a cadeira "levitante" e a puxou de volta ao chão.

"Atrás de você, Chey!", advertiu David. "Ele está se aproximando. Vai te dar um soco!"

Agora de frente ao meio da sala, Arne raciocinou que se o besta-fera podia esmurrá-lo, ele poderia revidar e esmurrá-lo de volta.

David viu o punho de Arne se fechar e avisou: "Está a cinco passos de distância... três passos... bem na sua frente! Acerte-o *agora!*".

Arne retraiu o braço e desferiu um golpe violento e cego. Na mesma hora, o corpo dele ficou dormente e por um instante dominado por uma extrema gelidez.

"Você o acertou! Deu um direto no queixo! Caiu para trás!", anunciou David, surpreso.

O som de três pancadas soou do outro lado da sala.

"Olhe, Cheyenne! Ele pegou o David!", gritou Judy.

Arne se virou. David estava sendo arrastado para longe, a camiseta puxada para cima e por trás, seus braços esticados para a frente no ar.

"Me ajudem!", implorou David, os pés começando a se desgrudar do chão. "Ele vai me arremessar!"

Arne jogou dois borrifos de água benta na direção dele. David foi largado no chão outra vez.

Súbito, um ar gélido tomou conta da sala. Porém, minutos depois, a temperatura voltou ao normal. Só que o ar continuou esquentando até se tornar abafado. Em dez minutos, a temperatura subiu e despencou em uma amplitude térmica de 24 ºC, até voltar ao normal outra vez.

A atividade também cessou, mas não por muito tempo. A calma reinou por uns noventa minutos, quando, como revela o diário de Debbie, David sofreu novas agressões:

> *5 da manhã em ponto*
>
> *Exausto, David mal colocou a cabeça no travesseiro quando esse demônio o atacou às 5h07, tentando sufocá-lo. Horrível ver David com os olhos esbugalhados, língua pendendo para fora da boca, respirando com dificuldade. David tentou se libertar do aperto na garganta. Jogamos água benta nele e o abençoamos. Todos nós fomos testemunhas disso. Todos nós ficamos nos perguntando: o que poderia ter acontecido caso o deixássemos continuar com o estrangulamento? Mas decidimos não arriscar. E se não conseguíssemos retirá-lo disso?*
>
> *5h35 da manhã*
>
> *David sofreu novo ataque, idêntico ao das 5h07.*
>
> *5h40 da manhã*
>
> *Todo mundo escutou o zumbido que mais pareceu o de uma nave espacial. David, Chey e eu fomos espiar na janela. Lá fora na frente da cerca flutuava uma mancha vermelha. Sumiu de repente.*
>
> *6 da manhã em ponto*
>
> *David sofreu o último ataque: levou um soco no olho esquerdo. Todo mundo ouviu o golpe. Bem forte. Às 6h30, enfim David caiu no sono.*

A última anotação provavelmente foi a mais importante, porque o patriarca, Carl Glatzel, foi obrigado a assistir tudo.

Às vezes, Carl pai se deparava com incidentes inexplicáveis em seu lar, mas se recusava a admitir, coisa que irritava a esposa e os filhos, que não entendiam por que ele não os ajudava. Acaso não se importava?

No fundo, o assunto entristecia Carl profundamente. Mas não deixava transparecer suas emoções. A família buscava nele fortaleza e orientação e, na cabeça do patriarca, reconhecer o problema equivalia a encorajar a "tolice" dos demais. "Gente de cabeça fraca permite que isso aconteça em suas vidas", afirmou à família.

Era inegável que um caos acontecia, mas Carl não tinha ideia do que fazer a respeito. Arne se comportava exatamente como ele gostaria de se comportar, e Judy pensava como ele teria pensado. Além disso, nada havia a acrescentar.

Até que o covarde invisível deu um soco em David. Um golpe cruel, maligno e premeditado, de uma força humana, mas perversidade maníaca. E tudo isso diante dos olhos de Carl.

Foi a gota d'água. Visível ou invisível, aquilo era errado e precisava ser interrompido.

"Judy, logo mais à noite, quando eu voltar do trabalho, quero um padre nesta casa", disse Carl pela primeira vez em sua vida, "e é melhor ele não ir embora antes de acabar com esse pesadelo".

15
PURA VERDADE

Amanheceu. Arne e Debbie se aprontavam para ir trabalhar. Como de hábito, Arne saiu cinco minutos antes, para esquentar o carro de Debbie.

Debbie estava prestes a sair quando David a chamou da sala. O menino indagou onde Arne estava, e ela notou o medo na voz dele.

Respondeu que Arne estava no carro, e David exclamou: "Ai, não! Não podia estar lá fora! O besta-fera... e os dois asseclas... disseram que vão se vingar dele. Vão arrebentar com o carro!".

Lá fora, ao volante do carro, no alto da íngreme rampa, Arne esperava Debbie. De modo inesperado, o motor começou a acelerar, embora o carro estivesse parado e em ponto morto. Arne tentou pisar de leve no acelerador — mas o pedal já estava no fundo! Puxou o freio de mão e desligou a ignição. Foi o mesmo que nada: o motor continuou roncando.

De novo, experimentou pisar no acelerador e desligar a ignição, mas o motor só aumentava o giro loucamente. Arne tentou abrir a porta — maçaneta emperrada!

Ergueu o olhar outra vez e avistou algo parado no meio da rampa de acesso. O besta-fera. Apontando para um enorme carvalho à esquerda da rampa.

O carro arrancou bruscamente. Num piscar de olhos desceu pela rampa. Arne freou, mas os breques não funcionaram. O volante também não reagiu. O carro ia em direção ao imponente carvalho.

"Saí a tempo de ver o carro disparar ladeira abaixo", contou Debbie mais tarde. "As luzes do freio estavam acesas, mas nem sinal do carro reduzir. As rodas do lado esquerdo já não estavam mais na rampa e levavam de arrasto a cerca viva. O carro ia se chocar contra a árvore em alta velocidade. Daí o carro virou."

Momentos antes de Arne sofrer a aparentemente inevitável colisão com o grande carvalho, as rodas do lado esquerdo afundaram na turfa e na lama encharcada, fazendo o carro tombar de lado. Deslizou com segurança até parar a poucos metros da árvore, escapando por um triz de um provável acidente fatal.

Após a noite tenebrosa e a manhã de terror, o medo na casa dos Glatzel era quase palpável na tarde de sexta-feira, 1º de agosto. Judy fez telefonemas urgentes para os Warren e para os padres, explicando o caos em andamento e implorando para que alguém ficasse com a família naquela noite, já que o besta-fera aparentemente estava pronto para *matar* alguém em represália à recusa de David em entregar sua alma.

O Padre Sheehan concordou em ir à casa naquela noite, seguido pelos Warren mais tarde. O alívio de Judy foi imenso. Mas foi só colocar o fone no gancho para enfrentar a fúria de Carl Jr., que escutava tudo na extensão telefônica.

"Que diabos pensa que está fazendo? *Não quero* esses Warren de merda por aqui!", exclamou ele. "E muito menos quero outro padre maldito colocando os pés na minha casa!"

Judy se irritou. "Cresça e apareça", disse ela ao filho de 14 anos. "Quem decide quem vem ou não vem aqui sou eu. Mais respeito e menos narizinho empinado! Aqui você não tem voz ativa, não!"

"A casa é minha também. Tenho meus direitos. Se um desses nojentos entrar aqui, vou mostrar a eles para que serve uma espingarda", ameaçou o menino enfurecido e saiu, batendo tudo que era porta no caminho. Na mesma hora, Judy conferiu o armário das armas, no qual ficavam guardadas meia dúzia de espingardas e rifles de caça. Trancado e com todas as armas.

O que preocupava Judy, no entanto, era que o besta-fera e seus asseclas poderiam de repente se fingir de mortos porque a ajuda estava a caminho. Mas esse receio não se comprovou. Às 18h05, o problema recomeçou, com três batidas retumbantes na porta da frente. David, sem desconfiar de nada, abriu a porta, com Debbie logo atrás dele. Ninguém estava lá.

Meia hora depois, Carl voltou do trabalho, abatido e exausto como os demais familiares. Ao saber que um dos padres da Igreja St. Joseph viria naquela noite, soltou um suspiro de alívio.

O Padre Sheehan passou o dia todo lendo sobre demonologia. Achava interessante essa área da teologia, mas ainda não estava convencido de sua validade.

A onda de calor que caracterizou o verão de 1980 nos EUA atingiu seu pico em agosto. Quando, pouco após as 21h, o Padre Sheehan subiu com o carro pela entrada da garagem dos Glatzel, uma névoa fumegava da superfície do lago na frente da propriedade. No alto da rampa, estacionou o carro ao lado dos outros, saiu e ficou ali parado, olhando para a casa. Um cenário normal, contemporâneo e, em essência, nada ameaçador.

O padre deu um passo rumo à porta da frente. Súbito, um rosnado animal, cruel e reverberante preencheu o ar. Ele pressentiu o perigo que o rondava. Paralisado, aguçou os ouvidos, à espera da aproximação de uma fera hostil. No entanto só escutou os sons familiares de sapos e grilos. A passos cautelosos, o Padre Sheehan se dirigiu à porta frontal sem mais incidentes.

Alan foi abrir a porta. Feitas as apresentações, o padre foi convidado a sentar-se na sala de estar. Carl e Judy, os filhos do casal, e Arne, Debbie e Jason estavam presentes. Por estranho que pareça, Carl Jr. se comportou cordialmente, ao menos por alguns minutos. Mas, antes mesmo de o Padre Sheehan tomar a palavra, algo tomou conta do menino.

"Olha só, preciso falar logo uma coisa: todo mundo nesta casa está biruta", disse ele, erguendo-se da poltrona. "Estão inventando tudo isso... Cada detalhe. Não tem nada de errado aqui, só *eles*! Neste último mês me deixaram louco com seus fantasmas e contos de fadas. Precisam de um médico ou da polícia. É disso que precisam. Não vou mais ficar aqui sentado ouvindo esse pessoal mentir. Isso me dá nojo. Nojo de verdade!" E saiu do recinto, furioso.

Em seguida, o padre teve de encarar outra mudança brusca de comportamento, quando perguntou: "Como está se sentindo hoje à noite, David?".

O garoto balançou a cabeça, olhou Judy com desdém e retrucou: "Tirem esse gorducho daqui!".

"Isso são modos de falar com um padre?", indagou o Padre Sheehan.

"Padre? Você se considera um padre? Rá, rá! Não me faça dar risada!", exclamou David constrangendo a todos.

Após essa recepção, o Padre Sheehan teve que se esforçar muito para sentir compaixão por essas pessoas. Entretanto, perseverou e, nos quarenta e cinco minutos seguintes, fez à família perguntas difíceis, com um quê de ceticismo, que o fizeram parecer mais psicólogo do que padre. Como andava a saúde mental de David? David tomava alguma medicação? David e Carl tiveram uma infância feliz? Os Glatzel castigavam severamente os meninos? Alguém na casa sofria de alcoolismo ou era usuário de drogas? A criançada curtia filmes de terror? Brigavam com as crianças da vizinhança? Por fim, o padre chegou a insinuar que havia uma reação exagerada da família diante de vários eventos isolados e comuns.

Os Glatzel se ofenderam. Obviamente, ele ainda duvidava dos relatos da família.

Arne, sendo o "elemento externo", defendeu a família e contou ao Padre Sheehan suas tentativas de solucionar os problemas por meio da fé e da religião. Debbie confirmou as declarações de Arne e leu trechos de seu diário naquela semana.

"O que você acha, Carl?", indagou o Padre Sheehan. "Tem alguma explicação para isso?"

"Não sei qual é a causa", disse Carl, "mas posso dizer que algo está acontecendo. Basta o senhor dar uma olhada no corpo daquele garoto... Todo cheio de marcas, está sendo espancado por *alguma coisa*. Não sei que coisa é essa, mas as marcas estão ali."

O Padre Sheehan se levantou e foi até a cadeira de balanço, onde David estava sentado. Quando o padre estava a três passos dele, o menino subitamente emitiu um rosnado grosseiro.

Lívido, o Padre Sheehan afastou-se devagarinho e voltou a se acomodar na poltrona. Visivelmente abalado, perguntou:

"Quem fez isso?"

"Não sabe?", respondeu David. "Lá fora já tinha ouvido, não é?"

O padre emudeceu.

"O que é que houve lá fora?", inquiriu Carl.

"O besta-fera estava ali fora quando ele chegou", revelou David. "Rosnou quando ele começou a caminhar em direção à casa."

Carl fitou o Padre Sheehan em busca de uma resposta. "Verdade", confirmou o padre com um aceno de cabeça. Seu ceticismo convicto de repente se desmantelou.

Então, para tentar entender melhor, o padre interpelou David sobre o número, a origem, a aparência e os motivos dos supostos entes malignos.

A princípio, David se recusou a responder, temendo um ataque do besta-fera. Mas Judy convenceu o filho de que o Padre Sheehan estava ali para ajudar. Mais do que ninguém, David convivia com um terror deplorável e queria pôr um fim naquilo. Então, ele se abriu com o padre. Contou que nenhum dos seres era humano; que nunca tinha visto nada parecido com o besta-fera na vida real; que odiava todos eles, especialmente o besta-fera. E que, acima de tudo, desejava que eles fossem embora.

David inclusive forneceu informações que eram novidade para a família. Os entes malignos se energizavam com o calor, por isso preferiam ficar no telhado quente ou no sótão. Surpreendentemente, revelou por que Judy sempre encontrava as cadeiras da cozinha afastadas da mesa: era onde os seres malignos se sentavam ali para fazer "reuniões", discutindo o que fazer a seguir, em idiomas que David não entendia. Quando estavam em casa, faziam sempre uma roda com a família dentro e entoavam feitiços, resultando nas discussões tão comuns no último mês. Contou como o besta-fera delegava tarefas e missões aos asseclas. Distribuiu sentinelas em locais estratégicos: na base da rampa da garagem, na esquina da Silvermine Road, na Pocono Road, na ponte da ferrovia e perto da Igreja Congregacional; outros percorriam o trecho entre Brookfield e a propriedade alugada em Newtown para monitorar o trajeto.

Se um familiar saísse de casa, era sempre acompanhado de um ou mais ajudantes. Muitas vezes, o besta-fera acompanhava o pai de David ao trabalho; os entes malignos apreciavam Carl e o deixavam em paz porque ele era uma "presa fácil" — afinal de contas, não tinha sido batizado. Alguns asseclas acompanhavam também os novos envolvidos, ou seja, os padres e os Warren.

O demônio cuspia na comida da família, bolinava as coxas das mulheres, desligava a água quente e o ar-condicionado, provocava brigas entre os bichinhos de estimação, batia nas paredes e derrubava as velas sacras. Utilizava o jovem Carl para expressar sua vontade e reivindicava "possuir" a alma de David. Movidos pelo ódio — ódio por Jesus, ódio pelo Natal, ódio pela humanidade, ódio mútuo —, os entes malignos sempre falavam de morte. Além disso, pelo que David pôde captar, alguém terminaria esfaqueado, e o nome citado com mais frequência era o de Arne.

Só o besta-fera mudava de aparência. Os entes não comiam, não bebiam nem iam ao banheiro. Conheciam o passado e o futuro; sabiam o conteúdo dos livros; inclusive assistiam à televisão. Sem dúvida, tinham uma cabeça pensante, afirmou David, e para fazê-los mudar de ideia, só tinha um jeito: o "exorcismo".

David, mesmo falando em termos e conceitos que sequer entendia, acabou dizendo o que não devia. Ali mesmo, na frente do padre, começou a ser estrangulado.

"Manhêê... Socorro, ele quer me matar!", tartamudeou David.

O horror dominou o Padre Sheehan. O menino estava sendo esganado bem na frente dele. Judy começou a sacudir o menino, enquanto o padre vasculhava a valise preta até achar o óleo bento que trouxera "por via das dúvidas". Aplicou o óleo na testa de David e, em latim, rezou em voz alta em prol da criança.

A asfixia parou, mas David se enfureceu. Debateu-se e gritou com a "dor" que o padre estava lhe causando. O Padre Sheehan tentou se reaproximar, mas David o encarou com olhos de uma fera alucinada. Outra vez aquele rosnado maldoso e antinatural preencheu a sala.

"*Nem tente se aproximar*!", enunciou uma voz áspera e adulta do corpo de David, que se desvencilhou e se refugiou em seu quarto. O cenário de imprevisível pandemônio deixou o Padre Sheehan apavorado. O mesmo aconteceu com Carl, que ainda não tinha testemunhado esses hediondos assédios.

Com genuína coragem, o padre enveredou pelo corredor segurando a valise preta. Queria encontrar David e aplicar-lhe a devida bênção. Mas quando o menino (ou melhor, aquilo que afetava a criança) cravou o olhar em Sheehan, rosnados ecoaram no quarto, obrigando o padre a recuar.

Transtornado, o Padre Sheehan voltou à sala, sentou-se junto com o restante da assustada família e começou a fazer perguntas pertinentes. Então passou a falar com eles como gente com um problema válido e a entender a dimensão de seus horríveis medos.

Às 23h30, os Warren chegaram; foram apresentados a Carl Glatzel, que nunca tinham visto antes. Os Warren foram informados do ataque sofrido por David na frente do padre. Por si só, esse fato não os surpreendeu em nada, mas ficaram apreensivos com a intensidade do surto e a ferocidade da resposta de David.

Ed Warren e o Padre Sheehan foram conversar com David no quarto. O olhar cético de quem precisa ver para crer havia sumido no rosto do jovem padre.

Encontraram o menino de bruços na cama. Vários assobios e gemidos emanavam de seu corpo. O Padre Sheehan entrou cautelosamente após Ed. Os dois estacaram ao pé da cama. David nem ergueu o olhar, mas ouviram um rosnado animal assim que o padre pisou dentro do quarto.

"*Porra! Não falei para você ficar longe de mim, Warren?*", enunciou uma voz profana pelos lábios do garoto. Súbito, o braço de David se ergueu e golpeou Ed Warren com as costas da mão.

Dando um passo para trás, Ed perguntou: "Quem é que está falando, afinal?".

Silêncio como resposta.

"Tudo bem, se é assim, estou falando com você, David", concluiu Ed. "O Padre Sheehan vai te ajudar. Ele vai..."

A dupla ficou horrorizada quando David, sem mover um músculo sequer, levitou da cama cerca de um metro — ainda de barriga para baixo — até pousar os pés no chão. Deu meia-volta, saiu correndo porta afora e se trancou no banheiro.

Para impedir que David se flagelasse com navalhas ou outros instrumentos, Ed pediu para Carl destrancar a porta do banheiro.

"Padre, me desculpe, por favor", pronunciou David numa vozinha recatada na volta ao quarto dele. Aos olhos do padre, a realidade tinha sido virada do avesso. Ficou se perguntando: como é que esse pessoal conseguia lidar com aquilo?

Genuinamente chocado, o Padre Sheehan reconheceu: praticamente todos os incidentes que havia experimentado com David eram bizarros e preternaturais.

"Vocês tinham razão", admitiu o padre a Ed ao saírem do quarto, apressados. "Essas coisas realmente acontecem. Agora acredito nisso."

Os Warren ainda ficaram mais uma hora, conversando com a família e o Padre Sheehan sobre as recentes declarações feitas pelo ente maligno e recapitulando os incidentes dos últimos dias.

Então, Carl e o Padre Sheehan acompanharam os Warren até o carro. Carl passou a eles a impressão de ser um homem estável, de físico forte e bom caráter moral, que contava com o respeito de sua família.

"A gente vê essas coisas em livros e filmes", murmurou ele ao Padre Sheehan e aos Warren, "mas jamais pensa que podem acontecer com a gente".

"O que o senhor acha que está causando o problema? Acha que a sua família é muito sugestionável?", questionou Lorraine.

"Acredito que não."

"No passado, David já se comportou assim?", inquiriu ela.

"O que eu vi lá dentro não é meu filho", respondeu Carl. "David é um menino gentil. Nunca ergue a voz e se dá bem com todos. Agora está agindo como uma espécie de monstro. Fala sobre coisas que escapam da minha compreensão, e olha que sou o pai dele. Tem alguma coisa errada, *muito* errada!"

"E esses entes malignos de que David fala?", indagou o padre Sheehan. "Acredita nele?"

Carl levantou o olhar para a casa. Afastou-se mais alguns passos, para fora do alcance da voz. "Acredito, sim. Para ser sincero, sei que ele está falando a verdade."

"Sabe como?", indagou o Padre Sheehan.

Chegou o momento de Carl Glatzel escolher entre seu orgulho pessoal e a necessidade de ajudar seu filhinho. "Sei por que *já vi* esse negócio que ele chama de besta-fera. E ele me viu. Eu vi esse troço na noite em que vocês, o sr. e sra. Warren, vieram aqui pela primeira vez, no mês de julho.

"Tenho sono pesado. No bom do sono, nada me acorda. Na noite em que vocês vieram, eu estava ferrado no sono. Exausto, eu tinha feito hora extra só para ficar longe deste hospício.

"Bem, sem motivo algum, naquela noite acordei. E não consegui mais dormir. Sei estava acordado porque conferi meu relógio. Uma e quinze da manhã bem certinho. Logo atinei: mas que estranho, como é que consegui ver o relógio sem acender as luzes? É que um brilho azulado permeava a sala inteira. Mas o interruptor da parede estava desligado e as lâmpadas também.

"Eu me sentei na cama e tentei localizar a fonte da luz. Foi quando eu vi... um rosto na parede! Não era o rosto de um ser humano. Outra coisa bem distinta. Uma cabeçorra de sessenta centímetros de largura, com o diâmetro dessas mesinhas redondas de jardim. Rosto peludo de um vermelho cintilante. Barbicha e bigodinho. Orelhas grudadinhas na cabeça. Narigudo. Olhos grandes e faiscantes, pretos como carvão.

Não cheguei a levar um susto; acho que duvidei de meus próprios olhos. Por isso, desviei o olhar, só para me testar. E quando olhei de novo, o rosto ainda estava lá.

"Fiquei irritado comigo mesmo. Que será isto? Fiquei lá matutando. Estarei sonhando? Reconferi a hora. Uma e dezessete. Agucei os ouvidos e ouvi burburinhos na cozinha. Daí tive a certeza de estar acordado. Olhei de novo a parede, e lá estava aquele rosto. Dessa vez notei os dentes irregulares. Isso porque abriu um sorrisinho infernal... Como quem diz: 'Estou fazendo isso com você, seu trouxa, e não tem nada que possa fazer para impedir'.

"Então o rosto sumiu e também a luz no quarto. Voltei a me deitar. A próxima coisa que senti foram golpes sólidos atingirem o assoalho da casa, de baixo para cima. Em meio a tanta estranheza, a única coisa que pensei foi: não quero nem pensar nisso! Dito e feito. Caí no sono outra vez, e só acordei no alvorecer.

"Ao longo daquela semana, fiquei muito impressionado, porque ouvi a criançada comentando ter visto esse mesmo troço e descrevê-lo igualzinho: olhos escuros, dentes quebrados, cavanhaque, tudo. Desde essa época, avistei um vulto estranho espreitando na mata dos fundos, mas nunca enxerguei por tempo suficiente para distinguir o que era. Por isso, não dei bola."

"Hoje à noite, alguém falou alguma inverdade ou um detalhe exagerado, só para causar efeito?", perguntou Lorraine.

"Não. Infelizmente, é a pura verdade", respondeu Carl. "Qual a vantagem de mentir, afinal? Ficam acordados noite após noite, rezando, brigando com David e assim por diante. É como se fosse uma guerra lá dentro. Não há outra maneira de descrever a situação."

"Por trás da loucura que vemos aqui, há um método. É um espírito, mas não é um fantasma. O que se entrincheirou é uma inteligência muito poderosa, de natureza inumana. Todos estamos vivenciando fenômenos *diabólicos*. Em outras palavras, sr. Glatzel, estamos lidando aqui com o diabo", explicou Lorraine.

Após um longo silêncio, Carl indagou: "Qual o próximo passo?".

"Isso vai depender do Padre Sheehan e das autoridades da Igreja", respondeu Lorraine. "Tecnicamente, o nosso trabalho está concluído. Mas vamos ficar ao lado de vocês até o fim. Nosso trabalho é determinar se o caso pode ser validado ou não. Nas atuais circunstâncias, lamento dizer, *existe* validade."

“Mas acabar com a perturbação são outros quinhentos”, informou Ed. “Existem vários métodos para lidar com o problema, mas no longo prazo não há garantia de sucesso. Em última análise, vai depender da força e do poder do demônio envolvido, bem como da eficácia dos procedimentos religiosos aplicados para expulsá-lo. Não vamos tapar o sol com a peneira. Isso que está em sua casa é extremamente perigoso, para você, para sua família e para o clero que deve enfrentá-lo. A margem de erro é nula. O menor equívoco de avaliação, um só passo em falso, e o resultado pode ser terrível: ferimentos graves, vidas arruinadas ou até mesmo a morte.”

16 POSSESSÃO

O caso Brookfield era um trem descarrilado. O besta-fera e sua maléfica legião invadiram a vida da família Glatzel e nenhum tipo de resistência os convenceu a ir embora.

A piora do caso se deu não por saltos perceptíveis, mas pelo constante aumento da pressão. Agosto de 1980 começava no lar da família Glatzel num misto de pavor e neurastenia. Os fenômenos deixaram todos os membros da família à beira do esgotamento.

Sem alívio, sem trégua. Dia após dia, acontecimentos da ordem do impossível, com atrevimento e impunidade. Emoções à flor da pele no seio familiar. Os entes invasores pareciam turbinar a ranzinzice e transformá-la em ódio e irritação ferozes. O mais afetado talvez fosse o jovem Carl, que adotava uma postura hostil e contrária a tudo. Destilava seu fel principalmente contra Judy e Debbie. Retrucava tudo que elas falavam. Se tentassem se defender verbalmente, Carl partia para agressão física. As duas tinham hematomas por todo o corpo de tanto levar socos do adolescente.

No âmago do comportamento dele residia a ânsia de abafar a verdade sobre o caos em seu lar.

"Digam que não é assim! Confessem que estão mentindo! Confessem que nada está acontecendo!", ordenava ele entre ameaças de violência.

"A verdade é o inimigo", pontuou Ed Warren. "Negar a verdade é o método diabólico, e a reação de Carl Jr. foi uma ilustração clássica desse fato".

O problema mais grave, entretanto, se materializou em David. O garoto soçobrava à opressão infligida a ele.

Há mais de um mês, hora após hora, dia após dia, as forças descomunais das trevas tomaram a casa e transformaram David no alvo de um ataque cruel e determinado. Lá pelo meio dessa primeira semana de agosto, o menino atingiu o limite de sua resistência. A mudança nele se tornou visível.

Resistiu, resistiu, resistiu o que pôde, resistiu novamente, mas agora sua coragem tinha se esvaído. Prostrado, sob ameaças, sem forças, dominado pelo terror, David se tornou um desvalido espiritual. Suas emoções foram saqueadas e sua personalidade, surrupiada. Onde estava o alegre e simpático "mascote" da família, que adorava brincar ao ar livre e contar piadas de elefantes que aprendia no almanaque semanal? Não estava mais lá. O espírito de David se extinguiu. O corpo dele se tornou pouco mais que um invólucro que ainda respirava, pronto para ser arrebatado. Pronto para ser "mais um deles"; pronto para se tornar um autômato do mal.

Foi assim que, em 6 de agosto de 1980, David Michael Glatzel foi possuído pelo demônio.

A derrocada final rumo à tragédia começou quando a tríade de padres da Igreja de St. Joseph em Brookfield se interessou ativamente em impedir os ataques à criança. Não só recomendaram o exorcismo como, em quase todos os dias após 1º de agosto, um dos três jovens padres ia à casa dos Glatzel prestar auxílio, por meio de preces e bênçãos. Mas quando os padres iam embora, os ataques ao garoto se tornavam ainda mais brutais.

Em meio ao torniquete de puro tormento, dormir era um luxo do qual David não mais desfrutava. Na realidade, na véspera da primeira possessão total, na mesa da cozinha, ele emitiu um grito de dor. Os entes maléficos, numa exibição aterrorizante de poder não natural, fizeram a cabeça do menino girar à força em 180 graus, a nuca para a frente, *os olhos para trás*!

"O que mais podem fazer com essa criança?", perguntou Judy em lástima desesperada. Foi descobrir na manhã seguinte.

Dia 6 de agosto, aurora. Corpo mole e cansado, David se refugiou no quarto. Fez algo que há tempos não fazia: dormiu profundamente. A muito custo, Arne e Debbie se arrastaram para o trabalho, e Judy tirou uma soneca. Para alívio dela, David ainda dormia quando ela se levantou. A bem da verdade, o menino roncava como um porco.

Uma hora depois, David gritou no meio do sono: "Socorro! Manhê! Me salva!". O desespero no apelo do menino era palpável. Judy tentou acordá-lo do transe, sem sucesso. Um rosnado canino saiu do corpo do seu filhinho, e ela recuou com um sobressalto. Judy se sentia cada vez mais transtornada e impotente.

Em torno do meio-dia, ela escutou gemidos e terríveis chiados vindos do quarto, como se o garoto estivesse sendo torturado.

"David?", chamou ela receosa, mas sem obter resposta. "David?", repetiu, a meio caminho do quarto. Então estacou. O repugnante fedor de vômito atingiu suas narinas, e ela escutou vagos sussurros no ar.

"David? David, me responda!", exclamou ela.

Súbito uma gargalhada estridente e grave ribombou no quarto.

Judy arquejou e deu um passo para trás. Uma terrível sensação de ruína a dominou — do tipo que surge ao percebermos que algo medonho aconteceu. Mas ela precisava agir para tentar salvar o filho. Respirou fundo para dar os passos fatídicos. Enfim chegou à porta no final do corredor.

Com firmeza empurrou a porta do quarto, cruzou a soleira e olhou para o filho.

Seus joelhos fraquejaram. O que Judy Glatzel viu ficou gravado em suas retinas.

O ser ali sentado mal se parecia com David. As feições de seu rosto tinham se *transfigurado*. Cabeça toda inflada. Maçãs do rosto mais altas. O nariz delgado tinha ficado largo e achatado, com as narinas apontando para cima, como as de um porco. Dos lábios intumescidos espumava uma baba que escorria pelo queixo. Da boca entreaberta numa careta de ódio saltava a língua, que pendia para fora. Os músculos se contraíam deixando os olhos semicerrados e estreitos. A escuridão tomou conta dos matizes de cada íris. A cabeça balançava para a frente e para trás. Sentado no meio da cama, David parecia estar com os braços fraturados ou paralisados.

Judy não emitiu uma só palavra. Apenas admirou incrédula a cena medonha e abominável. Sublimou as lágrimas e o medo.

"Quem é você?", perguntou enfim com máximo desdém.

Uma gargalhada grosseira foi a única resposta.

"David?", chamou ela em desespero. "É... é *você*, David?"

Sentada, a criatura fitou Judy com olhos vidrados e sem piscar. A cena revirou o estômago dela.

Do corpo de David veio uma voz rouquenha, mas sem que os lábios do menino se movessem.

"*David não está aqui!*"

"Como?", gritou ela em pânico.

"*David se entregou... A alma dele... é minha!*", proclamou a voz pausada e grave.

Com um berro histérico, Judy saiu do quarto. Caiu de joelhos no corredor e derramou as lágrimas profundas da ruína.

Alan ouviu os gritos da mãe e entrou correndo pela porta dos fundos. Ele se deparou com ela aos prantos no chão do corredor.

Judy ergueu o olhar com o rosto manchado de lágrimas. "É o David... dá uma olhada nele! Olhe meu filhinho... meu lindo filhinho..."

Alan pensou que o garoto tivesse morrido. Entrou no quarto e logo emergiu pálido como cera.

"O problema sou eu, Alan?", sugeriu Judy, esperançosa. "Me diga que sou eu, Alan. Me diga que isso não está acontecendo! Me diga! Me diga que estou vendo coisas!"

Sufocando as próprias lágrimas, Alan respondeu: "Não posso, mãe. É a pura verdade. Eu também vi".

Do quarto se ouviu um novo gemido bestial que deixou os dois arrepiados.

Alan ajudou a mãe a se erguer e a conduziu de volta à cozinha. Com calafrios de pavor, nenhum dos dois sabia o que fazer. Após um longo silêncio, enfim, Alan se dirigiu ao telefone. A intenção dele era avisar o pai e um dos padres. Mas então avistou o número dos Warren junto ao telefone. Os dedos trêmulos do menino discaram.

"Sr. Warren, aqui é o Alan Glatzel", gaguejou, estabanado. E deu um branco nele: "Hã... é melhor o senhor falar com a minha mãe".

Judy engoliu em seco e pigarreou antes de pegar o telefone.

"Lembra-se daquela noite em que o senhor falou que David não estava possuído? E no dia que estivesse, teríamos certeza? Bem, agora ele está! Aquele demônio o possuiu. Na verdade, falou que David nem está mais aqui! Tem uma aparência medonha. Ele... Ai, meu Deus! Saiu do quarto e vem em nossa direção!... Venha rápido!"

Num piscar de olhos, a criança possuída estava diante da mãe. Agarrou o telefone da mão dela e o arremessou ao chão.

"*Sua putinha imunda!*" Pela boca de David falou a voz masculina adulta. "*Sabe o que você merece, né? Não é, sua vaca? Merece morrer!*"

Nesse exato instante, as mãos dele agarraram o pescoço de Judy e começaram a apertar. Horrorizado, Alan ficou imóvel até perceber que o ente possessor em David estava tentando matar a mãe deles. Ao intervir e cessar o estrangulamento, atraiu para si a fúria vingativa.

O ente demoníaco saiu no encalço de Alan com violenta determinação. Encurralou o rapaz no canto da sala, balançando os punhos e escarrando profusamente no rosto do menino. O corpo de David emitia também grunhidos e ruídos estridentes. Judy agarrou por trás os braços agitados de David e contive o ataque. Mas, rosnando como um cão, o troço selvagem em David se virou e desferiu uma mordida no pulso de Judy, para se livrar dela.

Usando cadeiras como obstáculos, Alan e Judy conseguiram ficar de um lado da mesa da cozinha, com o demoníaco do outro.

De língua para fora, arfando como um bicho, o ente maligno os fitou com raiva cruel e disse:

"*Odeio vocês.*"

"*Odiamos vocês*", disse outro.

"Tem dois deles!", gritou Alan.

"*Rá! Você não faz ideia, pançudo*", respondeu aquilo ameaçadoramente.

"Quem é você? O que é você?", indagou Alan para aquela imagem pervertida de seu irmão.

Mas o ente maligno em David não deu bola para Alan. Só queria mesmo era pôr as mãos nele e em sua mãe.

"Cadê meu irmãozinho?", questionou Alan.

"*Agora ele é nosso*", rebateu a criatura.

"Cadê? Cadê ele?", insistiu Alan.

"*No inferno!*", bradou o troço.

A cozinha virou um campo de batalha. Cadeiras derrubadas, a mesa empurrada de través no centro do recinto. Com um detalhe: a posição da mesa permitiu a Judy estender a mão e pegar o frasco d'água benta que ela guardava no balcão.

"Acho que você não curte muito isto, né?", perguntou Judy, resfolegante, torcendo para estar fazendo a coisa certa.

"*Não se atreva!*", disse ele, recuando.

"Me atrevo, sim", desafiou Judy. "Cadê o David? Devolva o meu filho!"

"*Jamais!*"

Judy derramou água benta na própria mão em concha e jogou no corpo possesso de seu filho.

A ação causou gritos selvagens e lamentos de dor. Em todas as partes em que a água tocou a pele, surgiram bolhas e manchas vermelhas.

"*Está ardendo muito... está queimando*", gritou uma voz feminina por meio da criança.

Num piscar de olhos, o troço retrocedeu no corredor e se refugiou no quarto de David.

Soterrados pela aflição, Alan e Judy nem falar conseguiam. No chão, o receptor do telefone, fora do gancho, zumbia inutilmente. Alan pôs o fone no gancho.

Súbito uma voz gritou:

"Manhê! Mãezinha, não estou me sentindo bem." Era David!

Seguindo o impulso, Judy disparou pelo corredor para ajudar o filho, ignorando o aviso de Alan:

"Não é o David! A voz não é a dele!"

Foi só ela chegar à porta, o ente enlouquecido a agarrou pelos seios e a puxou quarto adentro. Em seguida, começou a tentar estrangulá-la outra vez.

"*Sua putinha loira maldita*", rugiu a voz masculina adulta. "*Vai ver o que é bom. Vou arrancar seu rosto. Vou quebrar seu pescoço de merda. Vou matar você e matar de novo se for preciso!*"

Alan acorreu para salvar a mãe, mas ao se aproximar do elemento possessor, foi ao chão. Tinha levado um soco certeiro na mandíbula. No mesmo instante, porém, Judy se desvencilhou e, espavorida, enveredou pelo corredor rumo à cozinha, seguida de perto por Alan. Não foram perseguidos. Risos ecoaram no ambiente, realçando o horror.

Incapazes de tolerar um novo embate físico, Judy e Alan fugiram pela porta dos fundos em busca da luz solar.

"Por quê?! Por quê?! Por quê?!", gritou Judy. Mas Alan não soube responder. Apenas tentou consolar, esticando o braço em volta do ombro da mãe que chorava.

De repente um veículo preto acelerou pela rampa da garagem dos Glatzel. Ed e Lorraine Warren pularam correndo rumo a Judy e Alan.

"Cadê ele?", perguntou Ed, de imediato.

"Em casa", respondeu Judy. "Melhor não entrarem lá sozinhos. Ele é perigoso."

Aviso desnecessário. Os Warren já tinham enfrentado outras possessões. Sempre igual: sórdida, tétrica e extremamente perigosa. Sem mais palavras, os Warren entraram na casa.

"Cadê ele, Lorraine?", questionou Ed, confiando na clarividência da esposa.

"Na sala de estar", respondeu ela na mesma hora. "Vai ser barra pesada, Ed", acrescentou.

Os Warren passaram pela cozinha e chegaram à porta da sala. Sentado na cadeira de balanço que o besta-fera alegava ser dele, cabisbaixo, queixo grudado no peito, estava o menino endemoninhado. Entretanto, o hórrido espetáculo de seu arrebatamento só ficou prontamente visível quando Ed chamou David pelo nome. O demônio no corpo da criança bem devagar ergueu o olhar para os Warren, e a tragédia se cristalizou. Com as feições totalmente transfiguradas, não era mais David. O ser que os encarava pertencia a uma categoria diferente.

"Ai, meu Deus", murmurou Lorraine, dando um passo para trás e virando o rosto.

O pior tinha acontecido. Não havia nada que os Warren pudessem fazer além de observar e confirmar a ocorrência da possessão.

"Pode falar comigo, David?", quis saber Ed.

O troço encarou Ed, emanando um ódio intenso.

"Quero falar com David", insistiu Ed.

"*Saia da minha casa!*", gritou enfim o ente possessor.

"Me deixe falar com David", pressionou Ed.

"*Não!*"

"Quem é você?"

"*Eu que fiz aquela visitinha a vocês. E joguei as fotos no chão.*"

Referência significativa, porque Ed tinha encontrado as fotos e os documentos do caso Glatzel espalhados no escritório, no início da semana. O troço evidentemente o visitou em forma de espírito.

"Está sozinho?", indagou Ed.

A resposta enigmática veio após uma pausa:

"*Somos muitos.*"

"Quantos? Quantos de vocês existem nessa criança?"

"*Quarenta e três.*"

"Quem é o chefe?"

"*Sou eu!*" A pergunta obviamente o ofendeu.

"Como vou saber que você não é o David?", desafiou Ed.

Tinha uma bola de tênis jogada no chão. O ente em David apontou para a bola. Na mesma hora, a bola de tênis alçou voo até ricochetear na parede oposta.

"Você roubou o corpo desta criança", acusou Lorraine. "O corpo dele não pertence a você. David tem o direito de..."

"*Cala essa boca imunda, sua meretriz arrogante!*"

"Acha que vai possuir este garotinho e se safar? Não vamos permitir isso", disse Ed.

"*Quem é que vai me impedir?*", responde, de forma petulante.

"Os padres vão expulsar você."

"*Padre nenhum vai me expulsar!*"

"Verdade", disse Ed. "Mas a força de Deus é maior do que você *e do que* eu. E pela força de Deus, pela força de Cristo, você será enviado de volta ao lugar de onde veio!"

A declaração de Ed Warren não surtiu efeito além de enfurecer o ente possessor. Súbito ele expeliu uma profusão de blasfêmias inimagináveis contra Deus, Jesus e Maria. E a cada xingamento vulgar, o ente diabólico galgava a um estado de veemência ainda mais alto e mais irracional.

De uma hora para outra, a descarga verbal cessou. No lugar da torrente de injúrias, um engasgar grosseiro. Os olhos do garoto rolaram para trás e o corpo estremeceu todo. Diante dos Warren, as feições do garoto voltaram ao normal.

"O que vocês estão fazendo aqui?", indagou David aos Warren um minuto depois.

"Não sabe, David?"

"Não sei. Acabei de acordar."

17
MÃOS ATADAS

Aquele aviso proferido em 2 de julho de 1980, "Cuidado!", tinha sido só o começo de um processo. Com rapidez, a situação evoluiu. O fluxo das etapas clássicas — intrusão, infestação e opressão (interna e externa) — resultou em atividades cada vez mais abomináveis que culminaram na possessão diabólica de David Glatzel.

O suplício de David era algo raro, mas não exclusivo. Ao longo dos séculos foram registrados casos notáveis de possessão. De fato, cada década tem seu grande caso de endemoniamento, em algum lugar do mundo. O fenômeno da possessão diabólica sempre se caracteriza por intensa blasfêmia religiosa, ódio violento aos seres humanos e terríveis demonstrações de poder antinatural.

A rotina da família Glatzel se tornou um verdadeiro inferno. De 6 de agosto em diante, David foi sendo diária e impunemente possuído por um ou mais daqueles espíritos, vulgares e blasfemadores. O ultraje físico-mental foi tão longe quanto poderia ir. Um dos entes possessores do menino chamava Judy seguidamente de "sexy", dirigindo comentários lascivos a ela e a Debbie. Chegou ao ponto em que as duas receavam se tornar vítimas de algum tipo de ataque terrível, perverso e repentino.

Ao possuir David, o besta-fera dava justificativas esfarrapadas, alegando ter todo o direito sobre sua alma e seu corpo. Tecia comentários asquerosos sobre Jesus e Maria e lançava torrentes de palavrões contra eles. Afirmava que nada poderia afastá-lo. Os padres que tentassem, mas nunca conseguiriam desalojá-lo. E, no fim das contas, *ele* afastaria até os padres.

A família Glatzel odiava o troço monstruoso e era odiada por ele. Porém, encarnado no corpo de David, não podiam atingi-lo; como espírito, não podiam matá-lo; com a força que exibia, sempre se machucavam ao combatê-lo. Comandava as ações, como o terrorista que subjuga o refém. O melhor que a família tinha a fazer era não o enfurecer, para que não os ferisse nem matasse David.

"Quando a possessão se enraizou", ponderou Lorraine Warren, "a casa dos Glatzel virou um palco de constante pandemônio. Os oito moradores foram afetados pelo evento, cada qual à sua maneira. O *modus vivendi* se tornou a tristeza, a depressão e as lágrimas. Mas nem todos os problemas eram causados por David. Desde o começo, essas forças negativas também dominaram o jovem Carl. Quando possuía David, o troço sempre cometia alguma agressão física contra alguém. E o jovem Carl sempre estava no olho do furacão, no meio da briga, pondo lenha na fogueira, entre risos histéricos. Inclusive participava das surras. Cenas medonhas, inconcebíveis. As duas mulheres eram espancadas. David tinha hematomas pelo corpo. Alan e Jason também. E Arne não só foi agredido — o troço em David queria realmente dar um fim nele!

"Ainda bem que Arne estava lá. Atuava como pacificador. Além do sr. Glatzel, que ficava a maior parte do tempo no trabalho, Arne era a única pessoa com força física suficiente para oferecer uma resistência útil. E ele nunca teve medo do demônio... Ele o enxergava como realmente era. Pergunte aos Glatzel. Não fosse sua presença na casa, com certeza alguém teria sido morto. Espírito da morte, o demônio vinha tentando subtrair a vida de um membro da família, mas via suas tentativas frustradas pelas intervenções de Arne Cheyenne Johnson. Não surpreende que tenha se lançado numa vingança contra ele!"

Nessa época, a maior decepção da família Glatzel era a falta de apoio oficial das autoridades eclesiásticas.

"No início de agosto, o caso foi repassado à Diocese de Bridgeport, e a responsabilidade recaiu sobre o bispo e seus conselheiros. Mas o que esse pessoal fez pelos Glatzel? Nada, absolutamente nada!", afirmou Ed Warren. Deixaram a família desamparada.

"Os clérigos da cúria diocesana na prática souberam sobre o caso Brookfield uma semana após seu início, em julho. Na época, vislumbrando os problemas possíveis, sugeri que David fosse internado em um hospital católico onde pudessem ser tomadas medidas para 'tratar' o problema", declarou Ed Warren. "Mas essa ideia foi rechaçada.

Em seguida achei por bem trazer um exorcista do Centro-Oeste para ajudar a família. Mas seria alguém de fora da diocese, o que também foi vetado. No fim das contas, todos ficaram de braços cruzados *até que* a tampa estourou e a criança foi possuída.

"A carga inteira, portanto, recaiu sobre os três padres recém-ordenados em Brookfield. O trio presenciou o que estava ocorrendo na casa e ficou profundamente transtornado. Os fatos testemunhados pelo Padre Sheehan na casa dos Glatzel mudaram todas as suas percepções de vida. Seus colegas, os outros dois padres, também foram afetados e mostraram desencanto pela maneira com que seus superiores abordaram a questão. Com a decepção no olhar, cada um dos três suportou o esmagador tormento. Dia após dia, Judy ligava para a casa paroquial, implorando e clamando por ajuda. Na mesma hora, os padres largavam tudo e corriam para a casa dos Glatze, para confrontar o ente maligno. Sabiam que o caso precisava de um exorcismo substancial — mas estavam de mãos atadas. Afinal, nenhum dos três era exorcista. Mesmo que fossem, nesse caso o *Rituale Romanum* era necessário, mas só podia ser efetuado com a permissão expressa do bispo da diocese. E o bispo sequer atendia meus telefonemas.

"Por fim, a situação se tornou tão periclitante, e a pressão tão forte que, em 8 ou 9 de agosto, os padres Sheehan e Rossi pediram uma audiência com o Bispo Curtis. Na ocasião, solicitaram que os procedimentos de exorcismo para David Glatzel fossem avaliados e liberados, o mais rápido possível. Dias depois, veio a resposta. Felizmente, uma resposta favorável. A tríade de padres deveria juntar a documentação e aconselhar a família sobre os preparativos para conduzir um exorcismo de grande monta. O tom insensível da normativa deixava claro: enquanto a família lutava por sua vida contra um demônio, a igreja fazia política. Seja lá como for, ao menos significava um passo à frente. Em 11 de agosto, entreguei ao Padre Sheehan gravações em fita e fotografias do garoto sofrendo opressão e possessão, além de uma carta de apoio para testemunhar que fenômenos sobrenaturais estavam ocorrendo na casa dos Glatzel. O dr. Giangrasso também anexou um laudo avaliando a condição física de David. O Padre Sheehan então encaminhou todo esse material para ser analisado pelos clérigos da cúria diocesana".

Um passo importante, mas os Glatzel conviviam diariamente com o martírio. Sementes de uma profunda tragédia germinavam em solo fértil. Deixados à própria sorte, enfrentavam um problema gravíssimo, sobre o qual não sabiam quase nada. Mesmo agindo com as melhores intenções, equívocos eram cometidos. Mais cedo ou mais tarde, a conta seria cobrada.

Com perseverança, Arne Cheyenne Johnson resistia ao ente maligno que possuía e perseguia David. Para Arne, o demônio não passava de um valentão, um covarde, e verbalizou isso. Sempre defendia David das violentas ações do besta-fera. Arne tratava o ente maligno com tolerância zero. Ele desafiou o intruso e ordenou que o diabo fosse embora. Com a energia de um exorcista, ordenou que o diabo fosse embora. E o erro dele foi esse."

Dia 12 de agosto. A noite cai, e David é punido com chibatadas. Motivo: colocou no pescoço um novo escapulário. O terceiro em um curto intervalo. Por um tempo, David usou um rosário em volta do pescoço para proteção, mas acordou pela manhã com as contas amarradas, pressionando sua garganta.

Nessa noite, David arrancou o escapulário do pescoço, gritando: "*Meu pai não quer em mim essas medalhinhas de merda! Não repita isso! Devo obediência a meu pai! Não a vocês! Seus porcos! Suas imundícies! Vão queimar no inferno pelo que fazem!*".

Outra vez David entrou em possessão.

"*Sua vagabunda vadia vaca-loura meretriz marafona messalina... Sua piranha... Piranha fedida... Sua...*"

"Chega, David!", ordenou Carl, o patriarca.

Mas não era seu filho que estava ali. O furor se transformou num rompante de maledicências chulas. Com olhos incandescentes, o ente maligno em David logo começou a atropelar a fala até se tornar ininteligível. Vociferante e louco de ódio, o demônio foi se aproximando de Judy na intenção de agredi-la e espancá-la. Com um passo à frente, Carl bloqueou a passagem.

"Basta!", gritou ele com uma bofetada naquele rosto em frenesi.

Súbito, a fúria perversa do monstro — não era mais David — se fixou em Carl. Esbravejando injúrias, ergueu os punhos para esmurrá-lo, mas foi agarrado pelos pulsos. Mas aquilo não era uma criança de bracinhos flácidos e na mesma hora se desvencilhou. Os dois se engalfinharam, e Carl se viu lutando contra um ser de força igual à sua.

"Saia do meu filho! Vá embora!", berrou Judy.

"*Nunca!*", rugiu o demônio, adquirindo mais força ainda enquanto lutava.

Carl fez o corpo de David rodopiar e o envolveu num poderoso abraço de urso. Guinchos e engasgos saíram do corpo de David. Cego de raiva, Carl apertava com uma força igual à sua raiva.

"Carl! Chega! Vai matá-lo! Vai quebrar as costelas dele!", gritou Judy em frenesi. Carl afrouxou o aperto. Inerte caiu o corpo de David. Carl o arrastou até uma poltrona e o acordou com um tapa na cara.

"Mãe, pode me trazer um copo d'água gelada?", perguntou David, como se nada tivesse acontecido.

Aliviada com o fim da luta, Judy trouxe um copo d'água gelada para o filho.

"Obrigadinho", falou David. Ao receber o copo na mão, traiçoeiramente jogou a água no rosto da própria mãe. Uma gargalhada estridente brotou do corpo infantil e dominou o recinto.

A noite era uma criança.

Judy telefonou para os Warren e disse que o ente possessor estava controlando David e não queria ir embora. Responderam que logo estariam ali e pediram para Judy telefonar para a casa paroquial imediatamente.

Judy ligou à casa paroquial da Igreja de St. Joseph e foi informada que estavam empreendendo esforços para obter um exorcismo para David. Antes de tudo, o menino precisaria passar por uma avaliação psiquiátrica. Uma consulta foi marcada para o dia seguinte com um especialista no sul do Condado de Fairfield.

Voltando à sala, Judy se deparou com David sentado, com as costas eretas, encarando Carl. O olhar fixo se desviou para a recém-chegada. "Não quero os Warren aqui! Fazem meu estômago revirar! Entendeu, loira?" A afirmação deixou todos de queixo caído. Judy tinha feito o telefonema da outra ala da casa, a portas fechadas. "E vamos consultar o médico, né? O dr. Zeca Gado. Um cagalhão. Não vai acreditar em vocês. Vocês vão ver! Vão passar vergonha!"

"É você que vai passar vergonha", retrucou Judy.

"Vou pagar pra ver!"

"Claro! Não tem coragem de aparecer para alguém que conta. Saia do meu filho. Vá! Retorne ao lugar de onde você veio: o inferno!"

Isso continuou indefinidamente. Uma batalha incessante e horrorosa, sem alívio para ela.

Em geral, sempre que os Warren ou os padres eram chamados, David sofria ataques antes mesmo de eles chegarem — e as agressões prosseguiam após eles irem embora. Nessa noite não foi diferente. Dessa vez a tortura se concretizou com porretadas. Sacudido pelos golpes, o corpo de David rolou no chão. A situação saiu de controle.

Arne Cheyenne Johnson não conseguiu tolerar a injustiça. Compadecido, solidarizou-se com o menino. Do fundo do coração, dedicou-se a resistir ao ente do mal e a defender David dos ataques. Literalmente Arne se tornou o adversário do diabo.

Ao ver David de costas no chão, Arne se postou em pé, à frente dele: "Deixe o corpo desta criança! É uma *ordem*! Agora!".

"*Vai transar.*"

"Deixe o corpo desse menino! É uma ordem!"

"*Você... manda... em merda nenhuma!*", respondeu ele com um risinho de escárnio.

"Eu mando em você! Jesus manda em você! Deus manda em você! Todos nós estamos mandando você sair!"

"*Bosta é você! Bosta é Jesus! Bosta é Deus! Bostas são todos vocês! Farinha do mesmo saco! Bosta e mais bosta! Quem manda na bosta sou eu!*", respondeu o demônio em sua lógica própria e distorcida. E soltou uma rouca gargalhada.

"Você é temente a Jesus. Não passa de um besta-fera! Animalesco! Sempre vou trabalhar contra você. Seu único poder é o de machucar garotinhos."

"*Cale a boca! Cale a boca! Cale a boca!*", estrondeou furioso.

"Qual é o problema? Está se irritando comigo?", aguilhoou Arne para manter a pressão. "Que papelão! Um verme que pega no pé das criancinhas. Experimenta fazer isso comigo? Que tal? Pegue no meu pé! Tem medo de levar uma rasteira?"

"*Vou te matar!*"

"Matar porcaria nenhuma. Não vou deixar você matar ninguém."

"*Quem é você para me dar ordens? Nunca chegará nem aos pés do que já sou! Vou te arruinar! Vou te aniquilar!*"

Em meio a esse acirrado confronto, os Warren chegaram. O demônio encarnado em David enlouqueceu.

"*Vão embora daqui! Saiam! Ponham seus rabos de merda para fora daqui! Não têm o direito de estar aqui! Quem manda neste inferno sou eu! E leve junto aquela rameira desfrutável! Estou farto de vocês dois! Saiam! Saiam!*"

Preparados, os Warren reagiram. Sem dizer uma palavra, Ed acertou um jato de água benta no rosto do demônio, que se afastou entre gritos e uivos. Como bem explicou Ed Warren: "Com um troço assim não se brinca, e ponto final. Brincar não dá em nada. O jeito é não deixar falar. Não deixar pensar nem agir. O ente possessor não tem direito de possuir ninguém. Você lança mão dos poderes que dispõe para torná-lo o mais infeliz possível e expulsá-lo".

Após um tempo entre gemidos e choramingos, David caiu de bruços no sofá e adormeceu. Uma hora depois, notaram que os braços dele "flutuavam" no ar. Em seguida as pernas também se elevaram. O corpo se curvou em forma de "U", com a barriga e torso no sofá, e membros erguidos. Súbito, as pernas começaram a girar, uma no sentido horário e a outra no sentido anti-horário. Essa atividade se estendeu por dez minutos.

Meia-noite passada, o caos recomeçou. O braço esquerdo de David se ergueu no ar. Daí começou a levar chutes na cabeça e acordou. Os pontapés se repetiam de poucos em poucos segundos.

"Parem com isso! Parem agora mesmo!", ordenou Arne às forças invisíveis na sala. Os golpes na cabeça cessaram. Porém, outro ente bestial começou a se manifestar através do menino. Usava uma linguagem sem sentido que mais parecia inglês falado de trás para a frente — característica não rara em casos de possessão.

"Quem é você?", perguntou Debbie com os olhos cravados no olhar insano do irmãozinho dela.

A resposta veio, mas não em forma de palavras. Na perna direita de David surgiu uma chaga vermelha. Logo a mácula foi adquirindo detalhes até que a resposta ficou chocantemente estampada na coxa do garoto: as feições perturbadoras de um demônio! Dez minutos depois, a ferida sumiu.

Mas a noite estava longe de acabar. Às três da manhã o caos se renovou. A família já receava a chegada desse horário, conhecido como "meio-dia satânico". Ao entrar na sala, Arne tropeçou num obstáculo invisível e se estatelou no chão. O estrondo acordou David. Segundos depois, uma almofada do sofá se afundou, como se alguém tivesse se sentado. Agora falando lucidamente em sua própria voz, David informou que o besta-fera tinha acabado de se sentar.

A reação de David foi levantar do sofá e ir à cozinha, mas recuou no meio do caminho. Contou que o assecla da lâmina cravada no coração estava na soleira da porta, e os outros entes malignos também estavam na sala. Logo David foi empurrado e caiu de costas.

Debbie narrou os fatos em seu diário:

> *Estirado no piso da sala, o corpo de David começou a se remexer todo. As pernas subiam e desciam. Eu me agarrei às pernas de David e fui arrastada junto quando elas subiam e desciam.*

Com toda minha força não consegui parar aquele vaivém. Daí o Alan veio me ajudar, e o movimento arrastou nós dois. Juntos pesávamos 134 kg. Mesmo assim, as pernas de David continuaram naquele sobe-desce. Em seguida, esse vulto pisoteou as costas de David. Mamãe então pegou o frasco e jogou água benta nele. A ideia funcionou, mas só à custa de muito esforço.

Os horrendos eventos noturnos só cessaram quando a aurora substituiu a escuridão. Ao meio-dia, a vizinha, Kate Merlino, ligou, nada contente. O cachorro dela, Punky, tinha sido achado no acostamento da estrada que passa na frente da casa. Com o dorso todo esmagado, o bichinho nunca mais conseguiria se locomover, avaliou o veterinário, e talvez morresse. Pedra cantada poucos dias antes.

"O besta-fera disse que foi ele", afirmou David quando Judy repôs o fone no gancho. "O besta-fera ficou rindo o tempo todo em que vocês falavam. Me disse que pegou Punky e o jogou embaixo das rodas de um carro que passava. Fez isso para castigar a sra. Merlino por ter nos ajudado."

Um novo dia raiou. Mas não terminaria melhor. Naquela tarde, Judy levou David ao psiquiatra. Pena que a longa jornada foi inútil, como Judy relatou:

"Passamos por coisas tão terríveis com David, e eu tinha esperanças de obter auxílio desse doutor. Se do ponto de vista médico ele conseguisse nos explicar o que havia de errado com David, ótimo. *Acabar* o problema era tudo o que eu queria. Não desejo esse tormento a ninguém!

"Chegamos ao consultório. Por toda parte havia avisos de PROIBIDO FUMAR, mas o médico tinha cachimbos espalhados por todos os lugares que a gente olhava. Depois não se lembrou do nome de David e se embananou todo à procura de um pedaço de papel onde tinha escrito o nome do meu filho. Ridículo!

"O tempo todo que ficamos ali, David se comportou. Agiu como ele mesmo, e quando isso acontece, não existe garoto melhor. O doutor fez várias perguntas a David. Qual era sua atividade predileta? Qual era sua cor favorita? Gostava do pai dele? Então direcionou a conversa aos incidentes. Induziu David a falar sobre o besta-fera; em especial, sobre todas as coisas que estavam sendo infligidas a ele. O médico respondia:

'Ah, é mesmo?', nesse estilo afetado. Pelo que pude notar, ele pensava que David estava sendo espancado pela própria família. Essa seria a causa dos hematomas no corpo dele.

"Depois pediu para David desenhar o besta-fera, mas ele não desenhou direito. Por fim, começou a mostrar a David folhas com manchas de tinta, perguntando: 'Isto se parece com o diabo? E isto? Que tal este?" E o menino respondia que se pareciam com borboletas, ou um paraquedas, ou o traseiro de um pato. No final das contas, ele concluiu que David estava bem. Não tinha nada de errado com ele. Tudo o que o garoto enfrentou não tinha ocorrido. Não existiam vergões na pele. Em vez disso, *a família toda* deveria voltar ao longo da semana e dar início à terapia familiar. E apresentou a conta: setenta dólares. E eu havia trazido uma nota de vinte, caso a consulta fosse cara! Fizemos papel de bobo, exatamente como o invasor falou que aconteceria. Foi descoroçoador."

"Aquele psiquiatra deveria estar com a gente no carro a caminho de casa", acrescentou Alan. "David nos revelou que o besta-fera estava no banco de trás e que todos os asseclas estavam em cima do teto. Perto da casa dos Warren tem uma funerária. Pois não é que o velocímetro disparou bem quando passamos lá na frente? E os asseclas ergueram o eixo traseiro de nosso veículo. A mãe fez de tudo para manter o carro na estrada... e nós quase caindo para a frente no banco, pois só os pneus dianteiros tocavam no asfalto! Cara, todo mundo ficou nos olhando! Na hora que chegamos ao pedágio, bem na hora que a mãe estendeu o braço para entregar o dinheiro, os asseclas ergueram o carro inteiro e nos baixaram um metro e meio à frente! O moço disse que podíamos seguir adiante."

O dia seguinte, 13 de agosto de 1980, era uma data especial para a família Glatzel. Mas o tormento não cessou. Um lindo bolo acabou destruído em meio a sons de vidro estilhaçados e tábuas rangendo. E David foi submetido a uma dose dupla de abusos físicos.

Por meia hora, os entes malignos fizeram seu corpo ricochetear no chão. Muitas vezes, o corpo dele se remexia tão rápido que era impossível acompanhar os movimentos. David clamou por ajuda, num apelo angustiado. Mas ninguém foi capaz de interromper aquilo.

"Por quê? Meu Deus, por que justo hoje à noite?", gritou Judy agoniada.

Como presente de aniversário, David teve seu bolo destruído. Foi assim que festejou seus 12 anos.

18
A MISSA

“Sr. Johnson? O padre vai recebê-lo agora. Acompanhe-me, por favor.”

Um ar fresco circulava no silêncio da casa de retiro em Stamford. Arne Cheyenne Johnson seguiu a freira de hábito branco pelo corredor e entrou num escritório forrado de livros.

“Padre Virgulak, este é o sr. Johnson”, disse ela, antes de sair e fechar a porta atrás de si.

O padre, homem de seus quase 40 anos, cumprimentou o recém-chegado com um aperto de mão e um sorriso contido, oferecendo a Arne uma cadeira. O rapaz só sabia uma coisa sobre Virgulak: o padre exalava um ar de competência.

Ao longo daquela semana, os dados referentes à possessão de David Glatzel, submetidos à cúria diocesana pelos padres de Brookfield, tinham sido analisados. A responsabilidade do caso foi delegada ao Padre Francis Virgulak, que atuava simultaneamente como conselheiro teológico do bispo e teólogo da diocese. Em paralelo a suas funções clericais na diocese, Virgulak coordenava o programa de renovação carismática — ramo esotérico da teologia preocupado com a orientação espiritual e problemas de importância mística.

A ideia original era reunir Judy, David e Arne com o Padre Virgulak, na esperança de encaminhar naquele mesmo dia — talvez por meio da técnica de imposição de mãos — uma resolução para o caso. Porém, fazer David entrar num templo religioso estava fora de questão. Arne se desculpou pela ausência do menino. O padre compreendeu o problema.

Ao mesmo tempo, também queria falar com Arne — o único a desafiar o espírito satânico no garoto. Os Warren também o recomendaram como o melhor porta-voz do caso.

No percurso de carro a partir de Brookfield, Debbie não escondia o pessimismo. Não tinha dúvidas: ninguém acreditaria no que o irmão dela estava passando.

Mas Arne descobriu que esses receios não se confirmaram. Bem versado nos meandros da demonologia, o Padre Virgulak conversou com Arne por duas horas. A maior preocupação do padre parecia ser a aparência e o padrão de voz de David sob possessão. Quis saber também qual tipo de coisa o ente maligno dizia.

Após um minucioso interrogatório, o padre enfim garantiu a Arne que a igreja dispunha de procedimentos, já testados ao longo dos tempos, para lidar com a possessão demoníaca. Não havia nada de novo naquilo que eles estavam experimentando.

Quando o colóquio encerrou, o Padre Virgulak abençoou Arne e forneceu alguns itens de defesa. Um crucifixo de prata para que ele usasse no pescoço, sais sagrados para aplicar em David e uma estátua da Virgem Maria para colocar em casa.

"Uma coisa me pareceu estranha", lembrou Arne mais tarde. "Durante a bênção, inclinei a cabeça e fechei os olhos. Mas pude *sentir* os movimentos da mão do Padre Virgulak acima da minha cabeça, embora ele nem tivesse encostado em mim."

Antes de Arne ir embora, o padre o incentivou a permanecer vigilante. Prometeu que tomaria medidas concretas nos próximos dias para acabar com o problema e libertar David da possessão.

No trajeto de volta a Brookfield, Arne contou a Debbie os detalhes da sabatina. Pela primeira vez desde o início do caso, sentiram uma lufada de esperança e coragem. Na realidade, esse dia foi duplamente bom para Arne e Debbie. Após um tempo só fazendo trabalhos avulsos, naquela manhã, enfim, Arne foi contratado em tempo integral como técnico arborista em Bethel, a dezesseis quilômetros de Brookfield. Foi na sexta-feira, 15 de agosto de 1980.

No jantar, o jovem casal transmitiu seu otimismo à família, mas a alegria não durou muito. O demônio intensificou sua possessão de David e, ainda mais significativo, começou a atormentar o Padre Virgulak.

Ao longo do fim de semana, David esteve sob constante possessão, o corpo usado alternadamente como alvo de tortura física ou como veículo para o demônio agir e se manifestar, alcançando novos níveis de vulgaridade.

David não foi informado de que o Padre Virgulak tinha dado a Arne uma cruz de prata para usar como dispositivo de proteção. Mas sob possessão ele tinha ciência disso tudo.

"*Não quero você usando nenhuma cruz maldita de nenhum padre maldito, Johnson!*", disse a voz masculina, brotando grossa dos lábios de David. Reforçando suas palavras, o demônio lançou um olhar penetrante ao peito de Arne. A cruz de prata se desprendeu da corrente e, sob os olhares de todos, zuniu pela sala e acertou Debbie na testa.

Fenômenos semelhantes se repetiram. Sob possessão, David simplesmente olhava um objeto e o fazia se precipitar pela sala. Caneta, isqueiro, caminhão de brinquedo — tudo se transformava em arma letal na proximidade da criança endemoninhada.

"Ele lançava o olhar ou apontava algo e de repente o objeto estava em pleno ar voando direto na sua direção", contou Debbie. "Todo mundo foi atingido várias vezes e tivemos que juntar os pequenos objetos e guardá-los em gavetas, para evitar que voassem nas nossas cabeças, com potencial de furar um olho. E, claro, toda vez que éramos atingidos, o besta-fera caía na risada."

A novidade dos sais sagrados não surtiu efeito. Pelo contrário: em vez de sustar os ataques ao corpo de David, deixou o garoto — ou o que estava nele — louco de dor. Emitiu um lamento bizarro que a família não suportou. Por isso, os sais foram deixados de lado, para nunca mais serem usados.

A estátua da Virgem Maria se provou inútil.

"Com trinta centímetros de altura, toda branca, ela se erguia sobre uma base preta, com fundo de feltro", lembrou-se Judy. "Maria embalava nos braços o menino Jesus, e Arne a repousou na cornija da lareira para o benefício de todos nós. Pois bem. Encarnado em David, o besta-fera pegava aquela estátua e a transformava em objeto sexual. Tive de presenciar e ouvir uma cena hedionda e imoral desse ente satânico manipulando a estátua de modo sacrílego, enunciando o tempo inteiro, numa voz masculina grossa, obscenidades como 'Me come' e 'Me f...' e 'a Virgem Santíssima é uma prostituta f...'. A perversão asquerosa do besta-fera se expressava numa repugnante luxúria — entre outras coisas. Citava degenerações sexuais nunca ouvidas pela maioria dos adultos. Só falava em vício, pecado, luxúria, ódio a Deus e morte. Sempre me embrulhava o estômago."

Nos períodos fora da possessão, David falava lucidamente sobre as idas e vindas do besta-fera e de seus quarenta e poucos asseclas. Nesses bate-papos racionais, uma das primeiras perguntas que o menino ouvia era: cadê eles?

Em geral, David respondia: "O besta-fera está na casa de Mary; o ajudante caolho está no quarto; o número trinta e seis está no telhado; os dois asseclas principais estão na casa dos Warren; o carbonizado está no porão...".

Mas a resposta agora era outra. Interpelado sobre onde estavam os entes malignos, o menino sempre respondia: "O besta-fera e todos os asseclas estão com o Padre Virgulak na cúria diocesana".

Por que estavam lá? David respondia sempre: "Para evitar o exorcismo".

Por mais extremas que soassem as declarações de David, por mais ansiosos que os Glatzel estivessem para negar o conteúdo dessas afirmações, a família também sabia: tudo o que a criança dizia quase sempre era verdade. Assim, a ideia de essa coisa infernal impedir os planos do exorcismo — a última esperança deles — imergia a família num mar de dúvidas e desespero.

Judy explicou: "Entenda uma coisa. A gente nunca falou em exorcismo na frente de David, por medo de que ele fosse vítima de um ataque ainda pior. O besta-fera o abasteceu de *todas* as informações. Por exemplo, só Arne conheceu o Padre Virgulak, mas David descreveu a aparência do padre à perfeição, além de recriar em detalhes o interior do escritório do padre e de seus aposentos pessoais, sem nunca ter estado lá".

Com David adormecido ou acordado, a possessão e o tormento de seu corpo continuavam. Durante o sono, vozes toscas brotavam de sua boca. Falavam em matança, inferno e morte. Muitas vezes, Arne, Debbie, Judy e Alan faziam uma roda em torno de David deitado no meio, e rezavam em benefício dele, na vã tentativa de persuadir os entes possessores a ir embora.

Existe uma gravação de uma dessas vigílias desesperadas. Com a duração de meia hora, traz Arne puxando as orações e expõe a preocupação e o afeto por David. Afirmações de "Amamos você, David" e "Jesus os expulsa desta criança" são intercaladas com sons de arquejos, bofetadas e suspiros de dor vindos do menino adormecido.

Os Warren documentaram as horrendas manipulações do corpo de David, mesmo durante o sono. Ed explicou: "Lorraine e eu vimos o corpo de David inchar em proporções fatais por essas forças. A cabeça dele inchou até o tamanho de uma bola de basquete. O abdômen inchou até três vezes o tamanho normal, assim como braços e pernas e até mesmo os dedos. O inchaço era grave a ponto de o corpo do menino não ser mais capaz de se expandir, e a pele rachou devido ao inchaço. A impressão era de que David ia *explodir*".

Não surpreende, pois, que essas sessões tarde da noite, iniciadas como leituras de oração, tenham se tornado muitas vezes tentativas amadoras de exorcismo. Dominado pelo sofrimento incessante de David, Arne respondia não com espanto ou raiva, mas com *pena* do jovem amigo que padecia de tanto sofrimento.

Na noite de 16 de agosto, com lágrimas nos olhos, Arne se inclinou sobre David, encostou na testa do menino a cruz de prata recebida do Padre Virgulak e exclamou: "Em nome de Jesus Cristo, abandone o corpo de David! Desencarne e me pegue no lugar dele. Sou mais forte do que ele. Vou resistir a você. Deixe David e *entre em mim!*".

A cruz imprimiu na testa de David uma fugaz marca em baixo relevo, mas a afirmação de Arne perduraria. Por esse gesto espontâneo e cristão, Arne teve de pagar. Seria punido não naquele dia, nem naquele final de semana, mas exatamente seis meses depois, às 18h06. Ocasião em que a vida de Arne Cheyenne Johnson se tornaria morte em vida.

Domingo, 17 de agosto, o Padre Francis Virgulak chegou de Stamford para debater com os Warren sobre o que já era chamado de Caso de Possessão de Brookfield. Explicou que iria atuar como teólogo no caso, o que agradou ao casal. Desde 1972, conheciam e admiravam o Padre Francis (ou Padre Frank, como os Warren o chamavam afetuosamente). Nesse ano, o Padre Frank trabalhou em equipe com os Warren para exorcizar uma casa perto de Hartford, na ironicamente chamada de Beelzebub Avenue (Avenida Belzebu).

Reuniram-se na casa dos Warren a fim de elaborar uma estratégia de exorcismo. "Existiam duas linhas de pensamento", contou Ed Warren. "Na minha percepção, lidávamos com um caso categórico de possessão diabólica. Todas as etapas ocorreram na ordem certa, com evidências sólidas para validar os fenômenos em cada fase... E havia três padres para confirmar. Recebemos as provas de mão beijada. Para mim, levando em conta a crueldade e a violência que ocorria na casa, a melhor e mais rápida solução seria efetuar um exorcismo de grande monta e acabar logo com isso.

"Por outro lado, o Padre Virgulak queria seguir o caminho conservador e começar com exorcismos mais leves, para só então passar ao *Rituale Romanum*, caso fosse estritamente necessário. Em vez de expelir formalmente os entes possessores, a ideia dele era aplicar procedimentos carismáticos, nos quais se implanta o poder positivo de Deus para substituir ou desalojar o poder negativo do diabo. No lugar das trevas, a luz. Sugeriu que a melhor maneira de fazer isso seria rezar uma missa na casa dos Glatzel. O Padre Virgulak se ofereceu para atuar como principal celebrante da missa e parecia decidido a adotar essa abordagem, por isso concordamos em apoiá-lo. A missa ficou marcada para quarta-feira, 20 de agosto. Três dias foram necessários para os preparativos."

Após seis semanas de crise contínua, os Glatzel enfim estavam recebendo ajuda. A missa consistia numa solução bem mais desejável para eles, comparada ao hórrido pensamento do exorcismo. Assim, entre os dias 17 e 20 de agosto, a família depositou todas as suas esperanças na crença de que a missa solene resolveria o problema. Mas o demônio moderou o entusiasmo deles com avisos. Novamente declarou que não haveria exorcismo e que afugentaria os sacerdotes.

"Você é o pai das mentiras", acusou Arne naquela noite de domingo. "Não acreditamos em você. Unidos, vamos lutar contra você até o fim. Tenha certeza disso. Não vamos desistir até você ir embora!"

"Se ficarem no meu caminho, vou arruinar a vida de vocês", ameaçou o demônio, se expressando pela boca de David.

O ente maligno avisou que não ia permitir que a missa fosse ministrada na casa. Entretanto, conforme planejado, às três da tarde de quarta-feira, 20 de agosto, teve início a missa solene.

Teve como celebrante principal o Padre Virgulak e como concelebrantes os padres Sheehan, Rossi e Cabrera. A missa foi o resultado de um preparo extenso e diligente. Teve de ser aprovada pela cúria diocesana, uma liturgia correta teve de ser pesquisada e selecionada, e dias de oração tiveram de ser praticados pelos padres envolvidos.

Aparentemente, esses preparativos não foram realizados sem um certo assédio do clero pelo demônio. "Não fiquem sozinhos. Não viajem sozinhos. Durmam com mais alguém no quarto à noite", recomendou o Padre Virgulak em sigilo aos outros três padres, antes do início da missa.

Uma comprida mesa de madeira serviu de altar. Uma toalha de altar foi trazida da igreja de Brookfield e disposta sobre a mesa. A sala de estar estava decorada com velas sacras, cálices de ouro e galhetas de vidro lapidado, contendo vinho, água e óleos sagrados. Uma cruz histórica, pertencente à Igreja de St. Joseph em Brookfield, foi trazida e colocada no centro do altar.

Compareceram à missa: Carl e Judy Glatzel, Carl Jr., Debbie, Alan, David, Arne Cheyenne Johnson e Ed e Lorraine Warren. Todos trajavam suas melhores roupas dominicais. O pequeno Jason foi deixado na casa de Kate Merlino, no outro lado da rua, caso problemas viessem à tona.

"David se comportou bem", relatou mais tarde Ed Warren. "Nas noites que antecederam a missa, o garoto sofreu possessão, mas naquela tarde parecia normal. Antes de os padres começarem, mostrou certo nervosismo, andando pela casa de cômodo em cômodo, espiando o altar de vez em quando. Eu tinha receio de que ele entrasse em baixo do altar e o virasse de pernas para o ar, mas ele se comportou muito bem.

"Um membro da família escapuliu: o jovem Carl. Faltavam cinco minutinhos para o horário marcado quando ele tornou-se muito hostil. 'Vou dar o fora daqui, não preciso disso', alegou o adolescente. 'Não ponho os pés naquela sala. Se é pra ir na missa prefiro ir na igreja!' Arrancou a gravata, saiu porta afora e não voltou durante a cerimônia."

A família entrou na sala e tomou assento. David sentou-se entre seu pai e Ed Warren no sofá. Após consagrarem o altar com incenso, os padres, totalmente paramentados de púrpura (símbolo do luto), iniciaram a missa solene.

Uns dez minutos depois, repentinamente, David começou a engasgar. O Padre Virgulak ergueu os olhos do altar e diante do menino fez o sinal da cruz. O ataque parou na mesma hora.

O cerimonial prosseguiu. No lugar do sermão, houve a leitura de uma prece em prol da libertação do mal. A etapa seguinte foi a eucaristia. Nova ameaça aflorou, dessa vez na forma de um rosnado emitido pelo corpo de David. Com um aspersório, o Padre Virgulak jogou água benta e, mais uma vez, tudo se acalmou.

Quem estava apto recebeu a hóstia. Orações extras foram lidas, implorando a intervenção de Jesus e pedindo que David e sua família fossem libertados da escravidão das forças das trevas. Por fim, David foi abençoado com óleos sagrados. Às quatro da tarde, a missa solene chegou ao fim.

"Aquela atmosfera densa e pesada se dissipou", relatou Lorraine Warren. "A diferença era palpável. Todos nós a sentimos. Ao término da missa, pude testemunhar ao Padre Virgulak que já não existiam forças espirituais na casa. Contudo, isso não garantia que os entes malignos tinham sido expulsos. Significava apenas que haviam batido em retirada. Os espíritos invasores respeitariam a aura de santidade implantada na casa pela missa solene? Ou a desafiariam e voltariam? Imprevisível. Só o tempo diria."

Entretanto, após a missa solene tudo *parecia* tranquilo. Tiraram fotografia de David em frente ao altar, segurando uma cruz e sorrindo, liberto, ele mesmo, em sua própria pele.

Mas por quanto tempo?

19
EXORCISMO

Após a missa de 20 de agosto, o caos na casa Glatzel deu lugar à calmaria. A possessão em David cessou, e todos os fenômenos bizarros foram interrompidos imediatamente. Quando os Warren visitaram os Glatzel naquele fim de semana, só ouviram boas notícias. Nenhum incidente antinatural em três dias. Sentir-se livre novamente! A sensação levou David a comprar um presente aos Warren com parte do dinheiro de seu aniversário. Um patinho de cerâmica embrulhado por ele mesmo. Junto à lembrancinha, um cartão manuscrito com os dizeres:

"Obrigado por tudo, David."

Em meio ao clima de otimismo e esperança, a questão primordial ainda pairava: tinha realmente acabado — ou se tratava apenas de uma enganosa calmaria? Vigoravam sete dias de espera.

"Com a realização da missa na casa dos Glatzel", relatou Ed Warren, "alguns resultados permanentes se constataram. Cessaram as batidas na parede, as explosões, a levitação de objetos grandes. Cessaram 99% das grosseiras manipulações do ambiente físico. Por experiência própria, sabíamos de antemão: se entes demoníacos menores fossem os responsáveis pela devastação, a missa poderia ser uma forma de exorcismo suficiente. Mas e se forças *diabólicas* superiores estivessem envolvidas? Nesse caso, só obedeceriam às ordens impostas por meio de um exorcismo formal. E se fosse assim, essa trégua seria temporária. Por alguns dias, os entes malignos recuariam e levantariam o cerco. Mas quando voltassem, as atividades teriam o dobro da ferocidade."

Nessa semana de vigília, o que aconteceu?

As atividades voltaram — com toda força! Até o fim da semana, David voltou a ser completamente possuído.

A recaída surgiu de modo sub-reptício e nem foi na casa dos Glatzel. Aconteceu do outro lado da rua, na casa da vizinha, Kate Merlino, que recebeu um telefonema bizarro e obsceno.

"De fora da casa, ninguém enxerga meu quarto, nem com muito esforço", afirmou Kate. "Segunda-feira, às quinze para as nove da manhã, o telefone na mesinha de cabeceira tocou. Com as persianas do quarto baixadas e as cortinas fechadas, eu ainda vestia camisola. Tinha acordado cinco minutos antes e sequer havia saído do quarto. Mas essa voz, um sussurro profundo e rouco, falou que estava comigo e me vendo. Para provar isso, a voz descreveu exatamente a minha roupa, inclusive a cor da calcinha embaixo do roupão e da camisola. Em seguida, passou a dizer coisas do tipo: '*Quero o seu corpo! Vou usufruir de sua carne!*' E não ficou só nisso, não. Foi desfiando todas as perversões sexuais que desejava fazer. Perguntei: 'Quem está falando?'. E a voz respondeu em tom hostil e exigente: '*Não ajude os Glatzel!*' Fiquei tão assustada com a ligação que após colocar o fone no gancho resolvi ligar para o Departamento de Polícia de Brookfield e contar o ocorrido. Enviaram uma policial. Ela esperou eu estar completamente vestida e só então eu a deixei ir embora. Senti medo pela minha vida."

Kate Merlino não foi a única. Na casa paroquial, os padres receberam um telefonema igualmente ameaçador na mesma noite. A voz do outro lado avisou a eles: "Não ponham mais seus malditos pés em minha casa!". A ligação causou uma grande confusão, porque a voz *parecia* ser a de Carl Glatzel, pai. Mas não era.

Outras ligações aconteceram. O telefone tocou de modo peculiar na casa dos Glatzel. Quem atendeu foi Alan, só para ouvir uma voz masculina rouquenha dizendo que ele seria esfaqueado, por meio de David. Nessa época, outros moradores de Brookfield — gente que nada tinha a ver com o caso — afirmaram ter recebido ligações vulgares semelhantes.

Mas o cerco voltou com força renovada quando David escutou uma voz feminina gritando ao longe: "*David, me ajude!*". E durante o sono uma voz tensa falou por intermédio dele: "*Cuidado! Arne vai morrer amanhã durante o trabalho!*", Alan registrou a fala em fita.

No outro dia, Arne, que estava gostando de seu novo emprego como arborista, podava um olmo a trinta metros de altura quando seu cordame se desprendeu subitamente. Em um piscar de olhos, ele despencou vinte metros entre os galhos, até a polia interromper a queda. "Você poderia ter morrido", explicou o chefe da equipe de Arne depois.

No centro de Bethel, aconteceu uma situação não menos perigosa. Após um mês confinado em casa, David acompanhou a família às compras. Avaliaram que agora seria seguro fazer isso.

"Paramos o carro num semáforo no centro da cidade", contou Debbie. "Alan, Jason e Arne no banco traseiro, minha mãe e David no dianteiro. Do nada, David ficou inquieto e com o olhar distante. Sem mais nem menos, ele agarrou o volante e pisou fundo no acelerador. Disparamos a toda velocidade pela avenida principal. Arne precisou agarrar imediatamente o volante também, e enfiei o pé no freio. David esmagou meu pé direito com força descomunal. Tentei compensar pisando com o pé esquerdo no pedal do freio. Por sorte, conseguimos brecar pouco antes de atingirmos um grupo de pessoas num cruzamento. Depois do susto, o coisa-ruim encarnado em David deixou escapar um riso masculino, numa voz grossa. Não tinha acabado, afinal."

No domingo à noite, as ondas de fenômenos voltaram. Sussurros e zunidos soaram na casa; o reflexo duma sirene luminosa piscou nas paredes de quartos escuros; a cabeça do besta-fera se sobrepôs aos rostos dos membros da família nas fotos emolduradas; a máquina de lavar, vazia e fora da tomada, inundou o porão inexplicavelmente; e formas espirituais fizeram aparições, muitas delas com mortalhas.

Na segunda-feira, 25 de agosto, David voltou a sofrer possessão total. O primeiro aviso que o ente maligno fez após dominar o corpo de David foi dirigido a Arne: "*Vou matar você! E da próxima vez não vou falhar!*".

Mas o ente possessor disse mais coisas. Enfurecido com a missa solene, ele os repreendeu — num linguajar místico e estranho que nenhum deles conseguia entender. "Em nossa família, temos contato com italiano, holandês e algumas línguas eslavas", disse Judy, "mas essa língua destoava de tudo que conhecíamos, uma estranheza sinistra. Nunca ouvi língua humana parecida".

Tinham feito das tripas coração. Em resposta às preces feitas em sua presença, o ente possessor na criança fazia o sinal da cruz invertido e gritava: "*Pai Nosso, que estás no inferno, esta alma pertence a Satanás!*".

Os novos ataques ao corpo de David voltaram com igual violência. Recebeu pauladas, facadas e tiros. Uma noite, o demônio obrigou David a fazer abdominais por quase uma hora. Quando o invasor abandonou seu corpo, o garoto vomitou.

O ente maligno ora possuía o corpo de David, ora o usava para agredir violentamente os outros membros da família. Sob possessão, a criança esperava, com estiletes e atiçadores de lareira, o momento oportuno para atacar. Assim, cenas surreais e insanas de truculência aconteciam na casa. Sempre a vida de alguém corria perigo. Uma vez, Arne segurou o pulso de David na hora H, evitando um homicídio. David empunhava uma faca de carne, prestes a cravá-la na barriga de Alan. Enfurecido, o ente maligno gritou: "Vai me pagar por isso! *Vou possuir você*".

E, de fato, possuiu Arne. É Debbie quem explica: "Nessa noite, após o incidente com a faca, Arne sentou-se à mesa da cozinha, junto comigo e meus pais. Do nada, começou a ter convulsões repentinas e assustadoras, semelhantes às sofridas por David na primeira vez que foi possuído. O tremor cessou. Olhei o rosto de Arne. Aparência distorcida, feições macilentas contraídas num bestial sorrisinho de escárnio. Olhar vidrado e insano. Emitiu uma espécie de rosnado. 'Ai, meu Deus', exclamei, 'agora está acontecendo com Arne!'".

A possessão de Arne durou menos de um minuto. Acabou sendo o primeiro de seis episódios de possessão. O último resultaria numa tragédia. Nesse meio-tempo, os fenômenos continuaram cada vez mais ultrajantes. Um dos mais impressionantes foi chamado por Debbie como "incidente da garra":

"À noite, deitada no saco de dormir, às vezes eu sentia dedos frios me tocando. De manhã, muitas vezes eu acordava com arranhões na pele que não existiam na hora em que fui dormir. Certa noite, no finzinho de agosto, senti algo se mexendo perto do meu braço. Estendi a mão e encostei em algo escamoso e gélido. Abri os olhos, mas tinha sumido. Na noite seguinte voltou a acontecer. Só que dessa vez a luz do abajur estava acesa, e *enxerguei*. Brotava *através* do piso uma enorme garra escamosa e cinza-esverdeada. Consistia em três dedos, cada qual com uma unha na ponta. Antes de eu reagir, essa garra de lagarto deslizou as unhas pela lateral do meu braço, deixando a marca de três linhas sinuosas. Em seguida, a garra sumiu assoalho adentro. Isso não aconteceu só uma vez... Foram diversas vezes. Arne também viu a garra; também ficou com estranhos arranhões no peito. David contou que a garra pertencia ao Maléfico 40. Maléfico 40, um monstro de 2,5 metros de altura, era supostamente o guarda do porão."

Essa recaída foi marcada por novos fenômenos de alta intensidade e uma possessão mais profunda e aguçada. E embora o mesmo ente maligno, o besta-fera, tenha aflorado em David como antes, agora ostentava uma inteligência nunca vista antes sob toda a brutalidade. Por exemplo, quando Judy retrucou: "Os padres vão te exorcizar, e terás que obedecer às ordens divinas!".

"*Jamais! Nunca vou obedecer às ordens divinas. E jamais vão conseguir me exorcizar! É 'melhor reinar no inferno do que servir no céu'!*", declarou o anjo mau, citando "O paraíso perdido", de Milton (Livro I, verso 263).

O ressurgimento de possessões e fenômenos deixou claro uma coisa: precisavam de um exorcismo autêntico. Portanto, uma semana após a missa solene, o Padre Virgulak e os Warren confabularam de novo. O Padre Virgulak consultou os outros padres em Brookfield e estava prestes a recomendar ao bispo que tomasse providências.

"Levando em conta a gravidade da situação", afirmou Ed Warren, "o Padre Virgulak percebeu que não havia mais o que protelar. Tentativas de exorcismo leve seriam infrutíferas. Um exorcismo de grande monta era mais do que necessário. Recomendou que o *Rituale Romanum* fosse enunciado perto do menino o mais depressa possível. Mas, para isso, os critérios estabelecidos pela igreja precisavam ser cumpridos:

O indivíduo mostrou ter conhecimentos
ocultos ou futuros?

O indivíduo falou em idiomas não ortodoxos ou
idiomas previamente desconhecidos para ele?

O indivíduo revelou poderes sobrenaturais
ou causou ações bem além dos
limites da habilidade humana?

O ente possessor se identificou pelo nome
ou deu algum sinal indiscutível de se
tratar de uma presença diabólica?

"A resposta a todas essas perguntas era um sonoro 'Sim'", declarou Ed. "David se tornou praticamente um oráculo. Chegamos a gravar diversas previsões dele. Escutei-o falando em três línguas diferentes e uma vez *de trás para a frente*. O inglês dele tinha palavras raras e também de baixo calão. Além disso, se comunicava num "idioma fantástico", sabia latim e recitava versos na ponta da língua. De modo sobrenatural, David enxergava através das paredes. O corpo dele fazia coisas humanamente impossíveis, inchava e entrava em convulsões que desafiavam a física. Como sinal distintivo se *autodenominava* Satanás, sem divulgar ainda seu nome verdadeiro. Por orgulho, imprimiu na perna de David sua silhueta com uma vívida mancha escarlate. A igreja só autorizava exorcismos de grande monta se pelo menos um desses quatro requisitos fosse preenchido. Mas o caso de David cumpria todos os pontos estabelecidos pela igreja. Não havia qualquer desvio do direito canônico.

"O tempo inteiro em que trocávamos informações com o Padre Frank", lembrou Ed, "os Glatzel não paravam de ligar para atualizar os últimos desdobramentos. A vontade que eu tinha era de passar as ligações para o escritório do bispo, que é para onde elas deveriam ter ido. A crise e o tormento já duravam seis semanas. Nesse meio-tempo, ocorreu um caso integral de possessão diabólica, e a única autoridade diocesana a pisar na casa dos Glatzel tinha sido o Padre Virgulak, no dia da missa solene. Esse tratamento me pareceu muito indiferente e uma falta de interesse em defender a palavra de Cristo. Tive a sensação de uma tragédia no horizonte. A gestão do caso deixava a desejar. Porém, quando o Padre Virgulak saiu de nossa casa àquela tarde, tinha todos os dados necessários para solicitar o exorcismo com base no direito canônico. Como provas extras, levou com ele as gravações e as fotografias. Se isso não bastasse, então algo estava errado, muito errado."

Em sua conversa com os Warren, o Padre Virgulak aludiu a "dificuldades repentinas" que os clérigos estavam enfrentando por causa do envolvimento deles no caso: fenômenos estranhos estavam ocorrendo com os padres, enquanto outros — incluindo ele próprio — estavam recebendo visitas de entidades sombrias. Saltava aos olhos a necessidade de um exorcismo de grande monta.

Dois dias depois, o Padre Virgulak ligou para os Warren e avisou: havia sido tomada a decisão de exorcizar David. Após consultar os padres em Brookfield, o "livramento" ficou marcado para terça-feira, 2 de setembro, na capela escolar da paróquia de St. Joseph.

A palavra *livramento*, os Warren ficaram atônitos ao saber, significava que o bispo tinha negado permissão para o *Rituale Romanum*! Tentariam um exorcismo verdadeiro, mas com outra liturgia para levar a cabo a tarefa.

Nas palavras de Lorraine Warren: "Os padres se prepararam para esse importante procedimento dedicando as missas rezadas durante a semana ao sucesso da libertação do menino. Além disso, fizeram três dias de preces e jejum ["Certos espíritos só saem pela oração e pelo jejum". Marcos 9:29]; e solicitaram a suas congregações preces adicionais por uma intenção especial não identificada. Essa última parte envolveu uma imensa rede de oração por toda a Costa Leste no fim de semana de 30 de agosto".

Para os Glatzel, só importava uma coisa: enfim o exorcismo aconteceria. *Já era hora*: com a vida em frangalhos, a família não aguentava mais.

Na terça-feira, 2 de setembro, um exorcismo clássico aconteceu na região central de Brookfield.

O local exato do exorcismo foi o altar da capelinha da escola paroquial. À uma da tarde, o Padre Virgulak chegou à escola e se encontrou com os padres Sheehan, Rossi e Cabrera. O Padre Virgulak seria o exorcista; os outros três padres desempenhariam funções específicas, na condição de assistentes. Era um momento sério na vida desses quatro padres. Trocaram ideias e entraram na capelinha para orar.

"Por dias a fio, David andava totalmente fora de controle", contou Ed Warren, "e à medida que a data do exorcismo se aproximava, seu comportamento piorava. À uma e meia da tarde, quando Lorraine e eu chegamos à casa dos Glatzel para levar a família à igreja, David, totalmente possuído, segurou a avó dele — que morava em outro estado e fazia uma visita — e a ameaçou com *uma faca*.

"O ente possessor falou através de David e, quando nos viu, entrou em estado de fúria abusiva, me ameaçando e xingando Lorraine com baixarias. Aproveitando a distração, o pai de David agarrou o pulso do filho e o desarmou. Logo depois, entre rosnados, o satanás em David atacou a todos com mordidas e cusparadas. Para transportá-lo à igreja, foi necessário agarrá-lo, dominá-lo e amarrá-lo com lençóis a uma cadeira."

Os lençóis atavam as mãos e pés do garoto, mas não a verve do ser maligno. Continuou a falar e gritar. Os lábios de David não se moviam, os olhos nem piscavam, os músculos não se flexionavam. Porém, ameaças e acusações inflamadas continuavam a sair de seu corpo numa voz roufenha de adulto:

"*Nunca vão me expulsar! Nunca vão ganhar, seus filhos da mãe! Os padres vão embora! Nunca vou obedecer! Todos vocês são excremento do inferno!*"

"*Mãezinha, por favor, desamarra meus braços. Manhê, por favor, os lençóis estão me machucando.*"

"*Vou pegar vocês!*"

"*Você venceu! Me solta! Vou dar a você o que você quer!*"

"*Vão se arrepender! Vão comer o pão que o diabo amassou!*"

Nessa fúria incontrolável, esse dínamo maligno rompeu o silêncio monástico da capelinha escolar, às duas da tarde daquela terça-feira. Possuído por um ente de fúria louca, e agora solto, David só entrou na capela à força, contido por seu pai e Ed Warren. A força que o menino exercia sob possessão era descomunal.

David foi levado ao banco da frente, onde os quatro padres aguardavam. Vestiam batinas pretas de uso cotidiano, sobre as quais usavam a sobrepeliz branca e a estola roxa — os paramentos litúrgicos. Os pais do garoto, Carl e Judy Glatzel, estavam presentes, acompanhados por Debbie, Arne e Alan. Carl Jr. se recusou peremptoriamente a ir junto. Por sua vez, Jason, o filho de Debbie, foi deixado na casa da avó. Com terror e espanto, a idosa só agora havia sido informada sobre o caso.

Os Warren compareceram por questões profissionais. A tarefa de Lorraine era discernir a presença e a natureza dos entes demoníacos. A de Ed, contribuir com seu saber de demonologista, proteger os padres, orientar os procedimentos e garantir que o rito de exorcismo chegasse ao fim, independentemente do que acontecesse.

O ritual seguiria um plano: ungir todos os indivíduos com óleos sagrados para fins de proteção; ler orações e salmos; discernir os entes demoníacos e expulsá-los (tarefa do exorcista); e, por último, dar a bênção final de ação de graças por libertar uma "alma mortal da escravidão com o Inimigo Eterno". Em tese, um rito pacífico. O caos, se ocorresse, não seria por culpa humana.

A unção com óleos ocorreu sem incidentes. A prece inicial foi uma variante da Oração a São Miguel Arcanjo:

> Em nome de Jesus Cristo, nosso Deus e Senhor, fortalecido pela intercessão da Imaculada Virgem Maria, Mãe de Deus, do bem-aventurado Miguel Arcanjo, dos Santos Apóstolos Pedro e Paulo e todos os santos, estamos confiantes em repelir os ataques e enganos de Satanás.

Mas o ente possessor de David não deixou passar nada sem fazer uma refutação vulgar: "*Jesus é... Maria é uma...*".

Ao cabo da oração introdutória, David se soltou das mãos de Ed Warren e tentou agredir fisicamente os padres. A criança possuída foi contida e levada de volta ao banco, bufando, rosnando e esperneando.

A recitação continuou:

> Que Deus se erga, os inimigos d'Ele se dispersem e aqueles que odeiam o Todo-Poderoso fujam de diante d'Ele. Como a fumaça se dissipa e a cera se derrete no fogo, assim os ímpios perecem perante Deus.

"*Cale essa boca, carola babaca! Bando de filhos da puta! Suínos imundos! Seus...*"

"Silêncio!", exigiu o Padre Virgulak.

"*Curtiu quando estourei sua lâmpada? Rá-rá-rá-riii...*"

Atônito, o padre se lembrou do incidente. Noites antes, a lâmpada da luminária da escrivaninha do Padre Virgulak explodiu do nada, polvilhando o clérigo com pequenos cacos de vidro.

"Silêncio!", reforçou o Padre Sheehan.

"*Não se atreva a me dar ordens! Macaco! Porco! Desleixado maldito! Pegue isto!*"

Súbito o Padre Sheehan se encolheu. O ente havia provocado um corte. O padre ergueu a calça, o sangue escorria na perna.

O Padre Virgulak continuou a ler as preces em voz mais alta que os ganidos e uivos do anticristo possessor. Fracassando no bloqueio verbal, David se desvencilhou de novo e teve de ser detido ao pé do altar. Após quase uma hora, o garoto ainda exibia força inesgotável e resistência incansável ao exorcismo.

Mantido ao pé do altar firmemente por Ed, Arne e Alan, David teve de escutar as ordens do exorcismo da boca do Padre Virgulak:

> Eis a Cruz do Senhor! Fujam, bandos de inimigos! Espíritos imundos! Vamos expulsá-los de nós, sejam lá quem for, todos vocês! Poderes satânicos! Invasores infernais! Legiões, assembleias e seitas perversas! Em nome de nosso Senhor, pela virtude de Jesus Cristo, afaste-se deste cordeiro de Deus.

Com isso, o ente possessor em David perdeu as estribeiras. Escarrou profusamente no Padre Virgulak, no Padre Sheehan e em Ed Warren. Mordeu. Praguejou. Berrou. Uivou. Blasfêmias e palavrões ecoaram sem cessar no templo. Ainda bem que todas as portas estavam trancadas.

Repetidas vezes, o Padre Virgulak retomou as ordens do exorcismo. A resposta satânica foi acusar os outros de cometerem uma lista de pecados, desfiados numa ladainha opressiva. Até os padres sofreram diatribes e tiveram imputadas contra si perversidades sexuais inimagináveis. O demônio citou o nome de familiares dos padres e ameaçou retaliar por meio de ataques a eles.

Mas o exorcismo continuou, apesar do exaustivo abuso e da torrente de mentiras e invectivas:

> Vá embora, Satã! Descarte sua audácia. Deixe em paz os eleitos de Deus. Descarte sua crueldade. Descarte sua insolência. Guarde sua perversa iniquidade. É o Deus Altíssimo que ordena! É Deus Pai que ordena; é o Filho de Deus que ordena; é o Espírito Santo que ordena! Obedeça, em nome de Deus Todo-Poderoso, o Criador! Dê o sinal de partida e vá embora do mundo, redimido pelo Precioso Sangue de nosso Senhor Jesus Cristo.

O corpo de David emitiu um urro terrível. Depois, um momentâneo farfalhar de páginas dos hinários soou ao fundo da igreja, com um ressoar de passos. Por fim, o abre-e-fecha duma porta.

Tinha sido dado o sinal. Foram cruciais os dotes extrassensoriais de Lorraine Warren.

"Todos os espíritos menores se foram. Desistiram. Foram expulsos", respondeu ela.

Ofegante, o menino possesso jazia no tapete ao pé do altar. Perante o espetáculo deplorável, Lorraine aprofundou sua visão:

"Agora só restam quatro espíritos na criança. São os mais fortes... orquestraram tudo... mas um... só um deles é o poder.

"Gula está presente... Luxúria está presente... Um ente superior que atende pelo nome de Gaytois... Mas no fundo, ao longe, está o principal... é o poder. Os três primeiros são demoníacos. O último... o que causou tudo isso... o responsável... este, Padre, é um diabo!"

Gritos e guinchos irromperam de David no momento em que Lorraine pronunciou a última palavra.

"*Nunca vão me expulsar!*", afirmou a voz principal. "*Ele me pertence! A alma dele me pertence! Ela é minha!*"

Se a primeira hora do exorcismo foi uma batalha, a segunda foi uma guerra. Saliva e baba cobriram quase todos, em especial os padres. Todos ficaram com marcas de chutes, socos e mordidas pelo corpo. Repletos de repulsa, todos foram obrigados a tolerar acusações mentirosas e blasfêmias de uma depravação monumental, contra Cristo, Maria e a igreja.

Em meio à gritaria, o Padre Sheehan sussurrou a Lorraine: no bolso da camisa de David havia um canivete graúdo. Lorraine mal escutou o cochicho do padre, mas o ente possessor falou, em alto e bom som: "*A lâmina é minha e sei muito bem o que fazer com ela!*".

Ed Warren estendeu o braço, prestes a apanhar o objeto no bolso do menino. Mas o item se evaporou. O demônio deu gargalhadas estridentes do esforço de Ed.

A força possessora de David tinha um poder esmagador. Lançava mão de todos os recursos para impedir o exorcismo, inclusive a enganação.

Enquanto o padre continuava com as ordens do exorcismo, David começou a falar em sua própria voz:

"Por favor, mãezinha. Por favor. Todos estão me machucando. Só quero sair daqui. Não quero mais ficar aqui, mãe. Faça com que eles parem de me machucar. Quero sair desta igreja. Mãezinha, por favor, vou ser um bom menino. Prometo. Só quero sair desta igreja."

Embora pérfida, a súplica convenceu o Padre Virgulak a se abaixar e falar com o menino. Nisso o ente maligno encarnado na criança repentinamente agarrou a estola do padre e começou a estrangulá-lo. Ele não voltou a cometer o mesmo erro.

Com duas horas de exorcismo, o demônio começou a causar desfigurações no corpo de David. Inchado, machucado e sufocado quase até a morte.

"Mãezinha, por favor! Vão me matar! Impeça-os! Está aí, mãezinha? Me tira daqui antes que me matem!"

O rosto de David ficou roxo. Horridamente os olhos saltavam e a língua pendia fora da boca. Mas o Padre Virgulak persistiu nas ordens de expulsão. O corpo do menino arquejou com falta de ar e emitiu incessantes gemidos de um animal torturado.

O Padre Virgulak vislumbrou a cena grotesca e recuou do ser de olhar esbugalhado, insano e selvagem. Língua inchada de tal modo que impedia o ar de ser tragado. Real antítese da vida: o diabo! *Pronto* para matar.

Sob o prisma do clero, o ponto crítico desse colossal jogo de azar, de elevado nível místico. Se continuassem, das duas, uma: em poucos minutos, o menino estaria exorcizado ou morto.

Às quatro horas dessa terça-feira à tarde, o Padre Virgulak achou por bem interromper o exorcismo. Não quis colocar em risco a vida de David. Aproximou-se do menino contido pelos outros, fez o sinal da cruz e proferiu: "*Dominus vobiscum*".*

Como esperado, a essa altura a fúria amainou. Ao menos por enquanto, o ente maligno tinha vencido. David Glatzel continuava endemoninhado.

Mas nem tudo estava perdido: a legião de seres possessores menores abandonou a criança e nunca mais voltou. No fundo da igreja, hinários espalhados no chão indicavam isso.

Mesmo assim, os quatro principais permaneceram. Debbie Glatzel anotou em seu diário sobre a noite de 2 de setembro:

> 21h45
>
> Em estado de transe, David começou a brigar muito conosco. E também a cuspir. Chutou dois frascos de água benta e, uma hora em que eu me distraí, me acertou no queixo com um livro e me machucou. Mais tarde, David se deitou de bruços na sala de estar e convulsões jogaram seu corpo para cima. Em seguida, Carl [Jr.] e eu vimos David ser arremessado para trás, e ele começou a chorar. O coisa-ruim deu um chute em seu abdômen, e o garoto se queixou de uma intensa dor.

Ficou claro o resultado da tentativa de exorcismo de 2 de setembro: os entes controladores não foram desalojados. Seria necessário um exorcismo adicional.

* O Senhor esteja convosco.

20
EMBATE FERRENHO

Após o frustrado exorcismo de 2 de setembro dias de enorme tensão e dificuldades se seguiram. A solução parecia distante. A lucidez e a paz não tinham sido restauradas. David continuava possuído.

Porém, a frequência e a duração de cada episódio de possessão, bem como o número de ataques físicos brutais, na prática, caíram pela metade. Esse, ao menos, era um sinal positivo.

O lado negativo envolvia o fato de os quarenta e poucos entes possessores menores não terem saído completamente. O exorcismo serviu apenas para removê-los do corpo da criança. David informou que eles permaneciam na sala com ele.

Porém, como Ed Warren explicou, o problema agora transcendia possessão. "A tentativa de exorcismo desencadeou uma onda de fenômenos intimidadores direcionada a todos nós, incluindo o clero. Imagine só acordar e se deparar com o travesseiro encharcado de sangue! Um dos padres relatou isso. 'Virei a cabeça e o sangue esguichou na minha cara', contou ele. O demônio, em forma escura, confrontou repetidamente outro padre. Fortes enxaquecas acometiam os clérigos; um deles começou a perder a voz; outro ficou tão doente que precisou ser medicado. Eles evitavam ficar sozinhos."

Mas o caso foi se tornando cada vez mais grave. O perigo borbulhava na casa dos Glatzel — perigo a longo prazo. E nas ameaças o alvo desse perigo *tinha nome*: Arne Cheyenne Johnson.

Arne permaneceu resoluto. Entre as idas e vindas dos Warren e dos padres, nunca cedeu um centímetro ao diabo em David. Por sua resistência obstinada, Arne sofria toda a ira e fúria do ser diabólico e destruidor.

Ao longo da semana, ele ouviu seguidamente a ameaça: "Vou possuir você".

Dito e feito. Na missa daquele domingo, Arne voltou a ser possuído.

"Eu estava lá, sentado, em companhia de Jason, Debbie e os Glatzel", lembrou-se. "Durante a missa, não acreditei em meus olhos. Vi um dos espíritos (todo escuro, com braços e pernas) no altar enquanto o padre ministrava a cerimônia. Ficou atrás do padre, arremedando os gestos dele. No momento seguinte me vi fora da igreja, e Debbie me fez uma pergunta. Por que eu tinha feito aquilo? Aquilo o quê? Eu não tinha ideia do que ela estava falando."

Debbie contou o ponto de vista dela. "Arne estava sentado em silêncio, conosco no banco. Na hora em que a hóstia foi erguida no ar, Arne começou a praguejar... Ou melhor, algo começou a blasfemar por meio dele. Tinha a mandíbula entreaberta, mas os lábios imóveis. '*Filho da puta... Quero sair daqui... Me tirem desta igreja maldita...*'

"Na mesma hora, o povo começou a se virar para trás, mas o descontrole de Arne só aumentava. Parecia estar imerso em transe. Proferiu novos xingamentos, e tive que arrastá-lo porta afora. Quando levei Arne para fora, perguntei a ele: 'Sabe o que acabou de falar ali dentro?'. A resposta dele foi 'não'. Arne passou o dia inteiro se desculpando, sem saber o que havia acontecido com ele. Foi patético. Por culpa daquele vulto, Arne fez papel de tolo na frente da comunidade."

Esse foi o segundo episódio de possessão experimentado por Arne. O incidente poderia ser considerado algo passageiro, não fosse a sinistra previsão feita por David, no início daquela semana.

"*Vim buscar uma alma. Vou tomar o que é meu. Vou possuir Arne e matar com uma faca.*"

A profecia foi além. O ente maligno afirmou que Arne seria "capturado por cometer o crime". Em seguida, citou uma série de nomes (futuros advogados e promotores do processo judicial), declarando que Arne seria considerado culpado sem direito a julgamento e condenado à "prisão perpétua".

"Vou estragar sua vida."

E seguiu à risca a ameaça.

*

Urgia uma segunda tentativa de exorcizar David. A data desse segundo exorcismo foi marcada propositadamente para segunda-feira, 8 de setembro de 1980. Lorraine Warren explicou a escolha da data: "Foi no dia 8 porque esperávamos um milagre. Várias curas milagrosas, *entre elas* exorcismos-relâmpago, aconteceram em 8 de setembro. Nesse dia, mundo afora, não há registros de possessão. É o dia da Natividade, em que nasceu a Abençoada Virgem Maria, fonte inesgotável de poder místico. O caso seria ganho ou perdido nessa data, e todos nós tínhamos fé na vitória".

Na esperança de que tudo fosse transcorrer sem problemas, o local do exorcismo foi transferido da capelinha escolar para o Convento de São José, edifício colonial em frente à Igreja Congregacional.

Nessa tarde de 8 de setembro, também começou um novo ano letivo para as crianças de Brookfield. Mas em vez de ir à escola, David Glatzel foi trazido ao convento com a mãe, a irmã e Alan. Os Warren e os quatro padres aguardavam no local.

A portas trancadas e cortinas fechadas, todos tomaram seus lugares, com David se acomodando numa imponente poltrona. O objetivo — aparentemente simples, embora complexo — era ler, de cabo a rabo e sem resistência ou interferência, o rito de exorcismo para o garoto, a criança possuída. Uma hora deveria ser suficiente para concluir o procedimento.

Mas foram necessárias duas horas. Como se previu, nesse dia a possessão não foi infligida a David. Embora exausto, o menino cooperou. Em semicírculo, os padres se postaram na frente do menino e foram lendo as orações introdutórias prescritas. Entretanto, David avisou na mesma hora sobre a ausência dos espíritos. Ficaram na casa tocando o terror. A sessão foi interrompida, e Ed Warren foi enviado para expulsar os entes malignos da casa dos Glatzel.

"Cheguei à casa, encontrei dois idosos da família Glatzel sentados na cozinha", contou Ed. "Ao ver o semblante deles e seus olhares arregalados, eu já soube que algo havia acontecido.

"Entrei na sala de estar, e a cadeira de balanço preta oscilava para a frente e para trás, ao máximo de sua inclinação. Ninguém sentado nela.

"Enveredei pelo corredor da casa e fui espiando em cada um dos quartos. Tudo parecia normal, menos no quarto principal dos Glatzel. A altura da cama me chamou a atenção. Observei melhor: os pés da cama flutuavam a quinze centímetros do chão! Invadi o quarto e de imediato uma sensação de horrendo pavor me inundou. Súbito, a cama começou a tremer violentamente, os pés batendo no chão com estrondo. Trinta segundos de espanto. Uma demonstração de força desafiadora.

"Assim que a exibição de atividade parou, a expulsão dos entes malignos da casa envolveu basicamente a colocação de um objeto abençoado do convento no interior da casa dos Glatzel. Repousei sobre a cornija da lareira uma pequena estátua de São José. Após me despedir do pessoal na cozinha, voltei ao convento."

Quando Ed Warren chegou, David relatou que os espíritos haviam se refugiado ali no convento. Pancadas estranhas e móveis se mexendo, no interior e acima da sala de convívio, confirmavam isso. A resolução dessas distrações inesperadas levou uma hora inteira.

Enfim, às três da tarde, começou o exorcismo propriamente dito. Consistiu na mesma extensa leitura tentada na capela em 2 de setembro. Drasticamente distinto do cenário anterior, o convento não permitiu interferências. Preces e salmos recitados sem interrupção, sem cusparadas, mordidas, enxovalhos nem gritos.

Todos receavam um confronto ou pelo menos uma interrupção, mas isso não se verificou. Às quatro da tarde, a oração final de ação de graças e súplica foi lida em voz alta:

> Deus dos Céus, Deus da Terra, Deus dos Anjos, Deus dos Apóstolos, Deus que tem o poder de conferir a vida após a morte e o descanso após o trabalho, humildemente vos suplicamos! Libertai-nos de toda a tirania, as armadilhas e a perversidade furiosa dos espíritos infernais. Com vosso poder, ó Senhor, dignai-vos a nos proteger e nos preservar sãos e salvos. Fazemos esta súplica por meio de Jesus Cristo, nosso Senhor. Amém

Em seguida, o Padre Virgulak deu uma bênção formal a David. Ponto final. Ação concluída.

Qual efeito teria?

Isso impediria a possessão de David? Um fim miraculoso ocorreria? À meia-noite, saberíamos a resposta.

*

Desde o instante que saiu do convento, David teve o seu comportamento monitorado. A possessão não se repetiria caso os esforços da tarde fossem bem-sucedidos. Se nada mais acontecesse seria o derradeiro sinal de livramento. As atividades cessariam. Para sempre.

Nove semanas de terror deixaram David exaurido e prostrado. Não entendia nada sobre os horríveis episódios de possessão que o afligiram, apenas sofreu as consequências. Para David Glatzel, 8 de setembro foi apenas um dia livre de aflição.

Na residência da família Glatzel, naquela noite, a equipe que acompanhava o caso se reuniu para esperar e observar. Ao longo da tarde, os Warren ficaram com a família. Na boca da noite, os padres da igreja de St. Joseph os substituíram.

Às 22h30, Lorraine voltou à casa dos Glatzel, junto com Paul Bartz, assistente de Ed Warren. Por motivos sigilosos, Ed não compareceu nessa noite. Pouco depois, o Padre Virgulak chegou.

Não se constataram possessão nem outros fenômenos. Sentado à mesa, David, em perfeita compostura, desenhava equipamentos de construção. Havia um colossal contraste entre David possesso e o David normal.

Às 23h30, David foi à sala e se sentou no sofá, ao lado dos irmãos. Sob a influência de todo aquele ritual religioso, o sono começou a bater.

"Não seria sensacional se colocássemos David na cama hoje à noite e pela manhã tudo estivesse acabado?", perguntou Debbie. Ninguém se atreveu a responder.

À meia-noite tudo estava bem. David aguentava firme. Com os outros batia um papo sobre consertar um buraco no muro de pedra do quintal. Trataria disso assim que "os adultos mandassem o besta-fera embora".

Quinze minutos depois, David se ergueu e começou a andar. O cansaço parecia ter se evaporado. Na verdade, o garoto despertou por completo. Quando falavam com ele, dava respostas rudes e, às vezes, asquerosas. O tipo de comportamento que costumava mostrar pouco antes de ser possuído.

"David, por que não vai dormir?", sugeriu Judy.

"Não tô cansado!", retrucou secamente, voltando à sala, onde os irmãos dele e Arne estavam sentados com Paul Bartz. Aos 33 anos, Paul já trabalhava com os Warren por uma década. A missão dele nessa noite era vigiar David. Em caso de possessão, deveria ligar para Ed Warren imediatamente.

Mais café foi passado na cozinha; todos persistiram na espera.

À meia-noite e vinte, vozes se ergueram na sala de estar. O Padre Sheehan entrou, sentou-se e ficou observando.

À meia-noite e vinte e cinco, um aviãozinho de papel atravessou a sala e se chocou no tórax do Padre Sheehan. Arremessado por David. O padre fitou o menino e se deparou com um olhar ardente.

Então, trinta minutos após a meia-noite, no começo de 9 de setembro, o pior aconteceu. O diabo encarnou em David.

Paul Bartz deu o alarme que deixou todos de coração partido: "Está entrando em possessão!".

O corpo inteiro de David começou a vibrar. Os olhos dele se reviraram e, logo depois, ele entrou em possessão.

"*Saiam daqui!*", gritou o ente possessor aos sacerdotes. David ergueu-se num pulo e exigiu com veemência, em voz adulta: "*Vão embora! Não vão conseguir salvá-lo!*".

A isso se seguiu uma enxurrada de acusações hostis e vulgaridades. Mulheres foram chamadas de rameiras, marafonas, putas e vadias. Homens foram xingados com insultos de má conduta sexual; os padres foram chamados de bichonas. Os participantes do exorcismo, Padre Virgulak, Lorraine Warren e Judy Glatzel, foram ameaçados de morte.

Paul Bartz telefonou para Ed Warren. Um minuto depois, quando Paul voltou à sala, encontrou David completamente insano. Arne e Carl pai faziam de tudo para conter o menino, mas ele resistia e tentava se aproximar dos clérigos, principalmente do Padre Virgulak.

Tinha recomeçado.

Um por um, os padres vestiram suas estolas roxas, determinados a acabar com o ataque.

David se debatia com uma força descomunal. Antes de ser controlado e imobilizado no chão, resistiu numa verdadeira batalha que se estendeu por dez minutos. Tamanha a força corporal do menino que foram necessários quatro homens para contê-lo.

O Padre Virgulak traçou uma cruz no ar; em seguida, com os outros padres a seu lado, começou o exorcismo.

"*Sou mais poderoso que Deus!*"

"Silêncio!", ordenou, erguendo um pequeno crucifixo diante do garoto. De seu lugar no chão, a três metros de distância, David lançou uma cusparada certeira na cruz. "*Nunca vai me exorcizar, seu filho da puta de merda!* "

De novo, o Padre Virgulak iniciou o processo tentando ungir David com óleos sagrados. Aproximou-se do menino, e o espírito em David explodiu numa gargalhada insana.

"Não é este óleo, seu pateta dos anjos!"

O demônio tinha razão. Sem querer, o padre abriu o frasco errado.

David cuspiu. Mordeu. Esperneou. Dez minutos transcorreram para sua fronte ser ungida com os óleos. Os óleos sagrados foram escorrendo pela face até atingir os lábios de David; então os cuspiu, atingindo em cheio o rosto do Padre Virgulak.

O embate corporal seguia ferrenho meia hora depois. Até Alan e Carl Jr. foram chamados para ajudar.

O Padre Virgulak começou a recitar o exorcismo perante o menino. Mas logo na primeira palavra encontrou resistência. Praticamente cada palavra que o padre enunciava era retrucada com réplicas grosseiras ou abafada com gritarias.

À uma e meia da madrugada, tinham feito mínimos progressos. A resistência mental e física exercida pelo ente possessor na criança permanecia tão forte quanto no início. Nessa luta interminável, apenas conter David se tornou uma tarefa hercúlea. Mas nada impedia que de sua boca jorrasse uma feroz torrente de mentiras humilhantes e degradantes sobre todos os presentes.

Na meia hora seguinte, os principais alvos das pérfidas acusações e dos nojentos xingamentos foram primeiro o Padre Virgulak e depois o Padre Sheehan. Em seguida, o ente maligno se referiu às famílias dos padres e aludiu à interferência deles em suas respectivas vidas:

"Mas que pena, hein, justo com seu irmão."

"Você contava mentiras para sua irmã."

"Essa atitude vai acabar matando seu pai."

"Vou cegar o seu sobrinho."

Com o relógio prestes a marcar duas da manhã, o Padre Virgulak chegou ao ponto do ritual em que repreenderia o ente maligno e ordenaria que ele fosse embora. Uma violenta onda de resistência emergiu. Como se tivesse recebido uma injeção de energia, David repentinamente se desvencilhou e saiu correndo em frenesi. Mais um tempo foi necessário para controlar o menino.

Em resposta às ordens exorcistas, enunciadas verso a verso, a resistência foi constante. Se os gritos e a luta corpo a corpo não funcionavam, o menino escarrava e dava cusparadas. Logo o corpo inteiro dele começou a vibrar para cima e para baixo. Isso resultou numa convulsão asfixiante. David parou de respirar e sua pele ficou azulada. O peito dele inchou.

O relógio marcou três da manhã, e o desafio — físico e mental — do anticristo não diminuiu. As pessoas começavam a esmorecer.

"Deixe o corpo do meu irmão!", gritou Debbie. "Deixe-o! Vá embora!" Histérica, ela teve que ser retirada da sala.

O Padre Virgulak perseverou. "Quem é você? Por qual nome você é chamado? Revele seu nome!", ordenou ele. A resposta veio em forma de desafio e lixo verbal.

"Pela autoridade divina, ordeno-te. Diga quem és, ou diga o nome de Jesus!"

"*Não... Nunca!*"

A ordem foi repetida quatro vezes. Por fim, o ente cedeu.

"*O meu nome... é... Legião... Nós... somos muitos...*"

Qual o significado disso? Que havia um — ou que havia muitos? Antes que a noite terminasse, Ed Warren e o pessoal de Brookfield souberam a resposta.

As pessoas próximas a David não sabiam, mas naquela noite outra parte crucial do exorcismo ocorria a 40 km de distância.

Escritório de Ed Warren. Sozinho em sua sala, entre 2h e 3h da manhã, Ed invocou uma visita de altíssima e profunda ordem e confrontou a origem de todos os problemas. Naquela noite, Ed Warren *enxergou* o diabo que possuía David.

O ente maligno não veio por acaso: foi convocado por Ed Warren! De modo deliberado, no intuito de "amarrar" o besta-fera.

"Paul Bartz me ligou e informou que David sofreu possessão logo após a meia-noite", afirmou Ed Warren. "Então soube o que precisava ser feito. O besta-fera tinha que ser amarrado. Tinha que ser *levado* a obedecer. Na amarração — parte essencial do exorcismo católico-romano —, o ente possessor não só acaba expulso do corpo, mas é ordenado — ou *amarrado* — pela lei de Deus a não encarnar novamente em determinado ser humano. Um ente diabólico que não for amarrado pelo exorcista é capaz de possuir de novo — e mais uma vez. Portanto, amarrar, na verdade, é o golpe de misericórdia.

"Mas nenhum procedimento de amarração aconteceria em Brookfield. Era impossível! Não tinha sido autorizado. O ritual romano não havia sido autorizado por questões políticas da igreja e de insensibilidade burocrática. Portanto, minha intenção era convocar o espírito líder para mim (em nome de Deus, é claro) e amarrá-lo a uma lei mística que ele deveria obedecer: 'Não possuirás outra criatura de Deus como tua'. Se eu conseguisse amarrar o espírito líder, como já fizera em outros casos, então os padres conseguiriam exorcizar os espíritos remanescentes no menino. O exorcismo se completaria, libertando David para sempre da escravidão. Mas eu não contava com a complexidade do espírito que chegou."

Após ordenar o aparecimento do demônio conforme as etapas prescritas num antigo manual religioso, Ed Warren sentiu um frio sobrenatural na sala. Ele lembrou que o ente maligno absorvia o calor para se manifestar e concluiu que ele estava chegando.

Um fedor de carne pútrida preencheu o ar. Em seguida, gritos ao longe chegaram aos ouvidos de Ed. Uma quietude mortal permeou a sala, e uma sensação iminente de perigo e ameaça dominou seu coração. Súbito, o diabo se materializou.

O que surgiu tinha um visual tão horrendo, tão radicalmente distinto, tão consumadamente poderoso, que era impossível descrevê-lo com precisão. A seis metros de distância, Ed Warren se viu confrontado por um vulto nem sequer remotamente humano.

Escuro como breu, o monstro latejante media dois metros de altura. Corpo reluzente e pulsante. Mas o olhar de Ed foi atraído pela cabeça da aparição.

Com o dobro do tamanho de uma cabeça humana, também era escura e pulsante. Não tinha um rosto. Tinha vários!

Feições com olhos, nariz e boca, mas que não ficavam no mesmo lugar. De poucos em poucos segundos, o rosto ia se transformando; e, a cada mudança, surgia um novo, incrível e grotesco monstro. Alguns traziam mutilações. Outros mais pareciam abominações humanas, de olhos inchados, boca rasgada e pele coberta de furúnculos peludos. Ainda outros eram monstrengos sobrenaturais cujos chifres pontiagudos se projetavam das maçãs do rosto, da testa ou das têmporas. Uns tinham aparência nitidamente animalesca, com grandes olhos vermelhos reptilianos, do tamanho de bolas de beisebol, e focinho de lagarto. Ed Warren vislumbrou algo muito além dos limites da experiência humana.

"Vi o espetáculo inteiro das faces descritas vividamente por David ao longo dos meses anteriores. As descrições dele eram exatas. Para David, cada monstro se projetava como um espírito separado. Por isso, não tinha como saber a verdade: todos os quarenta e três eram *um só*! E cada rosto tinha um significado.

"Todas as agruras experimentadas por David e sua família transpareciam nos semblantes: ódio, raiva, violência, obscenidade, gula, fraude, rancor, orgulho, traição, blasfêmia e morte. Cada rosto era extremo — chocante, na verdade; mas, como um todo, o espírito era esmagador. Não havia como lidar com ele. Amarração era impossível. Se eu tivesse começado, seria morte certa. Eu me afastei desse demônio, que só crescia enquanto eu o observava, e o liberei do comando com o qual o havia convocado. O espírito se demorou por alguns instantes e debandou."

Nesse ínterim, em Brookfield, a tarefa incessante de exorcizar de David essa força perniciosa, multifacetada e diabólica prosseguia.

"*Satanás, leva minha vida! Leva minha alma! Me leva, Satanás! Leva minha alma!*" Os apelos foram gritados na voz de David, ou o que soava como ele, em resistência às crescentes ordens exorcistas.

Entre frenéticas emoções e nervos em frangalhos, o menino rogou: "Manhê, mãezinha, por favor... Aqui é o David Michael Glatzel. Faça com que eles parem, por favor! Não aguento mais. Diga para eles pararem. Mãezinha, estou pedindo, por favor. Rápido. Preciso descansar. Estou morrendo! Estou *morrrreeeeendooo...*".

Sem dó nem piedade, o ente possessor levou novamente David à beira da morte, de modo a chantagear os padres para que eles parassem. Muitas vezes, a tática quase funcionou. Foi o caso da situação às quatro e meia da madrugada.

"Isso vai matar meu caçula! Vai matar meu neném!", gritou Judy, enfim desmoronando.

"*Vou matá-lo! Vou matá-lo! Juro que vou matá-lo*", declarou o ente diabólico.

David jazia no chão, imóvel como pedra.

A impressão era que o menino tinha realmente sofrido um ataque do coração. Sem pulso, sem batimentos cardíacos. A pele do garoto ficou pálida. Um corpo inerte e sem vida. Um minuto se passou até a ficha começar a cair para todos na sala.

Justo nesse instante singularmente errado, Arne Cheyenne Johnson reafirmou o trágico equívoco que havia cometido. Ao longo da noite, segurou os braços e as pernas de David; a noite toda combateu e sobrepujou a força física do espírito possessor. Agora David jazia flácido, branco e com aparência moribunda. Em desespero, na tentativa de salvar a vida de David, Arne afirmou: "Permita David viver! Leve-me no lugar dele! *Encarne em mim!*".

Prontamente uma gargalhada profunda e tosca irrompeu do corpo inerte de David. "*Babacas! Tolos!*"

A cena provocou lágrimas em Lorraine. "Na mesma hora senti que Arne Cheyenne Johnson tinha cometido um erro gravíssimo... Senti que de alguma forma ele pagaria um preço alto por seu desafio. Nem mesmo um padre falaria uma coisa dessas. Arne fez a bravata com desprendimento, para ajudar David, à custa de si mesmo. Mas ignorava a responsabilidade que assumiu ao fazer esse tipo de convite. Não sabia que esse ente maligno (em vez de libertar David) poderia realmente possuir *os dois*! Cada qual à sua maneira. O Padre Virgulak teve que parar tudo, chamar Arne de lado e adverti-lo rigorosamente: "Nunca mais diga isso!".

Até às cinco e meia da manhã, o ente possessor lançou mão de todos os estratagemas possíveis, físicos e intelectuais, para conter e impedir o exorcismo. Enfim fraquejou. Afrouxou a resistência. A noite inteira o ente maligno lutou para conquistar e subjugar as pessoas na sala. E acabou fracassando. Não conseguiu impor sua vontade a todos os presentes; não cumpriu suas ameaças de matar David; e, o mais relevante, não impediu o exorcismo. Uma a uma, foi perdendo todas as batalhas. Jogou a toalha. A força física no menino começou a se esvair. O tipo de resposta migrou de desafio para racionalização:

"*Não preciso desse corpinho rechonchudo para estar aqui! Já estive aqui antes e estarei depois!*"

Chegou a hora.

Três coisas poderiam acontecer com o ente possessor de David Glatzel: permanecer, ser forçado a capitular às ordens do exorcista ou cessar a possessão e recuar. Nessa última possibilidade residia o maior perigo, pois se o ente maligno se retirasse, mas sem fazer concessões, o controle seria perdido. A possessão acabaria, mas o caso não.

"Em nome de Jesus Cristo, ordeno: deixe o corpo deste menino! Vá embora! Deixe-o em paz!"

"*A alma dele é minha!*"

"A alma pertence a ele. Pertence a Deus, não a você", declarou o Padre Virgulak. "Obedeça às ordens que Deus lhe estabeleceu! Deixe este recipiente do Senhor! Abandone o corpo deste cordeiro! Esta é uma Criação de Deus. Desencarne e volte para o lugar de onde você veio!"

A resposta foi um suspiro repentino e ofegante. O corpo de David, preso pelas mãos e pelos pés, se arqueou violentamente e ficou paralisado nessa postura. Parou de respirar. Momentos de aflição se passaram. Mas, de novo, foi só outra tática para interromper.

Mediante aspersão de água benta, o corpo de David desabou no chão. Do garoto brotou um lamento bestial pelas "queimaduras" impostas pela água benta. Mas esse ardil para despertar a dó não funcionou.

"O Senhor te ordena! O Filho d'Ele te ordena! O Espírito Santo te ordena! Chega de audácia! Chega de perversidade! Deixe o corpo deste menino! Teu fôlego não é páreo à força de Deus! Reconheça o equívoco de seus atos! Afrouxe teu ignóbil domínio! Renda-se e devolva a Deus o que é d'Ele! Retire-se e se afaste desta criança para sempre! Essa é a minha ordem, em nome de Jesus Cristo!"

"A alma dele me pertence!"

"Retire-se dele!"

"Jamais!"

"Retire-se dele!"

"Não!"

"Retire-se dele!"

"A alma dele... é minha!"

"Retire-se dele!"

"Pare com isso! Cala a boca! Cale-se!"

"Retire-se dele! Desencarne e se afaste dele!"

"Vou te matar por isso!"

"Ninguém será morto. Retire-se dele!"

"Vou matar o menino!"

"Não vai matar ninguém. Retire-se dele!"

"Vou possuir outro!"

"Não vai possuir mais ninguém. Retire-se dele!"

"Você não tem autoridade!"

"Retire-se dele!"

"Você não manda em mim!"

"Deus Pai te ordena! Deus Filho te ordena! Deus Espírito Santo te ordena! Desencarne e *se afaste* deste menino!"

Silêncio em vez de refutação. Até o fim, o ente possessor de David lutou ferrenhamente. Já se sentia frágil, exausto e derrotado. Mas até então não fizera concessões.

A passos vagarosos, quase imperceptíveis, o menino que a família conhecia como David começou a retornar a eles, à luz do alvorecer.

O rosto do garoto, antes distorcido por uma careta, relaxou e recuperou as feições normais. Esvaiu-se a descomunal força em seus braços e pernas.

De imediato, o Padre Virgulak se dirigiu ao ente maligno, cujo vestígio ameaçador permanecia no olhar de David.

"Quem é você? Pela autoridade da Santíssima Trindade, ordeno-te: identifique-se ou dê um sinal de partida!"

Como resposta David emitiu apenas suspiros de tortura.

O Padre Virgulak se agachou ao lado de David, se deitou no chão e disse: "Pelo poder de Cristo, ordeno-te: identifique-se ou dê um sinal de partida!".

Dessa vez houve resposta. Nem berro, nem grito e sim uma voz longínqua. Quatro palavras quase inaudíveis, mas quatro palavras que diziam tudo:

"*Eu... sou... o... diabo.*"

Às 6h15 da manhã, em 9 de setembro de 1980, esse último exorcismo pôs fim à possessão de David Michael Glatzel.

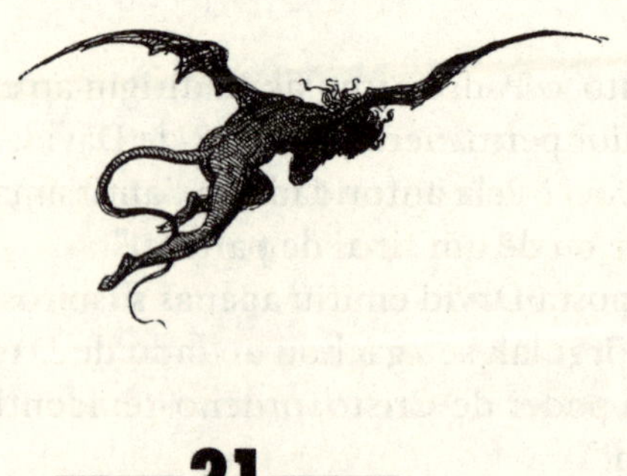

21
O CRIME

Depoimento do delegado John Anderson, chefe da polícia de Brookfield:

> "Em outubro de 1980, recebemos uma ligação de Ed e Lorraine Warren, de Monroe. Disseram que estavam acompanhando uma família residente em Brookfield. A situação envolvia a possessão demoníaca de alguém da família, com grande perigo potencial."
>
> Telejornal da CBS, edição matinal,
> 20 de março de 1981

Levando em conta a gravidade da situação e seu potencial para causar alarme na pequena comunidade, todos os aspectos do Caso de Possessão de Brookfield foram mantidos em estrito segredo. Os Glatzel e os Warren permaneceram em silêncio sobre o assunto. Da mesma forma, as autoridades da Igreja decretaram que os detalhes da possessão tinham "status de confessionário", ou seja, informações confidenciais que não podiam vir a público. Todo o caso se involucrou em total sigilo. Sem dúvida, ninguém jamais saberia desse caso não fosse o ponto culminante dos eventos: a abominável tragédia ocorrida seis meses depois.

E a tragédia veio na forma de um homicídio. Por esfaqueamento. Em Brookfield, 16 de fevereiro de 1981.

O acusado do crime? Arne Cheyenne Johnson. Detido às 19h25 desse fatídico dia, uma hora após o incidente fatal. A polícia de Brookfield o localizou caminhando na estrada, num suposto estado de "transe". Meia hora depois, Arne foi acusado formalmente de homicídio doloso.

Segundo a polícia, Arne Cheyenne Johnson, de 18 anos, matou intencionalmente um homem com um canivete de lâmina grande (12 cm) encontrado na suposta cena do crime. As testemunhas oculares, no entanto, registraram algo bem diferente.

Fevereiro, um dia como qualquer outro. Sem novo alerta, as bombásticas previsões feitas pelo demônio em julho e agosto do ano anterior se tornaram realidade.

Como isso veio a acontecer? Qual o vínculo entre o caso de possessão do ano anterior e o esfaqueamento em fevereiro?

Supostamente o espírito havia sido exorcizado em setembro. Nesses meses de interregno antes da catástrofe, o que aconteceu?

Na verdade, tudo que começou em 2 de julho de 1980 não terminou em 9 de setembro. Restava o último ato desse drama místico: a cena da morte.

A soma de todos os procedimentos religiosos efetuados no verão — as bênçãos, a missa solene, as tentativas de exorcismo orquestradas — tiveram o efeito combinado de impedir a possessão de David, as ultrajantes agressões físicas ao corpo dele e os intensos fenômenos na casa dos Glatzel.

Apesar de todos os esforços, porém, o espírito não foi exorcizado de forma categórica!

Só os padres se afastaram. O espírito, não.

Conforme Ed Warren explicou: "Embora os vários procedimentos de exorcismo tenham impedido novas possessões de David, o espírito causador não foi exorcizado — ao menos não da maneira clássica como a palavra é entendida. O problema todo foi uma questão de procedimento.

"Desde o começo, só havia uma solução para o caso: a designação, pelas autoridades diocesanas, de um exorcista capacitado, com autoridade para conduzir um exorcismo de grande monta — o *Rituale Romanum*. Nunca existiu outra solução. O ente possessor de David teria que ser completamente exorcizado e depois amarrado por ordem superior a não possuir a criança de novo e se afastar da família para sempre.

"Em vez disso, a cúpula diocesana, preocupada apenas consigo mesma, permaneceu indiferente. O diabo em Connecticut? Em nossa diocese? Ninguém pode ficar sabendo! Vamos resolver isso do nosso jeito. E o jeito *deles* consistiu em fazer pouquíssimo, e tarde demais. Após 2 de setembro, a necessidade de procedimento correto passou a ser crucial. Mesmo assim, a diocese *ainda* se recusava a dar autoridade a um exorcismo de grande monta, muito menos a convocar um exorcista experiente — alguém mais velho, piedoso, com o dom do discernimento, que já houvesse ordenado o diabo antes — para levar a cabo a tarefa. Por orgulho, política ou desinteresse, esse colossal trabalho foi delegado a quatro padres inexperientes, abandonados à própria sorte. E eles acabaram se machucando por causa disso. Se alguém na cúria diocesana tivesse levantado de seus tronos para observar os grandes males que aconteciam em Brookfield, quiçá alguma atitude positiva tivesse sido tomada. Em vez disso, porém, aconteceram duas tentativas de exorcismo de pequena monta. O resultado desses métodos de "livramento" foi impedir que o ente maligno possuísse David. Mas o espírito não foi amarrado e expulso. Seguiu livre para possuir outro. O desastre não foi extirpado — apenas suspenso.

"Exorcismo adicional era necessário. Mas, inacreditavelmente, nesse ponto a cúria diocesana *deu o caso por encerrado*. No finzinho de setembro, o Padre Virgulak foi afastado do caso e enviado a Roma, junto com o Padre Cabrera. Os padres locais foram instruídos a retornar a sua rotina normal. De acordo com a política adotada pela cúria diocesana, se o ente maligno não estivesse possuindo David, a tarefa deles estaria concluída. E ficaram irredutíveis nessa posição. Em vez da cooperação, emergiu a hostilidade; em vez da paz, sobreveio a tragédia. A bomba-relógio metafísica continuou ativada."

As ponderações de Ed Warren foram confirmadas pela família Glatzel. Judy resumiu tudo num comentário conciso: "A igreja nos abandonou".

E completou: "Uma semana após o último exorcismo nesta casa, tarde da noite, um monge chegou aqui numa limusine. Ele e o motorista chegaram e ficaram uma hora e meia. Naquela noite, o Padre Virgulak também marcou presença. Esse monge se comportou de modo pomposo e rude. Ed Warren o rotulou de 'desmistificador oficial da igreja'. Afirmou que todos estávamos loucos e que David não foi possuído; o motorista dele culpou Debbie por todos os problemas. O monge acrescentou que os únicos demônios que existem são Rockefeller e os picaretas de

Washington. Falou que nesse caso o exorcismo era desnecessário e depois foi embora. Insultou a mim, minha família e o Padre Virgulak. Daí em diante, o auxílio diocesano cessou. Deram as costas para nós e não pudemos fazer nada a respeito disso. O besta-fera ganhou carta branca para agir, e foi exatamente isso que ele fez."

Isso perdurou após setembro de 1980, por mais incompreensível que pareça. E o resultado foi o suave deslizar rumo à catástrofe.

"Em setembro", lembrou Debbie Glatzel, "o coisa-ruim possuiu David outras vezes, só para nos mostrar que ainda estava entre nós. Pertinho do fim do mês, e outubro adentro, o vulto direcionou sua atenção para o meu irmão Carl e o transformou num louco violento. Novamente enfrentávamos o inferno. Nenhum de nós sabia como impedir isso; os padres dispersaram. Assim, a família inteira ficou à mercê do ser maligno e se tornou vítima dele. Por exemplo, Carl apontou um rifle carregado para mim e ameaçou desfigurar meu rosto; mandou Alan para o hospital com penetrações na barriga, causadas por um golpe de ancinho; e minha mãe acabou cheia de hematomas tentando apartar essas brigas. Na maior parte do tempo, Carl direcionava sua raiva excessiva contra mim, Arne, e minha mãe. Arne virou seu alvo favorito: retalhou cada peça de roupa de Arne; desbobinou todas as suas fitas de música; destruiu todos os maços de cigarros que apareciam na casa; encheu de graxa o novo par de botas de Arne, inutilizando-as no dia da compra. Carl, ou melhor, o besta-fera atuando por meio dele, fez tudo o que pôde para arrasar Arne, mas Arne não esmoreceu. Deu de ombros a tudo. Enfim o besta-fera agiu e o arruinou."

Em meados de outubro, o caos familiar tornou-se tão violento e ameaçador que a polícia de Brookfield era chamada à casa dos Glatzel uma ou duas vezes por semana. Não fosse a providencial intercessão dos Warren, o jovem Carl teria sido levado pela polícia a um centro de detenção juvenil.

"Os policiais sempre atendiam a chamados de perturbação na casa dos Glatzel e já estavam começando a perder a paciência", contou Lorraine Warren. "Em outubro, tivemos de informá-los, do modo mais discreto possível, que havia um problema teológico em andamento com a família Glatzel, e a igreja atuava no caso desde julho. Ficou explicado que a fonte do problema não eram as pessoas, mas sim uma força não exorcizada que as oprimia. A polícia foi informada do concreto potencial de violência no caso. Nem mesmo a possibilidade de morte poderia ser descartada. Foram aconselhados a manter a família sob vigilância, mas sem prender ninguém, exceto em caso imprescindível. Felizmente, a polícia concordou. Em novembro, a opressão do jovem Carl diminuiu ao natural."

Em 14 de outubro de 1980, Mary Johnson foi embora da casa alugada em Newtown com as irmãs mais novas de Arne. Ao longo do segundo semestre, pequenos incidentes continuaram se avolumando. Assustadas, as meninas chegaram ao ponto de se recusarem a entrar na casa sem a mãe. As coisas que Mary e as filhas viram, ouviram e sentiram na casa provocaram até mudanças em suas personalidades. A desarmonia se instalou na família. Entre brigas e mais brigas, nada mais dava certo. Quando chegou outubro, o prejuízo financeiro de habitar a casa também se escancarou. Em razão disso, foram obrigadas a voltar para Bridgeport, onde moram até hoje.

No finzinho de novembro, Arne e Debbie também mudaram de endereço. Em setembro, o emprego de Debbie no canil em Newtown foi descontinuado, mas o patrão a recomendou a Alan Bono, o novo gestor do Canil Brookfield, na Rota 7, não muito longe da casa dos Glatzel. No fim de outubro, o sr. Bono telefonou para Debbie, oferecendo um emprego com moradia grátis se ela fosse trabalhar para ele. O apartamento ficava no prédio de quatro unidades que ele administrava junto ao canil. Ela aceitou o emprego e a moradia.

"O sr. Alan Bono era uma pessoa ótima", contou Debbie. "Aos 39 anos, tinha passado os últimos dezessete anos na Austrália. Suas histórias eram fascinantes. De volta aos EUA há cerca de um ano, foi convidado a gerir a propriedade para seu cunhado. Mas não entendia a rotina de um canil; na realidade odiava bichos. Implorou para eu aceitar o emprego. A princípio falei que não, porque as instalações eram imundas e os animais não eram tratados de modo adequado. Mas daí ele voltou a me ligar, e dessa vez me ofereceu o apartamento. Levando em conta os atritos constantes com Carl Jr., aceitei o emprego. Meu plano era aproveitar a oportunidade para recomeçar a vida com Arne."

Assim, no finzinho de novembro, Arne, Debbie e Jason se mudaram para o apartamento da Rota 7. Arne continuou trabalhando em tempo integral como arborista, enquanto Debbie cuidava da parte operacional do canil de Alan Bono. Com duas rendas e sem aluguel para pagar, poderiam fazer um pé de meia e já acalentavam planos de se casar na primavera.

Mas já não haveria mais primavera. Não haveria mais casamento. Com a mudança para o novo apartamento, o palco da catástrofe estava erguido. Agora Arne morava na cena do crime. A vítima? Alan Bono.

Na casa dos Glatzel, tudo se acalmou em dezembro. Mas o demônio continuou presente em sua gama de quarenta e três formas. Sabiam que ele estava lá porque ainda falava com David, contando sobre acontecimentos futuros. Então David transmitia isso à família. Perto do Natal, o ente maligno não passava de apenas uma presença à espreita. Judy indagava:

"O que o besta-fera está fazendo hoje, David?"

"Só na espera, diz ele", respondia David.

"Na espera de quê?", insistia ela.

"Não quer me dizer", respondia sempre David.

O fato de o ente maligno ter permanecido é o elo revelador entre o caso de possessão do meio do ano e o homicídio de fevereiro. A parte que permaneceu tinha potencial de fazer novas possessões. E assim o fez. Só que a vítima não foi David. Tampouco o jovem Carl. A vítima foi Arne Cheyenne Johnson.

Ao longo do verão, Arne foi vítima de dois surtos flagrantes de possessão, e o segundo deles foi a humilhante cena na igreja. No dia 4 de novembro, Arne foi possuído pela terceira vez.

Arne e Debbie foram à casa alugada em Newtown para conferir como estavam indo a sra. Johnson e as meninas, na esperança de reatar os laços. Chegando lá, porém, descobriram que estava vazia, pois ela e as meninas tinham debandado duas semanas antes. Arne e Debbie ficaram contentes ao ver que haviam ido embora.

Debbie se recusou a ficar na casa e saiu na mesma hora, quando topou com a sobrinha da proprietária e uma amiga. Um minuto depois, Arne saiu de casa, já possuído. Foi algo repentino e inesperado. Ficou visível no minuto em que fechou a porta e pôs os pés no degrau da frente.

"Primeiro, o corpo inteiro de Arne tremia violentamente", contou Debbie. "Logo, as feições adotaram o mesmo sorriso de ódio que David mostrou de julho a setembro. Não era Arne quem estava ali. Quem estava ali era o besta-fera, novamente, na condição de dono da casa. Quase desmaiei. Fez me lembrar de todo o inferno e tormento que eu achava estar reprimido em minha mente. A coisa toda durou menos de um minuto, mas comprovou que esse espírito ainda rondava e que, a seu bel-prazer, era capaz de possuir qualquer um de nós."

Em meados de janeiro, dois meses depois, Arne foi possuído uma quarta vez. Nessa ocasião, só Debbie testemunhou. Como nas três vezes anteriores, Arne foi possuído em sua plenitude. Como nos incidentes prévios, não houve conversa nem comunicação. Dominado pela fúria, aquilo se apoderou de Arne e, durante cinco longos minutos de possessão, basicamente ignorou Debbie. Antes de se retirar, porém, abriu com um soco de raiva um rombo num espesso baú de madeira. "Nem mesmo um carateca experiente teria feito essa proeza", comentou Debbie. "E na manhã seguinte a mão de Arne estava ilesa".

A catástrofe se precipitou nas duas últimas possessões de Arne. Entre elas houve um intervalo de dez minutos. As duas provocaram violentas tentativas de assassínio. No sexto e último episódio, a possessão causou morte.

Arne não teve intenção nem premeditou ferir ninguém: seu corpo foi apenas apreendido e usado como instrumento para matar. Era amigo da vítima.

Por que o homicídio ocorreu exatamente em 16 de fevereiro? Na época ninguém sabia. Mas o fato nada teve de aleatório: a morte estava *fadada* a ocorrer nessa data, seja a vítima qual fosse. O ente possessor buscava uma alma humana, não importava quem. Na realidade, o alvo escolhido, Debbie Glatzel, escapou. No lugar dela, Alan Bono foi vitimado.

O demônio trabalhou por meio de Arne com a intenção malévola de se vingar pelas ocasiões em que foi desafiado ao possuir David Glatzel. A culpa de cometer um crime foi imposta a Arne como *punição direta* por sua coragem.

No fim das contas, o que aconteceu não foi só um esfaqueamento; foi uma trucidação diabólica.

*

Na véspera do crime, Arne e Debbie foram de carro até Bridgeport buscar Leah, Megan e Jennifer — as irmãs de Arne. Era uma noite dominical. No outro dia seria feriado no Estado de Connecticut, por conta do aniversário do nascimento de George Washington. As meninas iam dormir na casa de Arne e Debbie e não teriam aula. Assim que Mary saiu da casa alugada, as relações entre Arne, Debbie e a família Johnson logo voltaram ao normal.

Nessa segunda-feira, 16 de fevereiro de 1981, Arne Cheyenne Johnson, como sempre, levantou-se às sete horas. Tinha que estar na empresa às oito da manhã. Só que aconteceu algo há tempos inédito: Arne acordou doente. A cabeça latejava, a barriga doía, uma congestão torácica simplesmente o impedia de respirar direito. Às sete e quinze, ligou para a empresa onde trabalhava e avisou que faltaria por motivo de doença. Após tomar duas aspirinas e um antibiótico* entregues por Debbie, Arne voltou para a cama. Com a tagarelice e o tumulto de suas irmãzinhas, porém, Arne não conseguiu dormir e acabou se levantando, pouco depois das dez. A esta altura já se sentia melhor, mas longe de estar bem.

Por sua vez, Debbie ia trabalhar normalmente aquele dia. Tinha que banhar e tosar vários cães, e as meninas, ansiosas, queriam acompanhar tudinho. Debbie as apresentou a Alan Bono, que depois convidou a turma inteira, incluindo Arne, para almoçar.

"Solteiro, Alan quase sempre comia em restaurantes", lembrou Debbie. "Gostava de ter companhia no almoço, e a refeição era por conta dele. Sujeito solitário. E também melancólico. Todos os dias, falava em morte. Assim, Arne e eu fizemos amizade com ele para que tivesse amigos. Mas ele tinha um problema sério: a bebida. O alcoolismo perturbava sua capacidade de gerir o canil, atividade que ele odiava. Negligenciava os animais completamente. Cobrava altos valores, mas deixava os bichinhos passarem fome, sede e até frio. Alguns morriam. Nesse dia do crime, às onze da manhã, Alan já havia tomado umas taças de vinho branco e estava meio bêbado.

"Na hora do almoço, Alan nos levou a um restaurante nas proximidades para comer hambúrgueres regados a Coca-Cola — exceto ele, que entornou duas garrafas de vinho. Alan insistiu que tomássemos vinho com ele. Arne não queria, mas cada um tomou mais ou menos uma taça. Alan voltou a encher e acabamos deixando as taças de vinho cheias.

"Depois do almoço, paramos numa loja especializada e compramos xampu e outros suprimentos para os cães que eu precisava tratar naquela tarde. No tempo em que ficamos lá aconteceu um fato inusitado. Um grande papagaio subiu no ombro de Arne e ali ficou, empoleirado, o tempo todo que estivemos no local. Não saía e ainda por cima bicava

* Tetraciclina, primeiro identificada erroneamente pelas autoridades como o tranquilizante Miltown (meprobamato). (Nota do Autor)

quem se aproximasse dele. No trajeto de volta, paramos numa loja de bebidas, e Alan comprou um garrafão de vinho tinto para beber antes do jantar.

"Quando voltamos, Arne subiu para o apartamento para fazer uma sesta. Levei as meninas ao salão de beleza. Alan abriu o vinho e se enfurnou no escritório lá embaixo.

"Nessa volta ao canil depois do almoço senti que havia algo errado... Parecia que algo trágico estava prestes a acontecer."

Em torno das quatro horas, Judy Glatzel também foi dominada por uma sensação de tragédia iminente. Começou a ligar para o canil de meia em meia hora, pedindo que Debbie e Arne saíssem de lá e voltassem à casa dos Glatzel imediatamente. Debbie entendeu o que sua mãe estava falando e prometeu levar Arne e as meninas para jantar em casa às seis.

Às cinco da tarde, Arne já estava em pé e se sentindo melhor. Um dia bonito se desenhava. Ele desceu ao térreo e foi conversar com Alan Bono no escritório do canil. Alan perguntou se ele poderia arrumar a fiação do alto-falante do aparelho de som. Arne se dedicou à tarefa, enquanto lá nos fundos Debbie e as meninas davam banho e tosavam um poodle.

Tudo prontinho com o poodle, limparam a sala de banho e tosa. Às cinco e meia, Judy voltou a ligar. As instruções foram diretas: *mas que diabos, venham logo para casa!*

"Avisei Debbie sobre meu pressentimento de que algo muito, muito errado estava prestes a acontecer", recordou Judy. "Talvez a tragédia pudesse ser evitada se estivéssemos juntos."

A essa altura, porém, Alan Bono, completamente bêbado (no momento da morte, o nível de álcool no sangue registrava três vezes o limite legal, 3,3 numa escala de 1,0), insistiu para a família ficar e jantar com ele. Debbie resistiu, mas ele fez um escarcéu desagradável; ela deu o braço a torcer e encomendou três pizzas.

Antes das seis da tarde, Debbie e as três meninas saíram para buscar as pizzas. Por sua vez, Arne subiu ao apartamento para dar uma olhada em George, o cão pastor, e trocar as botas de trabalho por sapatos. Curiosamente, o par de sapatos que Arne calçou pertencia a David!

Às seis horas, Debbie e as irmãs de Arne voltaram com as pizzas indesejadas. Encontraram Arne no escritório do canil com Alan Bono, que continuava a tomar vinho. O aparelho de som tinha sido arrumado e ele parecia satisfeito.

"Eu dei a ideia de comermos as pizzas no apê de Alan", lembrou-se Debbie. "Já tinha visto aquilo antes, e sabia que ele ia ficar mais bêbado e acabar caindo no sono. Não queria que ele apagasse em nosso apartamento e sim no dele. Por isso, subi e servi as pizzas na mesa da cozinha dele. Quando estava pronto, chamei todo mundo. O último a aparecer foi Alan. Levou o garrafão de vinho com ele. Também ergueu o volume do som no máximo. Não foi lá muito agradável."

Cambaleante, Alan Bono mal conseguia andar de tão embriagado. Obviamente não parecia interessado em comer. Todos foram se sentando à mesa, e Alan ligou a televisão, isso com o aparelho de som tocando rock no andar de baixo. Mas o televisor não funcionou, e Alan começou a sacudir o aparelho e a gritar com ele.

Debbie pediu que ele se acalmasse, mas Alan nem escutou. Começou a esmurrar a parede com tanta violência que o punho atravessou a placa de gesso.

Antes mesmo de provarem a pizza, Arne e Debbie se ergueram e avisaram as meninas que iam sair imediatamente.

"Nem eu nem Arne queríamos as meninas na presença desse bêbado violento", contou Debbie. "Nós dois achamos que o melhor a fazer seria embarcar no carro e ir direto à casa de meus pais. Com certeza não queríamos ficar no meio daquele espetáculo desagradável."

Arne foi descendo a escada, logo seguido por Debbie. A porta do escritório ficava ao pé da escada. Arne se apressou e desligou o ruidoso aparelho de som. Arne saiu do escritório e se deparou com Debbie segurando a porta da frente aberta. Mas as meninas não vieram atrás. Lá no segundo piso, Alan Bono bloqueou a passagem delas. Foi nesse instante que a quinta possessão de Arne ocorreu.

"Segurei a porta aberta para as meninas. Arne passou por mim e estacou a meio metro de distância", lembrou Debbie. "Eu tinha acabado de gritar para as meninas descerem. Só então percebi a reação de Arne. Soltei um grito: 'Ai, não!' Quem estava ali parado não era o Arne! O besta-fera estava nele! Os olhos, a boca, tudo diferente. Em seguida um rosnado estridente e horrível foi emitido por Arne. Quando pisquei os olhos, eu já estava no chão."

Numa traiçoeira agressão física, o ente maligno em Arne derrubou Debbie. Caída na soleira da porta, ela sofreu pontapés violentos no abdômen, peito e cabeça. Algo queria matá-la com força e rapidez avassaladoras.

"Gritei: 'Jesus, por favor, tenha misericórdia de mim!'", contou Debbie. "O desespero me dominou. Eu ia morrer, isso era certo. Não conseguia me defender. Recorrer a Deus era o que restava para cessar esse ataque, senão eu seria chutada até a morte."

A cena demente foi interrompida por Leah, de 15 anos, que a essa altura já tinha descido metade do lance de escadas, escapulindo de uma situação insana para outra.

"Gritei: 'Arne, Arne, pare com isso!'", lembrou-se Leah. "Mas não era Arne. Dentes à mostra, olhar alucinado. Parecia o Incrível Hulk. A coisa mais terrível."

Por sua vez, Debbie aproveitou a distração e, ainda meio tonta, se levantou. Arne, ao ser assustado por Leah, imediatamente se recompôs e sua aparência voltou ao normal. Perguntou a Debbie, que chorava no gramado: "Qual é o problema, meu bem?".

A próxima a descer os degraus foi Megan, seguida por Jennifer. Alan se precipitou atrás de Jennifer e, no pé da escada, conseguiu impedir a passagem da menina.

Leah relata: "O sr. Bono ficou brabo porque estávamos indo embora. Bloqueou a frente de Jenny e gritou: 'Voltem aqui! Vocês não podem ir embora! Ninguém vai sair!' Proferiu essas ordens podre de bêbado, e Jenny começou a gritar por socorro".

Com apenas 9 anos, Jennifer conseguiu se esquivar de Alan Bono, mas, antes que pudesse disparar na corrida, o ébrio a agarrou firme pelo braço. Apertou com tanta força que Jennifer soltou um grito, misto de receio e dor. É Debbie quem relata:

"Arne tentou apaziguar a situação e disse: 'Fica frio, Alan, está tudo bem'. Só que o Alan não largava a menina."

Em meio às dores, Jennifer ficou cada vez mais apavorada. Num esforçou tentou recolher o braço para se desvencilhar, mas não conseguiu. O terror que ela sentiu não foi à toa.

Os pedidos para que o homem soltasse Jennifer não vingaram. (Do ponto de vista jurídico, a *contenção à força de menores* é um grave delito; assim, Alan Bono transgrediu a lei e desencadeou o crime.)

"Solta o braço dela!", implorou Debbie. Contudo ele manteve a menina em seu domínio e afirmou que todos deveriam voltar lá para cima e jantar com ele.

Nesse instante, Arne caminhou até Alan. Em vez de usar a força, Arne repousou a mão no ombro de Alan e disse: "Vamos, meu amigo. Solte a garota. Está tudo bem".

Mas Alan não cedeu. Ficou ainda mais irritado. E a criança não parava de gritar, espavorida e com muita dor.

"Maldição, Alan, solte a menina!", gritou Debbie puxando os cabelos do homem. Alan se distraiu e acabou soltando Jennifer, que correu direto para o carro.

"Muito assustadas, Meg e Jenny não paravam de chorar", falou Debbie. "Instruí que fossem para o banco traseiro do carro e não saíssem". As meninas obedeceram a ordem ao pé da letra.

Infelizmente, a cena grotesca não parou com a libertação de Jennifer. Em vez disso, agora com as duas mãos livres, Alan Bono, bêbado e irritado, tentou encetar com Arne uma luta corpo a corpo.

A sexta e derradeira possessão aconteceu nesse momento. Acabou se comprovando fatal.

O espantoso drama iniciado em 2 de julho de 1980 estava prestes a culminar em tragédia em frente ao Canil Brookfield, minutos após as 18h de 16 de fevereiro de 1981. A horrenda profecia feita no meio do ano anterior acabou se confirmando.

No gramado frontal do canil, à plena vista dos carros que passavam, Alan Bono começou a provocar Arne para medirem forças. E foi o que aconteceu quando ele agarrou Arne. Para se proteger, o rapaz pegou Alan nos pulsos. Os contendores entrelaçaram mãos e dedos, erguendo os braços acima das cabeças, numa luta brutal. Apesar de bêbado, Alan tinha uma força surpreendente.

Leah e Debbie tentaram apartar os dois e pôr um fim à briga. Corajosamente, Debbie se colocou entre os dois homens, enquanto Leah agarrava Arne pela cintura e o puxava para trás.

"Bem que eu tentei, mas não consegui", lembrou-se Leah. "Parecia uma estátua. Puxei Arne para trás com toda minha força, mas ele nem se mexeu."

Segundos depois, Debbie precisou desistir. Apavorada, viu os dois homens de punhos cerrados e erguidos, olhando hipnoticamente um para o outro. *E Arne estava sob possessão!* O rosto dele exibia a desfigurada careta do besta-fera!

"*Duas* vozes saíam de Arne", acrescentou Debbie.

"Verdade", confirmou Leah. "A primeira, uma voz estridente. E a outra, um rosnado animalesco e grosseiro".

Mas, de repente, o atroz espetáculo cessou tão rápido quanto começou. Pelo menos foi o que pareceu. A dupla baixou os punhos, e Arne começou a recuar. Olhar inflamado, rosto distorcido.

Enquanto Arne se afastava, Debbie tentou se aproximar dele, mas foi imediatamente repelida com um olhar feroz e um rosnado gutural e perverso.

Por sua vez, Alan Bono ficou a postos, socando a palma da mão, provocando: "Vamos lá! Lute comigo! Vou acabar com você!".

Nisso, Arne, ainda sob possessão, estacou. Um rugido bestial, quase de triunfo, saiu do corpo dele.

Um segundo mais tarde, Alan foi ao chão — de rosto para frente. Não emitiu som algum. Não tentou se agarrar para evitar a queda. Simplesmente desabou.

Então Arne continuou recuando até sumir por trás do canil. Em frenesi, aos gritos, Debbie e Leah pediram socorro enquanto corriam até o local onde Alan Bono jazia na grama. Teria caído duro de bêbado ou seria um ataque cardíaco?

"Mas ao virar Alan de costas", afirmou Debbie, "percebi vestígios de sangue. Ergui a camisa dele e deixei escapar um grito. Duas perfurações no tórax!"

Na hora em que Alan Bono tombou na relva, Megan e Jennifer estavam agachadas no piso do banco traseiro do carro. Não viram nada. Nesse instante, porém, em que Arne se retirava da cena do crime, Jennifer foi a única a receber uma mensagem dramática. A mensagem, enunciada em voz masculina, teve o seguinte teor:

Esse é o castigo por Arne ter me desafiado. Se me desafiar de novo, ele *será morto por mim! Já matei antes! E vou matar novamente!*

Nem Debbie Glatzel nem Leah Johnson presenciaram um esfaqueamento. Na verdade, as duas insistem que não viram lâmina alguma durante o horrível episódio. Porém, quando começaram a gritar por socorro, Megan e Jennifer saíram do carro e foram correndo pelo gramado até onde Alan Bono estava estirado, resfolegante.

Nessa hora, uma arma branca foi avistada pela primeira vez.

"A uns três metros do sr. Bono, vi o canivete de Arne aberto no chão", lembrou Jennifer. (Canivete de lenhador, com cabo de madeira e lâmina de doze centímetros. A mesma arma vista a última vez sobre a mesa do escritório do canil, quando Arne a utilizou para desencapar o fio do alto-falante.) "Não toquei em nada. Fiquei com medo! A lâmina do canivete, além de toda ensanguentada, *brilhava*!"

Debbie Glatzel tentava ajudar Alan Bono e gritava por socorro, em desespero. Mas sem resposta — nem mesmo os vizinhos mais próximos, alguns que inclusive fecharam as janelas.

Confusa e muito agitada, Debbie correu até o escritório do canil e ligou para a mãe. "Socorro! Por favor! Estamos no canil. Uma pessoa foi esfaqueada! Arne estava possuído! Não foi ele quem cometeu isso! Venham cá, por favor!"

Debbie ouviu ao fundo David gritando e chorando.

Na hora, ele soube.

"Foi o besta-fera!", relatou David. "Ninguém viu nada. Ele apenas matou com uma faca. Encarnou em Arne *e* em Alan Bono. Lá estão todos os asseclas dando risada. Não foi Arne quem fez isso! Não foi ele quem cometeu isso! O besta-fera apunhalou Alan cinco vezes com o canivete!"

Pura verdade.

Ao chegarem, os paramédicos se depararam com Alan Bono deitado de barriga para cima, moribundo em razão de duas facadas — uma das quais penetrou seu coração. Fato estranho é que os dois primeiros adultos a chegarem ao local e detectarem as marcas em Alan vislumbraram apenas duas estocadas. Instantes depois, porém, na chegada dos paramédicos, constatou-se o fato inquestionável: quatro facadas perceptíveis no peito e no corpo.

As tentativas de ressuscitação cardiopulmonar não surtiram efeito no local. As técnicas não foram suficientes para reanimar o moribundo. De ambulância ele foi conduzido ao hospital, a oito quilômetros de distância.

Às 19h39, na sala de emergência do Hospital Danbury, o óbito de Alan Bono foi oficialmente declarado.

Causa da morte? Esfaqueamento.

Número de golpes? Quatro estocadas profundas no tórax e no abdômen; uma quinta perfuração não letal no ombro da vítima. Ao todo, *cinco* ferimentos.

22
O DIABO ME OBRIGOU

Uma hora após o esfaqueamento, Arne Cheyenne Johnson foi preso. Uma notificação de alerta tinha sido emitida contra ele. Ironicamente, não foi a polícia quem deteve Arne, mas sim o próprio motorista da ambulância que havia acabado de levar Alan Bono ao Hospital Danbury. Na volta ao corpo de bombeiros de Brookfield, o motorista escutou a mensagem de rádio da polícia com a descrição. Pouco depois, avistou Arne vagando confuso e sozinho pela Silvermine Road, nas imediações da casa dos Glatzel.

Arne não ofereceu resistência. Na verdade, permaneceu alheio à terrível morte recém-perpetrada. Beirando a histeria e ainda sofrendo os efeitos duradouros da possessão, disse apenas uma frase ao motorista da ambulância: "*Me ajude, por favor!*".

O motorista o deteve até chegar a viatura da polícia, cinco minutos depois. Então foi algemado e conduzido à delegacia. Chegou lá às 19h30.

Às 19h40, ligaram do Hospital Danbury para a delegacia. A mensagem: "Alan Bono foi a óbito".

Arne Cheyenne Johnson foi acusado de homicídio qualificado.

Curiosamente, a resposta de Arne a essa acusação foi cair no sono! Antes disso se comportou de modo "incoerente e balbuciante".

"Quando acordei, eu nem sabia onde estava", afirmou. "Senti o corpo inteiro entorpecido. Sem força nos músculos para nada. Eu mal conseguia mexer os globos oculares."

Indagado sobre os fatos ocorridos em 16 de fevereiro, Arne alegou não se lembrar de nada após as 18h. Justamente nesse horário Debbie relatou o quinto episódio de possessão. Só foi recuperar a consciência às 20h, trancafiado na delegacia de polícia de Brookfield, quando os efeitos da possessão tinham passado.

Levando em conta a incoerência prévia de Arne, a polícia releu para ele a acusação de homicídio. Dessa vez, Arne respondeu incrédulo: "Não sou capaz de matar ninguém. E *não matei* ninguém. Vocês pegaram o cara errado. Alan Bono era meu amigo. Por que eu o mataria?"

Mas ninguém lhe deu ouvidos. Arne Cheyenne Johnson caiu nas mãos de gente que nunca escutou suas alegações. Havia boletins de ocorrência quase semanais na casa dos Glatzel desde setembro e todas as viagens da polícia eram preparativos para o evento verdadeiro. Agora, porém, ali estava Arne na delegacia, preso por homicídio. A polícia não estava inclinada a soltá-lo. Alegaram que ele havia apunhalado Alan Bono até a morte, usando o próprio canivete, que encontraram dobrado, a uns oito metros de onde a vítima agonizava. As pessoas presentes no local do crime foram identificadas como irmãs e noiva de Arne.

Ainda assim, Arne negava ter cometido o crime. Não se lembrava de assassinato algum e, por isso, nunca fez confissão alguma à polícia. Teriam que provar o crime contra ele.

Por conseguinte, os depoimentos mais importantes para elucidar os fatos ocorridos no entardecer de 16 de fevereiro foram os de Debbie Glatzel e das irmãs de Arne. A jovem e as três meninas descreveram os mesmos fatos em torno da tragédia. A morte teve só duas testemunhas oculares: Debbie e Leah. Ambas negaram peremptoriamente que Arne tenha cometido o assassinato. "Alan Bono simplesmente caiu", insistiram elas. Como aconteceram os ferimentos? Não souberam explicar.

Mas, com base nas declarações de Megan e Jennifer — que ficaram escondidas no carro *sem contato visual* com os eventos fatais —, a polícia construiu uma linguagem incriminadora que conectava diretamente Arne ao esfaqueamento.

O homicídio é um crime gravíssimo, mas nenhum advogado estava presente quando Debbie, Leah, Megan e Jennifer prestaram depoimentos à polícia. As declarações não foram escritas de próprio punho, mas *pela* polícia — *um só* policial, para ser mais exato. Não havia outro policial como testemunha oficial de corroboração, nem foram feitas gravações em fita. Outro fato relevante é que não foram realizadas emendas pertinentes nos depoimentos, embora as testemunhas tenham exigido correções na época.

A atmosfera — caos, tristeza e emoções intensas — não tornava a delegacia o ambiente ideal para se determinar a verdade. Para completar, Mary Johnson foi acometida por um ataque agudo de colite ulcerativa e não foi capaz de acompanhar o interrogatório das filhas. No fim das contas, Jennifer foi obrigada a assinar embaixo de um depoimento oficial que ela não conseguia ler nem compreender direito. E Megan assinou o depoimento acreditando no policial, que prometeu retirar as referências que escreveu no texto, alegando que ela teria visto Arne golpear Alan Bono com uma faca. Por fim, tão logo os depoimentos foram tomados, um segundo policial nunca assinou o formulário no local indicado, muito menos o chefe de polícia, para verificar a autenticidade do que havia sido escrito.

Era esse o cenário na delegacia de polícia de Brookfield na noite do homicídio. Com o foco das meninas fixo em Arne e na apavorante cena de possessão que tinham acabado de testemunhar, pouca atenção foi dedicada aos depoimentos oficiais, coletados sob condições descritas por Debbie como "coação". Entretanto, esses depoimentos suspeitos mais tarde ganhariam destaque nas acusações contra Arne.

Arne Cheyenne Johnson não confessou o crime e alegou não se lembrar de nada. As testemunhas presentes no canil naquela noite negaram a culpa dele. Apesar disso, a polícia assumiu a postura de que se tratava apenas de um simples caso de homicídio.

Já em outubro de 1980 a polícia tinha sido notificada de que as ocorrências violentas na família Glatzel eram motivadas por um caso teológico complexo, mas esse dado foi ignorado quando ocorreu o homicídio. E a história veiculada na imprensa trazia uma explicação que destoava do que os principais participantes alegavam ter visto.

De uma hora para outra, Arne se tornou um "pivete de Bridgeport, hábil no manejo de facas". No texto acusatório da polícia constava que, na noite fatídica, Arne tivera uma rusga com Alan Bono — um comerciante inocente e pacato. A altercação se escalou para a violência, durante a qual Arne esfaqueou Alan brutalmente até a morte, usando seu canivete de arborista. Para completar, ao longo da semana, a polícia atribuiu um motivo ao crime: amante ciumento, Arne matou o rival Alan Bono numa disputa de pretendentes, cujo pivô seria Debbie.

Para quem presenciou a cena da morte, essa suposta explicação era uma injúria, ou nas palavras de Debbie, "uma mentira absurda sem relação com a realidade".

Ao contrário, o grupo afirmou: "Não foi ele!".

Mas ninguém deu bola.

Naquela semana, Arne Cheyenne Johnson foi denunciado ao juiz de primeira instância de Danbury sob a acusação de homicídio. O juiz determinou a fiança em US$ 125.000 — uma das mais altas já fixadas no Estado de Connecticut. Nem os Glatzel tampouco os Johnson tinham capacidade de levantar essa exorbitante quantia. Assim, Arne foi transferido ao Centro Correcional de Bridgeport — a cinco quarteirões de onde morava a mãe dele. Completava-se o círculo épico.

Em meio a esse cruel turbilhão de tragédias e contradições, as famílias Glatzel e Johnson concluíram que expor a verdade — a autêntica verdade — seria o único jeito de provar a inocência de Arne. Todos os familiares acreditavam que a verdade o libertaria. Afinal de contas, as testemunhas realmente viram a morte, mas também a possessão. E o mais importante de tudo: elas insistiam não ter visto Arne cometer o crime do qual era acusado. A verdade que alegavam era heterodoxa e sem precedentes jurídicos, mas era a única verdade que dispunham.

Mas não foi o Caso de Possessão de Brookfield que acabou ganhando as manchetes dois dias após o assassínio. O que causou alvoroço na imprensa foi o fato de que um rapaz de 19 anos, acusado de homicídio qualificado, ter entrado com a alegação sem precedentes de "inocente em virtude de possessão". Logo a confissão foi interpretada como mais um pretexto ridículo de um criminoso, uma nova modalidade de "o diabo me obrigou".

Arne não se importava com a má publicidade e as críticas da imprensa. Mas se preocupava, e muito, com os depoimentos contestáveis que a polícia tomou na noite fatídica. Esses depoimentos se tornaram a base para o caso do Estado contra ele e foram usadas em 19 de março de 1981, quando um grande júri de dezoito membros em Danbury indiciou formalmente Arne Cheyenne Johnson pelo esfaqueamento e morte de Alan Bono.

Megan Johnson afirmou: "Garanti a eles [ao juiz e ao jurado-chefe] que não falei aquelas coisas. Repeti sem parar que eram as palavras do policial, não as minhas. Expliquei que pedi ao policial para riscar uns trechos naquela noite, mas ele não cortou. Deixou coisas que eu não queria. No tribunal, não me deixaram falar o que eu gostaria de ter falado. Eu queria contar a verdade aos jurados. Mas não foi possível. Só me mandaram ler o papel que assinei [o depoimento] sem acrescentar nada. Também induziram a minha irmãzinha Jenny a mentir!".

Seja como for, a acusação foi proferida e a data do julgamento, marcada: outubro de 1981.

A partir de março, milhares de cartas começaram a chegar a Brookfield, enviadas de todo o país e do mundo. Pseudoespecialistas, supostamente instruídos em assuntos ocultos, candidatavam-se a testemunhar contra Arne — e até contra David —, alegando que tinham a resposta certa. Um afirmou ser capaz de "provar" que a possessão diabólica era histeria (isto é, dupla personalidade). Outro afirmou que a raiz do problema se encontrava na "esquizofrenia". Um guru de Hollywood asseverou que o caso era uma farsa, e as causas eram "mentais". Quando um episódio de *Quincy*, o seriado televisivo, abordou a síndrome de Tourette (também chamada doença dos palavrões), chegaram centenas de cartas com o diagnóstico: David não tinha sido possuído e sim era vítima da síndrome. ("No segundo semestre de 1980, David foi testado para essa e outras doenças por um psiquiatra, e os testes deram negativo", afirmou Judy Glatzel.) Pelo conteúdo das cartas que foram chegando, David e Arne sofriam de tudo — desde transtorno de caráter a neurose, psicose e esquizofrenia até uma série de outros distúrbios patológicos, incluindo mentira compulsiva — menos da causa real.

Entre as atrozes consequências do assassinato de fevereiro, a ajuda a David e Arne por meio da Diocese de Bridgeport foi drasticamente interrompida. Alegando possessão sem o apoio da igreja para fundamentá-la, Arne e os Glatzel acabaram "abandonados uma segunda vez", de acordo com Judy.

"Eu batia à porta da casa paroquial e nem atendiam. Passei pelo cúmulo de guardar minha própria hóstia, levar para casa e fornecer a David, na esperança de que Deus o ajudasse."

Em vez de apoiar a família quando ela mais precisava, a cúria diocesana divulgou informes à imprensa, explicando que "não houve exorcismo" (tecnicamente verdadeiro) e que se tratavam de "dois casos separados" — o de Arne e o de David (também verdadeiro, mas um provocado pelo outro). A cúpula diocesana garantiu que o envolvimento da Igreja se estendeu apenas a David Glatzel e não a Arne Cheyenne Johnson (tecnicamente falso). O cordão foi cortado. Então com 19 anos, Arne estava realmente sozinho.

"Por volta do fim do primeiro trimestre de 1981", observou Ed Warren, "o ente maligno já havia possuído duas pessoas e matado outra. Na realidade, na noite da matança, o demônio reproduziu para David a cena inteira do esfaqueamento, e o garoto então contou os detalhes específicos aos demais familiares. De um modo descarado, o diabo se revelou autor do crime. Exorcismo adicional claramente urgia para evitar outra tragédia. E o que os clérigos da cúria diocesana fizeram para resolver esse problema iminente? Mandaram os padres McDonnell e Sheehan embora de Brookfield; em seu lugar, nomearam dois padres novatos como representantes da diocese; e eles encaminharam todas as nossas ligações (independentemente da urgência) a um advogado!"

Quem sofreu as consequências foi Arne Cheyenne Johnson. No presídio de Bridgeport, ele sentiu a dor do abandono e do medo. E mesmo com motivos para cultivar ódio e rancor, Arne continuou sendo o mesmo rapaz de sempre, simples e espontâneo. Isso fica evidente na carta que ele escreveu para David em 12 de maio de 1981.

Cela #A10-8A

Olá, David,

Tudo bem contigo? Gostei muito de receber sua carta. Também estou com saudades. Espero que as coisas estejam dando certo para você. Talvez eu não consiga estar por perto para te ajudar quando estiveres precisando. Mas vou rezar muito por você.

E na escola, como vão as coisas? Espero que esteja indo bem. Anda planejando vir aqui para me visitar? Espero que sim. Vou curtir te ver e te ouvir de perto. Assim vou saber que estás bem.

Sempre rezo para sair logo daqui. E quando eu sair vou poder te visitar. Eu me preocupo muito contigo. Por isso, não deixes de ler a Bíblia e fazer tuas preces. Isso porque não quero que aconteça contigo algo parecido com o que estou enfrentando. E não esqueça: Deus está contigo em todos os momentos.

Diga ao restante da família que estou com saudades de todos e que estou bem. Então, David, cuide-se. E me escreva de novo em breve.

Com preces de afeto,

Amor, Chey

Levando em conta a situação desesperadora no meio do ano de 1981, os Warren acharam necessário sair do país e buscar ajuda para David, Arne e a família Glatzel. Foram encontrá-la na tradicional Igreja Católica do Canadá. Lá, David não só acabou de ser exorcizado do ente maligno, mas, naqueles meses de junho a setembro, a causa de toda a situação catastrófica veio à tona.

"Em julho de 1981, Lorraine e eu fomos a Quebec para, de uma vez por todas, encerrar a questão", explicou Ed Warren. "Quebec é uma cidade espiritualmente poderosa. Boa parte de nossos casos mais difíceis é solucionada por lá. Nos EUA, assim que o caso de possessão se tornou público, obter ajuda se tornou uma tarefa praticamente impossível para os Glatzel. A Igreja Católica americana se preocupou mais com a má publicidade do que com a responsabilidade de amparar uma criança em perigo. No Canadá, são outros quinhentos. A igreja de lá, mais tradicional, se prontificou a ajudar.

"Por meio de nossas conexões canadenses, fomos apresentados a um padre capaz de exorcizar David. Cinquentão com muitos dons, cuidava de uma paróquia menor, situada num vilarejo nos arredores de Quebec. À frente dessa pequena, mas movimentada paróquia suburbana, o Padre Gerard exercia seu ofício com especial sabedoria, como descobrimos. Em nosso primeiro encontro com ele, em 23 de julho, junto com um segundo padre e um bispo canadense, discutimos o caso Brookfield por quatro horas a fio.

"Embora não aparentasse, ele era um verdadeiro exorcista, com o dom do discernimento. Esse termo significa dominar — sem ser informado — conhecimentos ocultos ou secretos de natureza mística. Mesmo sem nunca ter visto os Glatzel nem ouvido seus nomes antes, Padre Gerard nos contou o que havia acontecido. Por mais de um ano, tentamos descobrir a origem da possessão; em cinco minutos, ele nos deu a resposta.

"Uma maldição recaiu sobre a família", disse ele. Na verdade, essa maldição foi lançada contra os Glatzel. Uma *maldição de morte*. Mais exatamente, David e Carl Jr. foram os alvos da maldição. O amaldiçoar profano ocorreu cerca de um ano antes do homicídio, na região Norte do Estado de Nova York. Ele explicou que a família Glatzel considerava amigas as pessoas que os amaldiçoaram — *melhores* amigas. Só que esse pessoal era satanista! Para obter benefícios de um demônio superior, propositalmente amarraram os dois meninos inocentes a uma maldição — ou uma oferta da alma. A ativação desse ente demoníaco foi desencadeada no dia em que uma pessoa da família Glatzel — Debbie — foi atraída por circunstâncias corriqueiras a uma casa diabolicamente assombrada (2 de julho de 1980). Segundo o Padre Gerard, tudo se desenrolou a partir daí".

Mas qual a conexão de Arne Cheyenne Johnson com todo esse sórdido calvário?

"Ao desafiar o ente satânico em David", disse Lorraine Warren, "Arne salvou a vida do menino. Mas assim, conforme explicou o Padre Gerard, atraiu o fardo da morte para si. Do ponto de vista técnico, a vítima deveria ter sido Arne, mas na verdade qualquer alma humana poderia ter sucumbido ao destino da morte, nós inclusive. No caso, atingido num momento vulnerável, o sr. Bono teve o azar de ser a vítima. O Padre Gerard afirmou, convicto: o sr. Bono foi ter com o Senhor. Numa violação da lei divina, ele foi morto pelo diabo!"

De volta a Connecticut, os Warren logo foram se encontrar com os Glatzel. Mas nada contaram sobre os detalhes que o padre de Quebec havia dito a eles. Limitaram-se a fazer as perguntas essenciais à família.

Os Glatzel confirmaram a Ed e Lorraine Warren que tinham amigos no Norte do Estado de Nova York. E também confirmaram que esse pessoal, até recentemente, estava entre seus melhores amigos. "Mas tivemos que nos afastar deles", afirmou Carl Glatzel. "De um modo ou de outro, sempre eclodiam problemas em nossa casa após essas visitas."

Que pessoal era esse, indagaram os Warren, e qual sua relação com a família Glatzel?

Carl Glatzel contou aos Warren o nome da família em questão, explicando que se conheceram em um passeio de motoneve, em 1976. "No inverno, aos fins de semana", relatou Carl, "eu levava Judy e as crianças a um hotel para praticantes de motoneve, em Long Lake, Nova York. Foi lá que fizemos amizade com essa galera. Ao menos uma vez por ano marcávamos um encontro para aventuras de motoneve e para curtir o fim de semana juntos... Família com família. Esse casal tinha nossa idade e dois filhos; nós, casados com três meninos. Nos divertíamos à beça. Mas assim que nos despedíamos começavam os problemas. Um ano, David perdeu o baço. No outro, Carl Jr. tentou matar David com uma corda. E em 1979 — o último ano em que nos encontramos — Judy e eu fomos derrubados por dores no ciático. Nesse último ano fomos ao chalé deles."

"Durante a visita", Lorraine perguntou, "viram alguma coisa parecida com itens de ocultismo?"

Judy pensou um pouco antes de responder: "Sim. Na casa havia cálices, velas, punhais e até uma caveira! O cachorro deles também fez a maior bagunça nos tapetes e eles nem limparam. O quarto principal tinha paredes pintadas de vermelho-sangue e móveis em veludo preto. Lá dentro tinha uma espécie de altar, com velas pretas, cálice e adaga curva, tudo arrumadinho."

"Quando fizeram essa viagem?", quis saber Lorraine.

Judy saiu do recinto e voltou com um calendário daquele ano. Ao voltar, relatou aos Warren que fizeram a viagem em fevereiro.

"Em qual data?", investigou Lorraine.

A resposta de Judy: *16 de fevereiro* — o dia exato do crime de Brookfield!

Uma plena conexão metafísica! Em seguida, os Warren explicaram o elo entre o homicídio e a família com quem se encontravam para juntos praticarem motoneve, no Norte do Estado de Nova York. Carl e Judy ficaram chocados com a cruel perversidade impingida a eles por uma família que fingia ser amiga. Um homem inocente morreu de forma trágica, e a família sofreu com opressão, possessão, exorcismo e ferimentos físicos... Tudo isso sem entenderem a causa e a origem dessa luta. Agora tudo se encaixava. Mas os Glatzel já não podiam fazer nada. O pior já tinha acontecido. Só lhes restava tentar libertar David da tirania e impedir que Arne fosse preso e condenado.

*

Essas informações, reveladas no verão de 1981 no Hemisfério Norte, enfim levaram à resolução do caso de David Glatzel. No outono, correspondência e dados pertinentes fluíram ao Norte, incluindo um requerimento para exorcismo com doze páginas. Após uma análise meticulosa, em outubro a solicitação foi atendida. Porém, foi desnecessário um exorcismo amplo: David não estava mais possuído. Quebec amanheceu branquinha de neve em 7 de novembro de 1981 e, numa igrejinha de pedra nos arredores da cidade, teve lugar um "livramento carismático".

Foi um evento digno de nota. Empregou-se a técnica clássica de exorcismo chamada de "imposição das mãos", em que as forças aflitivas são expelidas *através* do corpo do exorcista. O procedimento inteiro levou menos de trinta minutos. Enfim o autor de todo o mal experimentado pela família foi identificado. Ao ouvir aquele nome, o espanto foi geral.

Dois padres foram necessários para levar a cabo a missão. Um atuou como exorcista, o outro como médium religioso. Tudo foi realizado na presença de toda a família Glatzel. De camisa e gravata como seus irmãos, David sentou-se numa cadeira de espaldar reto na frente da família.

O Padre Gerard, o exorcista, repousou as mãos nos ombros de David. O outro clérigo, Padre McEwen, na função de médium, segurou as mãos de David. Então o Padre Gerard deu início aos trabalhos:

> Em nome do Pai, do Filho e do Espírito Santo. Amém. Deus Todo-Poderoso, imploramos sua compaixão. São Miguel, nos proteja.
>
> Pela autoridade de nosso Senhor Jesus Cristo, o Redentor, o Protetor da humanidade contra a perversidade e as armadilhas do demônio, te ordeno, em nome d'Ele: deixe o corpo e a alma desta criança e volte para o seu lugar no poço da escuridão.

A resposta do elemento possessor foi imediata. Horrorizada, a família ouviu a voz do demônio — e dessa vez, incrivelmente, não veio de David, mas sim do Padre McEwen!

Exigiu: *"Solte o menino!" Solte-o! Afaste-se!"*.

O Padre Gerard limitou-se a responder duramente: "Foste derrotado! "Em nome do Senhor Jesus Cristo, ordeno. Diga teu nome e vá embora!".

"Você não passa de um ser humano!"

"Eu me expresso como ser humano, mas com a autoridade de Deus, dos céus e da terra. Em nome d'Ele eu te ordeno: vá embora! Deus ordena a tua saída. O filho d'Ele..."

"Pare com isto! Pare com isto!"

Uma dor lancinante atingiu Debbie na base do pescoço. O corpo de Alan se enregelou. Carl Jr. inclinou-se à frente absorto, os olhos fixos no irmão. Por sua vez, o Padre Gerard, segurando com firmeza os ombros de David, foi acometido por um forte estremecimento corporal.

Mesmo assim, continuou a ordenar o espírito para sair do menino: "Revele-se e vá embora!"

"Nããão!"

"Vá embora, em nome de Jesus!"

De repente se ouviu um estrondo de vidro se estilhaçando perto de Carl Glatzel, seguido por fortes pancadas na parede atrás da estátua da Virgem Maria.

"Diga teu nome e vá embora!", ordenou Padre Gerard com voz poderosa, enfrentando agora uma intensa provação física.

"*Nãããão.*"

"Acate a vontade de Cristo e retire-se!"

Papéis avulsos numa mesa próxima começaram a voar, como levados por um redemoinho de vento soprando na igreja. Perto da estátua de Nossa Senhora novas pancadas violentas atingiram a parede. Uma profusão de murmúrios preencheu o ar.

"Identifique-se!", ordenou o exorcista, cujo corpo agora tremia freneticamente, pois o espírito possessor tentava entrar nele. "Em nome de Cristo: renda-se! Obedeça às ordens divinas! *Diga teu nome agora!*"

Crise pura no ar. Iminência de algo a acontecer. O ápice do perigo havia sido alcançado. Das duas, uma: ou a situação se resolvia, ou a sala repentinamente explodiria num pandemônio.

O milagre aconteceu. Instantes depois, o ente maligno desistiu. E, assim, o demônio falou pela última vez. Como obrigatório sinal de partida, revelou o tétrico nome pelo qual era conhecido. O segundo na hierarquia diabólica, atrás apenas do próprio Satanás. Balbuciou pelos lábios do médium:

"*Eu... sou... BELZEBU!*"

Um silêncio dominou o ambiente. Encharcado de suor, o exorcista tirou as mãos dos ombros de David. A criança estava libertada. E também o Padre Gerard.

Foi da boca do Padre McEwen que saíram as palavras seguintes, deixando todos estupefatos. Anunciou na voz de David:

"Mãezinha, mãezinha! Estou livre! Estou livre! Estou livre!"

*

Flocos de neve caíam do céu plúmbeo de Quebec. O fim do caos para David e toda a família Glatzel. A resolução alcançada nesse dia provocou gratidão e alívio imensos em todos os envolvidos. Porém, a alegria em seus corações era superficial. David até podia estar livre, mas Arne permanecia cativo. O legado do besta-fera durava. O caso de Arne seria levado a júri popular.

*

O julgamento de Arne Cheyenne Johnson teve início em 28 de outubro de 1981. Em maio, ele teve a opção de se declarar culpado de homicídio não premeditado, com potencial diminuição de pena. Mas e ignorou essa oferta de barganha do Estado. Não tinha matado ninguém. Por isso, não aceitou se declarar culpado. Do ponto de vista de Arne, o Estado de Connecticut o havia acusado de homicídio e teria que provar.

Firme em suas convicções, Arne suava na prisão provisória da delegacia, no centro da cidade, enfrentando os meses mais quentes do ano, ansioso para provar sua inocência e convicto de que a verdade o libertaria. Acreditava piamente que o objetivo dos julgamentos era expor a verdade e absolver os inocentes de delitos.

O processo foi julgado no Tribunal de Primeira Instância de Danbury, ampla estrutura com teto em abóbada, no fim da rua principal da cidade. Em algo que se tornaria rotina, naquela manhã, Arne chegou ao tribunal numa van branca com grades nos vidros. Parecia até que o veículo pertencia ao canil. Repórteres e fotógrafos da imprensa local e nacional enxameavam ao redor da perua enquanto Arne era conduzido ao interior do prédio. Trajava um terno e uma gravata que Debbie havia comprado para ele.

Os procedimentos deveriam começar às 10h, mas a marreta do juiz só foi baixada às 14h. Com apenas trinta e cinco minutos após o início, sobreveio o golpe devastador. O advogado de Arne — que assumiu a função sem cobrar honorários após ler sobre o caso nos jornais — perguntou a um potencial jurado se ele acreditava em Deus. Sim, respondeu o jurado. Nisso o advogado, testando o terreno, indagou: "Que tal o contrário? Também crê no diabo?".

A marreta baixou no tampo da mesa e os processos foram interrompidos.

O juiz que presidia o tribunal, Robert Callahan, perguntou ao advogado de Arne se a pergunta tinha relação com uma defesa baseada em possessão.

A resposta do advogado foi um sonoro "sim".

Preparado de antemão para essa eventualidade, o juiz sem demora proferiu uma decisão premeditada e absoluta impedindo a defesa de alegar a possessão em seu tribunal. Inapelável. Afirmou que o advogado de Arne tinha apresentado o formulário processual adequado* para

* Ref.: Normativa nº 758, Manual de Procedimentos do Tribunal de Connecticut. (Nota do Autor)

fazer a defesa de um crime que envolvia irregularidades mentais. Além disso, como não existia jurisprudência na lei dos EUA, alegar possessão era uma defesa "não científica".

Como fulminado por um raio, o advogado de Arne se opôs veementemente à objeção repentina e "preconceituosa". Alegou o direito de seu cliente a um julgamento justo; o direito do réu de apresentar qualquer defesa que provasse inocência; a inaplicabilidade da loucura no caso; e, por fim, que a evidência de possessão foi crucial no caso de Arne, porque interferiu na *intenção* de seu cliente de cometer um crime — os próprios alicerces da lei de homicídio doloso.

Após escutar com toda atenção, o juiz rejeitou todos os argumentos do advogado de defesa. Em seu contraponto, estipulou que não havia como comprovar a possessão; que essas circunstâncias não tinham influenciado a intenção; que a demonologia não tinha status de ciência, mas de "hobby". E o mais incrível de tudo: a ideia de possessão diabólica era "irrelevante" no crime do qual Arne foi acusado.

De modo imponderável, antes mesmo de o julgamento começar, o juiz rejeitou o âmago da defesa de Arne Cheyenne Johnson.

Arne sentiu-se ultrajado. Na prática, o Estado de Connecticut o acusou de cometer o crime de homicídio e simultaneamente acabou lhe negando o direito constitucional de se defender. Os fatos nus e crus incomodavam o público e, por isso, foram ignorados. Arne não teve alternativa senão mentir para tentar se defender. Enfrentava um processo que comprometeria sua vida inteira, mas qualquer argumento a seu favor foi barrado logo no primeiro dia no tribunal.

Foi assim que Arne Cheyenne Johnson começou a ser julgado. Repórteres e fotógrafos debandaram. "Se não tiver sensacionalismo", declarou abertamente um jornal, "não vamos publicar". Ah, se ele sonhasse!

A decisão do juiz não só amordaçou a defesa de Arne, como também deu margem para o Estado elaborar praticamente qualquer caso contra ele. Dito e feito.

O promotor aproveitou ao máximo a determinação pejorativa para impingir um processo de homicídio doloso contra Arne. Espantosamente, o caso do Estado imitava a interpretação inicial do crime feita pelo departamento de polícia de Brookfield.

Ou seja, a promotoria alegou que Arne Cheyenne Johnson esfaqueou Alan Bono até a morte numa briga entre dois embriagados. Segundo o promotor, o verdadeiro demônio foi o álcool e, sob sua influência, Arne perdeu o controle de si mesmo e matou Alan Bono, um sujeito rústico, fumante de cachimbo, que acabou vítima de uma raiva inescrupulosa.

Para enfatizar essa acusação, na primeira semana do julgamento, o Estado chamou uma lista de testemunhas especializadas: médicos legistas, patologistas, toxicologistas e policiais.

Porém, nenhum especialista conseguiu estabelecer uma conexão inequívoca entre Arne e o crime! O sangue na lâmina era do tipo O — mesmo tipo sanguíneo de Alan Bono —, mas não foi possível determinar com certeza que se tratava do sangue da vítima. Além disso, agressores que cometem crimes dessa natureza precisam necessariamente se aproximar muito da vítima, mas não havia uma gota de sangue nos sapatos e nas roupas de Arne. O canivete de lâmina grande que ele utilizava em seu ofício de arborista não tinha impressões digitais; por conseguinte, não pôde ser identificado inquestionavelmente como *a* arma do crime. Por fim, nenhum vínculo definitivo pôde ser comprovado entre os ferimentos da vítima e a lâmina apresentada no tribunal; qualquer faca semelhante poderia ter causado as perfurações. A única coisa provada pelos especialistas foi a morte de Alan Bono.

Sem estabelecer um vínculo físico verdadeiro, o Estado recorreu às irmãs de Arne na segunda semana do julgamento. Debbie Glatzel, a principal testemunha, nunca foi chamada para depor. Ao longo do processo, ela descreveu a morte de Alan Bono sob o prisma que realmente viu. Portanto, a promotoria não quis saber dela.

Na cena chocante que se seguiu, Arne viu as próprias irmãs serem *obrigadas* a testemunhar contra ele, tudo com base nos depoimentos altamente contestáveis coletados na delegacia na noite do assassinato.

Mas as meninas não se curvaram.

Tinham ido para dizer a verdade, toda a verdade e nada além da verdade. O Estado, porém, *insistiu* para que elas confirmassem a tese ficcional de esfaqueamento causado por embriaguez. Bem que as meninas tentaram dizer que Arne não fez isso. O Estado as acusou de cometer perjúrio ao não confirmar os depoimentos tomados pela polícia na noite de 16 de fevereiro.

No meio desse terrível fogo cruzado, as meninas irromperam em prantos no banco das testemunhas. Não queriam mentir e, nesse processo, trair o próprio irmão. Nenhuma das meninas afirmou ter visto

Arne esfaquear Alan Bono. Em vez disso, elas se retrataram e desmentiram os depoimentos originais que lhes foram atribuídos na noite de 16 de fevereiro. Por isso, foram declaradas "testemunhas hostis".

Tendo o promotor apresentado seu caso, o advogado de Arne lançou mão de um último recurso: apresentar uma defesa secundária. Afirmou que, na noite do crime, Arne agiu em legítima defesa da irmã mais nova, detida à força por um cidadão violento e bêbado, cujo comportamento naquele instante *já se caracterizava como criminoso*. Argumentando que Arne agiu "em legítima defesa de outrem", o advogado de defesa explicou: nessas circunstâncias, foi necessária força para salvar a irmãzinha de mais danos. Se naquele anoitecer fatídico Alan Bono tivesse agido como cavalheiro, argumentou o advogado, Arne não estaria no tribunal hoje.

No final, o Estado teve a seu dispor duas semanas para apresentar seu caso; a defesa, dois dias. Segundo o promotor, Arne agiu bêbado na noite do crime; as irmãs dele foram pintadas como mentirosas. Contudo um homem teve sua vida ceifada e o canivete de Arne foi encontrado no local. Quem mais poderia ter feito aquilo? Quem mais teve uma briga violenta com a vítima pouco antes da morte?

O promotor concluiu tecendo perguntas em vez de fornecer respostas. E se esqueceu de fazer outros questionamentos: de onde surgiu o canivete? Por que a discrepância no número de estocadas? Por que o enigma sobre como os ferimentos se materializaram? Sem falar que em nenhum momento conseguiu provar a intenção de matar. Basicamente, o júri foi obrigado a preencher as lacunas entre aparência e a realidade, com fatos jamais fornecidos. O Estado fracassou em provar que Arne cometeu o crime. Em vez disso apresentou um grande volume de evidências circunstanciais e depoimentos oficiais, e, com base nisso, pediu ao júri que *deduzisse*: o autor do crime foi Arne.

No dia 20 de novembro de 1981, uma sexta-feira, o julgamento foi encerrado. Por meio das testemunhas, o júri não ficou sabendo como o homicídio realmente aconteceu. E também nunca foi informado sobre o Caso de Possessão de Brookfield e qual a verdadeira origem do crime. Com informações apenas unilaterais, recebeu a tarefa de enunciar um veredicto com base num cenário espúrio. Uma falsa aparência de justiça havia sido encenada, mas tudo parecia tão irreal e sem sentido. Para Arne, os Glatzel e os Johnson, o processo judicial acabou se tornando mera extensão das crueldades iniciadas um ano e meio antes, em 2 de julho de 1980.

Agora, conscientes da previsão do besta-fera, ou seja, de que "Arne seria preso sem julgamento", a família se indagava se o caso chegaria ao fim.

Às 15 horas de sexta-feira, 20 de novembro, o juiz delegou ao júri a responsabilidade de chegar a uma decisão com base em um de três veredictos: *homicídio doloso premeditado* (com intenção de matar), *homicídio doloso não premeditado* (com atenuante de violenta emoção) ou *inocente*. Seja lá qual fosse a decisão, o veredicto do júri tinha de ser unânime.

Às 15h30, o júri deixou o tribunal e se reuniu para deliberar. Quanto mais tempo durasse a reunião, maior a possibilidade de Arne ser considerado inocente. No primeiro dia, o júri permaneceu isolado até as 21h45, mas sem chegar a um veredicto. Vazou a notícia de que o grupo estava "confuso" — tinham um grande conjunto de informações que aparentemente nada provava. Às 22h, o juiz mandou o júri para casa durante o fim de semana com a instrução de voltar na segunda-feira pela manhã.

Por incrível que pareça, apesar de todas as tristezas e adversidades, os Glatzel e os Johnson ainda nutriam esperanças.

Na manhã de segunda-feira, 23 de novembro, o júri voltou a se encontrar e retomou suas deliberações. Os jurados permaneceram isolados o dia inteiro. Estavam realmente confusos. Fechados na sala, debatiam uma pergunta após a outra. O relógio marcou 17h sem que um veredicto tivesse sido alcançado. Outra vez, o juiz instruiu o júri a retornar pela manhã.

Na terça-feira, 24 de novembro, o júri então pressionado reiniciou seus debates às 10h. Novamente, perguntas foram repassadas ao xerife, sentado no corredor, à frente da imponente porta de carvalho.

No saguão, a dolorosa espera das famílias Glatzel e Johnson se arrastava, hora após hora. Mas nunca perderam o otimismo. As famílias foram informadas que o júri tinha empacado no tema da intenção; e se o júri não conseguisse determinar a intenção, o único veredicto possível era "inocente". Debbie Glatzel foi ao carro dela e trouxe um terno limpo e passado para Arne. Ele ia voltar para casa!

Às 15h45, o xerife recebeu uma mensagem do júri na porta da sala. Tinham chegado a uma decisão.

Às 16h, os jurados tomaram seus lugares na bancada do júri, obviamente exaustos pela demorada e espinhosa tarefa. Então os procedimentos foram retomados. A surpresa no auditório foi completa. O chefe dos jurados se levantou e informou ao tribunal: não haviam chegado a uma decisão unânime. Em total impasse, o júri se declarou incapaz de proclamar um veredicto.

O juiz refutou essa possibilidade. Instruiu o júri a retomar as considerações e chegar a um julgamento — de preferência uma que refletisse a maioria do júri. Deu a eles até as 18h para chegar a um veredicto, senão o caso seria arquivado.

Em fila, os jurados se retiraram do recinto. A liberdade para Arne Cheyenne Johnson dependia daquele precioso par de horas.

Os minutos transcorreram com lentidão angustiante. As irmãs acenaram para Arne pela janela onde ele estava preso, atrás das grades; Debbie atirou beijinhos; Judy Glatzel orou; Carl Glatzel ficou andando para lá e para cá no corredor; Mary Johnson ficou lá sentada, olhar perdido, um santinho de Padre Pio entre as mãos.

Eis senão quando, pouco antes das 17 horas, outra nota oficial foi repassada ao xerife. O júri havia chegado a uma decisão!

Do lado de fora, o lusco-fusco deu lugar à escuridão; homens e mulheres do corpo de jurados entraram na sala do tribunal pela última vez. Embora tivessem passado o dia inteiro naquele impasse e ainda faltasse uma hora, ninguém poderia prever seu julgamento final. Bizarramente, as luzes da parede piscaram no salão do tribunal no instante em que o júri se sentou.

“Chegaram a um veredicto?”, interpelou o juiz.

“Sim, Meritíssimo. Chegamos”, respondeu o jurado-chefe.

Arne Cheyenne Johnson recebeu ordem de se levantar e encarar o júri. Com o rosto barbeado, vestindo paletó esporte e gravata, Arne ficou de pé, como sempre alheio aos fatos do crime que era acusado de cometer.

“Olhe o réu nos olhos”, orientou o juiz ao jurado-chefe, “e o informe sobre o seu veredicto”.

O jurado-chefe se ergueu e encarou Arne.

“O júri”, anunciou ele, “considera o réu *inocente* de homicídio doloso premeditado!”

Um grande suspiro percorreu o banco onde os Johnson e os Glatzel ouviam, sentados.

Mas algo ou alguém cochichou atrás de Arne. Um sussurro dirigido só a ele e ouvido só por ele. A voz rouca enunciou uma palavra: *Cuidado!*

Então o jurado-chefe voltou a falar:

“Pela acusação de homicídio não premeditado em primeiro grau, o júri considera o réu *culpado*!”

Arne dobrou os joelhos. O advogado dele precisou ajudá-lo a se levantar. A mãe dele, Debbie e Judy começaram a chorar. O pior havia acontecido. Os próximos sons que se escutaram foram os passos do xerife que caminhou ao réu e colocou algemas cromadas nos pulsos de Arne. Ponto final.

Arne Cheyenne Johnson teve sua vida devastada.

A pena que o juiz impôs a ele, por mostrar compaixão em ambiente fechado durante uma tragédia privada em meados de 1980, foi completamente impiedosa.

Arne recebeu a sentença máxima.

A pena integral se estendia até 2001.

O diabo tinha vencido.

Para o triunfo do mal, basta a gente de bem cruzar os braços e não fazer nada.

—Edmund Burke

EPÍLOGO

1º de março de 1983

Gostaria de afirmar que o caso teve desdobramentos positivos, mas não existe final feliz a ser relatado.

Os fenômenos aparentes cessaram há tempos, mas o demônio permanece exercendo sua influência perniciosa na vida de todos os envolvidos no caso.

Na verdade, o ente maligno interferiu até mesmo na vida de pessoas pouco relacionadas aos Johnson e aos Glatzel. Quando a sra. Johnson desocupou a casa alugada no último trimestre de 1980, uma nova família entrou na propriedade, seis meses depois. Essa família vivenciou um assédio de tamanho terror que, segundo os jornais locais, fugiu do Estado no verão de 1981, jurando nunca mais voltar.

Outro exemplo: uma cabeleireira em Brookfield comentou com uma cliente que acreditava na história dos Glatzel e torcia pela absolvição de Arne. No exato instante em que ela fez essa afirmativa, um relâmpago explodiu no interior do salão de beleza, num dia sem nuvens, causando blecaute e marcas de queimadura no chão.

E o mais relevante: a vida dos Glatzel não voltou ao normal. O pessoal que lançou a maldição original sobre a família não pôde ser localizado. E mesmo que fosse, a justiça não prevê punição contra seu crime hediondo. Pelo menos, David parou de ser atormentado pela indignidade da possessão. Ficou comprovado o sucesso do exorcismo em libertar o menino e o jovem Carl da influência direta do demônio. Mas David ainda canaliza mensagens e recebe visitas do diabo. Na noite em que Arne foi condenado aconteceu um dos incidentes mais perturbadores. Naquela madrugada David acordou repentinamente. Momentos depois, o demônio atravessou a parede do quarto. Segurava o canivete de Arne à sua frente. A lâmina brilhava. O ente maligno abriu um sorriso maníaco na frente do menino e desapareceu.

E nos últimos tempos, segundo relata David, o espírito humano de Alan Bono o confrontou em duas oportunidades — num elegante traje branco, fumava cachimbo e perguntou se todos voltariam ao canil para trabalhar. "Embora o homem não soubesse da própria morte", contaram os Warren, "sua aparição em roupa branca diante da criança indica que ele teve sucesso em sua transmigração para a morte".

Mas nesse caso talvez a vítima mais trágica seja Arne Cheyenne Johnson. A vida dele se tornou um inferno, sem esperança de alívio. Os melhores anos de sua vida estão agora sendo desperdiçados na ala de segurança máxima da Penitenciária Somers, em Somers, Connecticut — pagando por um crime que não lembra e cujas testemunhas garantem que ele não cometeu. Na história jurídica da Nova Inglaterra seria preciso voltar ao julgamento de Sacco e Vanzetti para encontrar uma injustiça semelhante.

O demônio acompanha Arne na prisão desde o primeiro dia. Nunca mais voltou a possuir o rapaz, mas o atormenta com pesadelos bizarros e ameaçadores e de vez em quando se materializa fisicamente, em geral na forma duma nuvem escura. No aniversário da morte de Alan Bono, o diabo esfaqueou Arne em sua cela. O advogado de Arne chegou a declarar intenção de apelar, mas não haverá recurso. O defensor inclusive perdeu a oportunidade de solicitar uma redução de sentença no segundo trimestre de 1982. Abandonado pelo mundo, Arne se sentiu muito solitário. Religiosamente os Glatzel o visitam aos fins de semana, e mais ninguém. O principal legado do caso Glatzel é ter escancarado a inviabilidade e a indiferença de nossas instituições formais, tanto civis quanto religiosas. Porém, Arne deveria receber um novo julgamento ou ter a pena reduzida para cessar a imoralidade.*

* Atualização para a edição de 2021: Detento com bom comportamento, Arne foi solto em janeiro de 1986, pouco antes de completar cinco anos de sua sentença. Em seu tempo encarcerado, o jovem se formou no ensino médio e se casou oficialmente com Debbie.

No início deste ano, 1983, o demônio se manifestou de novo — dessa vez para o filho de Debbie, Jason. Em meio à febre alta, o menino teve uma visão. Num trono de morcegos, o diabo cuspia fogo para todos os lados. Tinha a morte em sua mente. Confidenciou ao menino ter sido pessoalmente responsável pela tortura e pela morte de milhares de pessoas durante a Segunda Guerra Mundial. Também enviou um recado: como as pessoas fracassaram em expô-lo em Connecticut, tudo que havia acontecido até o momento era só o começo. Ele iria, proclamou, "matar de novo"!

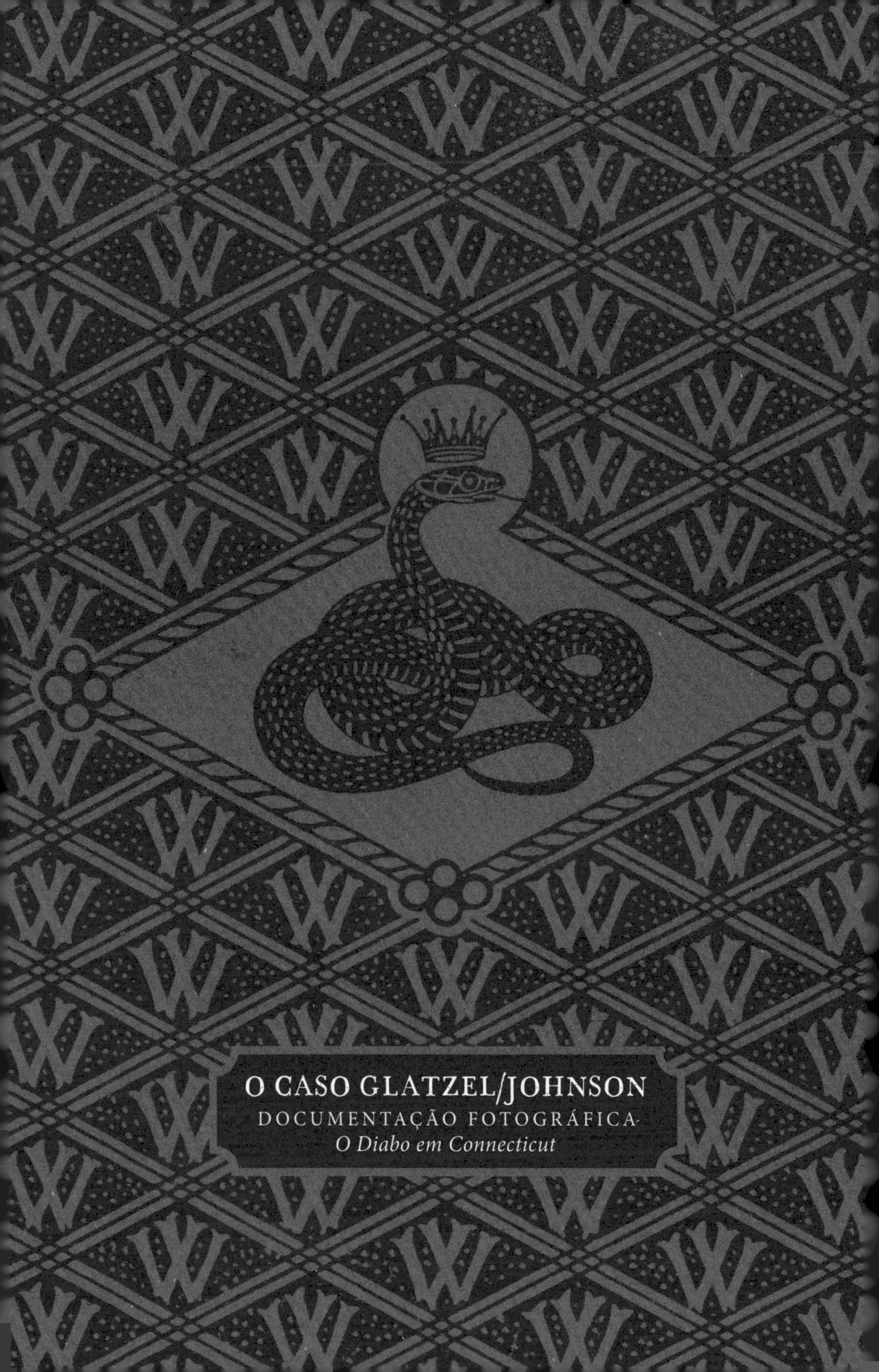
O CASO GLATZEL/JOHNSON
DOCUMENTAÇÃO FOTOGRÁFICA
O Diabo em Connecticut

FOTO 01. A casa dos Glatzel e suas motoneves. (Foto de Ed Warren). **FOTO 02.** A estradinha que dava acesso à casa dos Glatzel.

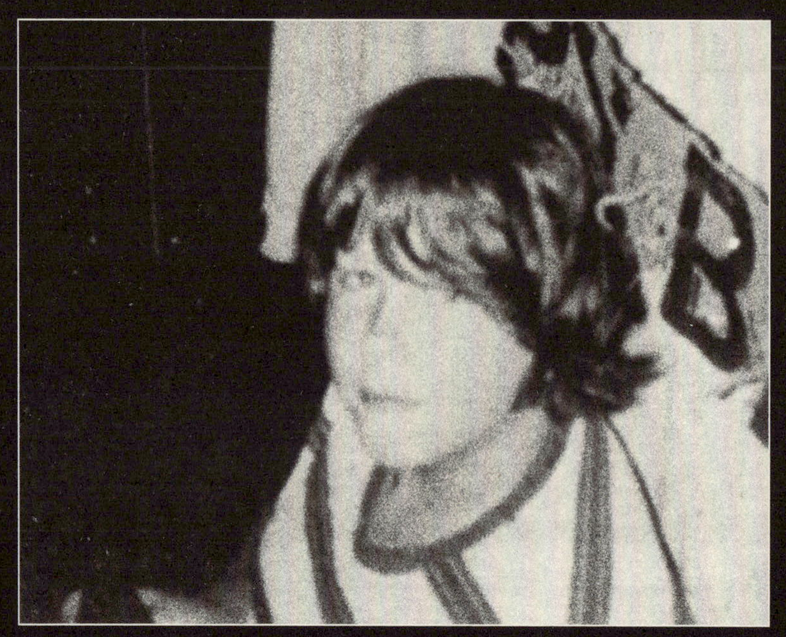

FOTO 01. David, em 13 de agosto de 1980, comemorando seu aniversário de 12 anos. (Foto de Alan Glatzel).
FOTO 02. Judy e Carl Glatzel. (Foto de Tony Spera)

FOTO 01. Arne Cheyenne Johnson e Debbie Glatzel. (Foto de Alan Glatzel) **FOTO 02.** Ed e Lorraine Warren na casa dos Glatzel com David, Arne, Debbie, Judy e Alan. (Foto do Dr. Anthony Giangrasso).

FOTO 01. David entrando em possessão. (Foto de Alan Glatzel). **FOTO 02.** Os ataques demoníacos se tornaram tão intensos que os Glatzel pediram ajuda a Ed e Lorraine Warren. (Foto de Bob Child)

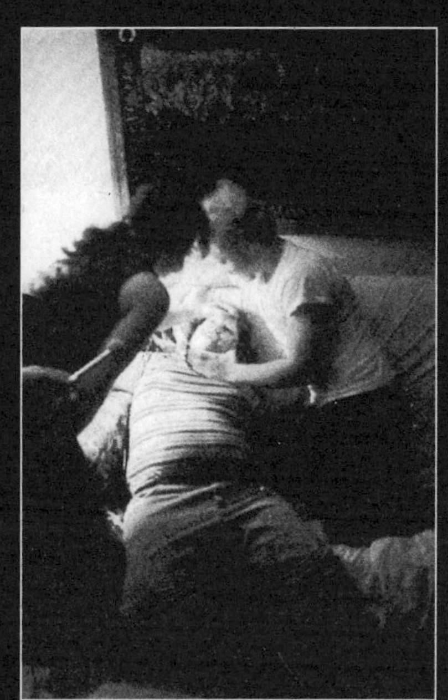

FOTO 01. David possuído. (Foto de Alan Glatzel). **FOTO 02.** A cadeira de balanço da família, onde o besta-fera costumava se sentar. (Foto de Arne Cheyenne Johnson) **FOTO 03.** Abatidos pelo esgotamento da situação: Carl pai, Arne, Alan Glatzel e Ed Warren, sentados à mesa da cozinha dos Glatzel. (Foto de John Kenyhercz)

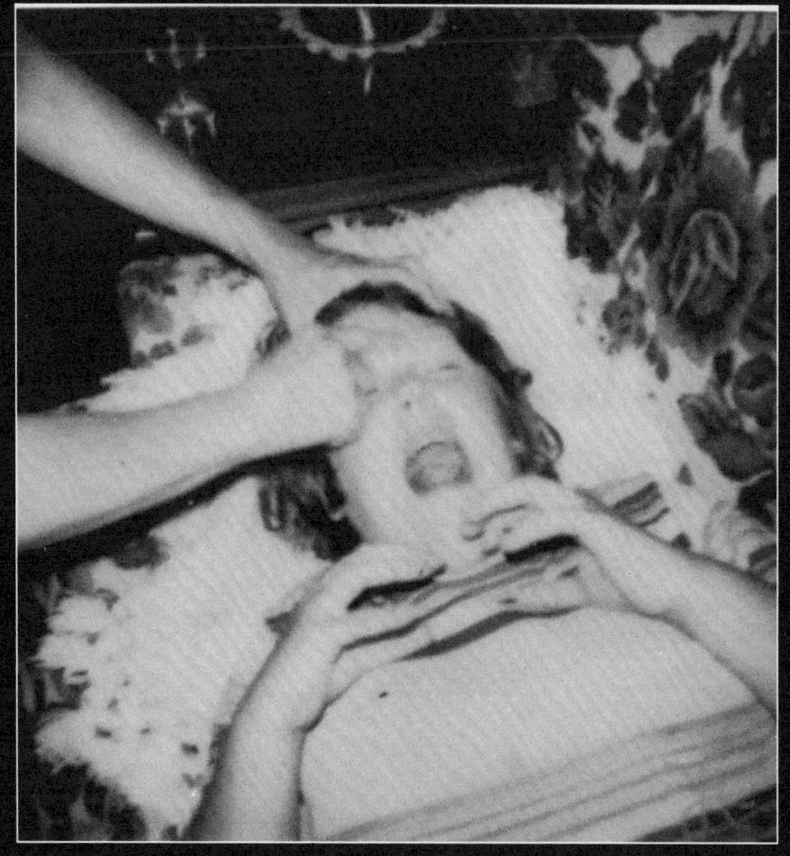

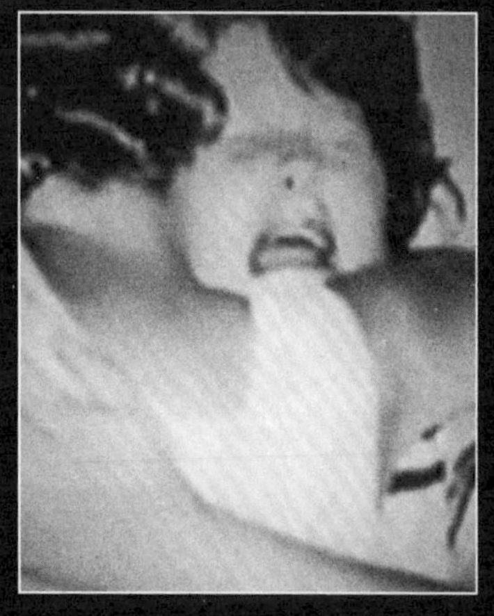

FOTO 01. David lutando contra as mãos invisíveis que tentam estrangulá-lo. (Foto de Debbie Glatzel). **FOTO 02.** Esforço para controlar David possuído. (Foto de Alan Glatzel). **FOTO 03.** David abraçando a mãe após sair da possessão. (Foto de Debbie Glatzel)

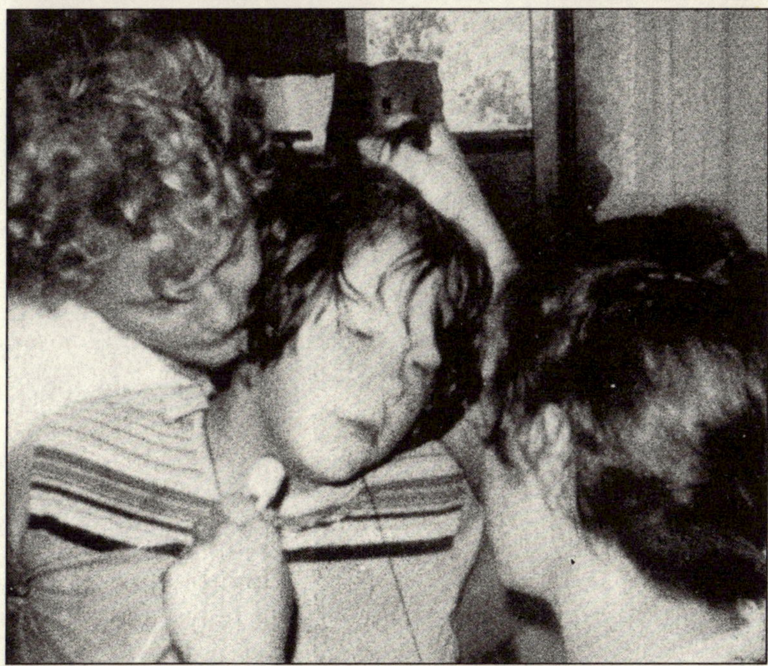

FOTO 01. A Igreja de St. Joseph, em Brookfield, local da segunda tentativa de exorcismo. (Foto de Ed Warren).
FOTO 02. Arne e Debbie, tentando gravar o que David dizia durante a possessão. (Foto de Alan Glatzel)

FOTO 01. O canil que pertencia a Alan Bono, vítima do assassinato. **FOTO 02.** O canivete encontrado na cena do crime. A polícia acreditava ser a arma do homicídio. **FOTO 03.** Brookfield Kennels, local onde ocorreu o assassinato de Alan Bono. Debbie e Arne moravam no apartamento do andar superior. (Foto de Alan Glatzel)

FOTO 01. Debbie, à esquerda, conversa com Ed e Lorraine Warren do lado de fora do tribunal, enquanto aguarda a chegada de Arne para o primeiro dia da seleção do júri. (Foto de Bob Child). **FOTO 02.** Arne chegando ao tribunal, durante o seu julgamento. (Foto do Bettmann Archive/Getty Images). **FOTO 03.** Ed e Lorraine Warren com David, após a missa realizada na casa dos Glatzel. (Foto de Debbie Glatzel).

Ed e Lorraine Warren vivenciaram experiências sobrenaturais desde a infância em Connecticut. Começaram a namorar no ensino médio. Em seu aniversário de 17 anos, Ed se alistou na Marinha dos Estados Unidos para servir na Segunda Guerra Mundial. Poucos meses depois, seu navio afundou no Atlântico Norte, e ele foi um dos poucos sobreviventes. De volta aos EUA, casou-se com Lorraine e tiveram uma filha. Em 1952, o casal fundou a *New England Society for Psychic Research*, o grupo caça-fantasmas mais antigo da Nova Inglaterra. De Amityville a Tóquio, estiveram envolvidos em diversas investigações e exorcismos sancionados pela Igreja por todo o mundo. Dedicaram suas vidas e talentos extraordinários à luta contra as forças demoníacas, conscientizando as pessoas de que a batalha da luz contra as trevas não está limitada à ficção. A DarkSide Books abriu os arquivos sobrenaturais do casal e publicou alguns de seus casos mais assustadores: *Demonologistas* (2016), *Lugar Sombrio* (2017) e *Vidas Eternas* (2019). Ed Warren faleceu em 2006 e, em 2019, Lorraine partiu para reencontrar seu grande amor.

Gerald Brittle é autor de obras de não ficção, com formação em literatura e psicologia, especializado em teologia mística. Além de *Ed & Lorraine Warren: Luz nas Trevas*, é autor de *Ed & Lorraine Warren: Demonologistas*, publicado pela DarkSide Books em 2016.

Falou-lhes, pois, Jesus outra vez, dizendo:
Eu sou a luz do mundo; quem me segue
não andará em trevas, mas terá a luz da vida.
— João 8:12 —